成长
是一生的功课

状元妈妈和她的女儿真情成长感悟

盛罗兰 盛琼◎著

图书在版编目(CIP)数据

成长是一生的功课 / 盛琼，盛罗兰著. -- 北京：华夏出版社，2018.10
ISBN 978-7-5080-9520-2

Ⅰ.①成… Ⅱ.①盛… ②盛… Ⅲ.①家庭教育 Ⅳ.①G78

中国版本图书馆 CIP 数据核字（2018）第 161029 号

成长是一生的功课

作　　者	盛罗兰　盛琼
责任编辑	赵　楠

出版发行	华夏出版社
经　　销	新华书店
印　　装	三河市少明印务有限公司
版　　次	2018 年 10 月北京第 1 版　2018 年 10 月北京第 1 次印刷
开　　本	710×1000　1/16
印　　张	13.5
字　　数	209 千字
定　　价	39.80 元

华夏出版社　地址：北京市东直门外香河园北里 4 号　邮编：100028
　　　　　　网址：www.hxph.com.cn　　电话：(010)64663331（转）

若发现本版图书有印装质量问题，请与我社营销中心联系调换。

目　录

序一：开始写点什么吧 ………………………………… 001
序二：由来 ……………………………………………… 004

第一部分　成长如蜕 ……………………………… 001

成长，对抗死亡的唯一方法 …………………… 001
跑吧，跑吧 ………………………………………… 005
空巢青年"七宗罪" ……………………………… 009
艺术的真正奥秘 ………………………………… 012
德普叔，你度过中年危机了吗？ ……………… 017
天堂小镇牙克石 ………………………………… 022
蒙餐里的快意人生 ……………………………… 027
自然的力量 ……………………………………… 032
至爱驯鹿 ………………………………………… 038
最后的晚餐 ……………………………………… 044
聆听土耳其的内心独白 ………………………… 049

第二部分　岁月如河 ……………………………… 054

母亲是怎样炼成的 ……………………………… 054
亲爱的孩子：2000年至2010年 ………………… 074
一次离别就是一次成长 ………………………… 085
原本可以安逸，为何还要打拼？ ……………… 089
灾难，会在谁的肩上突然降落？ ……………… 094

比起肉体，我更热爱灵魂 ⋯⋯⋯⋯⋯⋯⋯⋯⋯⋯⋯⋯ 098

明明是贵族，为什么变成了狗？ ⋯⋯⋯⋯⋯⋯⋯⋯ 102

命运仿佛早已注定 ⋯⋯⋯⋯⋯⋯⋯⋯⋯⋯⋯⋯⋯⋯ 105

那些卑微的爱情，都换来了凉薄的一生 ⋯⋯⋯⋯ 110

天难免雨，人难免丧 ⋯⋯⋯⋯⋯⋯⋯⋯⋯⋯⋯⋯⋯ 114

穷养富养都不如教养 ⋯⋯⋯⋯⋯⋯⋯⋯⋯⋯⋯⋯⋯ 118

万物都在温柔地老去 ⋯⋯⋯⋯⋯⋯⋯⋯⋯⋯⋯⋯⋯ 123

青春就该飞扬 ⋯⋯⋯⋯⋯⋯⋯⋯⋯⋯⋯⋯⋯⋯⋯⋯ 126

一场人人必须参与的"饥饿游戏" ⋯⋯⋯⋯⋯⋯⋯ 130

第三部分　见信如晤 ⋯⋯⋯⋯⋯⋯⋯⋯⋯⋯⋯⋯ 134

谈写作：千里之行始于动笔 ⋯⋯⋯⋯⋯⋯⋯⋯⋯ 134

谈死亡：生命就是最高的道德 ⋯⋯⋯⋯⋯⋯⋯⋯ 140

谈品位：香水是一种生活态度 ⋯⋯⋯⋯⋯⋯⋯⋯ 147

谈室友：众人拾柴火焰高 ⋯⋯⋯⋯⋯⋯⋯⋯⋯⋯ 154

谈母爱：世代相传的遮掩和误区 ⋯⋯⋯⋯⋯⋯⋯ 161

谈阅读：跟随心灵去读书 ⋯⋯⋯⋯⋯⋯⋯⋯⋯⋯ 173

谈心理病：现代人的生活陷阱 ⋯⋯⋯⋯⋯⋯⋯⋯ 181

谈弱点：没有对错，只有分寸 ⋯⋯⋯⋯⋯⋯⋯⋯ 189

谈音乐：美就是将心灵唤醒 ⋯⋯⋯⋯⋯⋯⋯⋯⋯ 194

附录：一个高考状元的"育女心经" ⋯⋯⋯⋯⋯ 199

序一：开始写点什么吧

盛罗兰

有天，妈妈对我说："你平时跟我打电话时，一说就说半个小时以上，那么多的新观点，你要写出来，该多好啊，没准还能出本书呢。"

说了很久，我也没动手。

后来，妈妈就想了个"诱敌深入"的办法来。她说："你的生活那么丰富多彩，你又看了不少书，思考了很多的问题，不写出来，太可惜了。这样吧，你就把平时给我打电话时要说的话写下来，写什么都随你的便，你写一篇，我便回一篇，我们以通信的方式进行交流。怎么样？我就算舍命陪君子了。"

如此这般，我心不甘情不愿地被妈妈拖上了这条写作的"贼船"。

我发现，真正要把自己的所思所想所感写下来，并不是一件容易的事情，反正比打电话可难多了。煲再长的电话粥，我都没什么意见，有时反而越说越兴奋，说到最后简直有点口吐莲花、滔滔不绝的感觉了。但要写点什么，却又挤牙膏似的艰难。

写作之前，我一般都会拟好几条内容、几个观点，在笔记本上简略地记录下来，但要把它们从思维转化成文字，却没有那么顺利了。到底是什么原因，导致我连写点自己的故事都感觉困难呢？经过一番冥思苦想，我找到了两条原因——

首先，我对自己的写作能力充满疑虑。虽然妈妈总爱用夸张的语言，表扬着我的文字，但我以为，那是出于她对我的"敝帚自珍"。我一向不以为自己的文字有多么出色。也许我的经历还挺有趣的，想法也挺新颖的，但一下子把三次元的生活，压缩成二次元的文字，我总觉得再好的故事和想法，都容易变成日记流水账一样的东西。这种担心和不自信，是阻碍我写作的最难翻越的大山了。唉，一临场就发怵的运动员，大概就像我这样吧。

成长是一生的功课

还有一个原因,是我很难找到写作的意义所在。我自称及时享乐者,重视过程更胜结果。对我来说,事情发生了就发生了,哪怕极喜或极悲,都没有必要再回头重温了。这样从不扭头、一意孤行地在时光隧道中奔跑了二十余年,自我感觉好像的确在成长,但是具体的收获究竟在哪儿,似乎又说不上来。妈妈曾经用小熊掰玉米棒的故事来形容过我,掰一颗,扔一颗,手中以为是满满的,但低头一看,却还是只有一颗。

问题分析完了,读者可能会觉得好笑了:你这无病呻吟了半天,最后还不是动笔了吗?是啊,促使我写作的,也有两个主要的原因。

其一是美国著名的舞蹈家伊莎多拉·邓肯。有一天,我读了她的自传。她在自传的前言开场白部分坦言,她也遇到了和我一样的问题——写作真的是一件很艰苦的事情。"为了写好一个朴实美丽的句子,必须要花费很长的时间,而且必须全力以赴地学习。"但同时她也说,能真实地记录人生,将是一件多么勇敢而伟大的事情啊,因为"很少有人敢真实地描述自己的人生。"看她的自传,我受到了极大的鼓励。我也像战场上的勇士一样拿起了笔,毫不保留地写起了自己。

邓肯帮我解决了第一个问题。

第二个来帮我答疑的,还是我亲爱的妈妈。妈妈是一名专业作家,和文字打交道对她来说,可能与吃饭睡觉一样平常。她在我十八岁这年出了一本谈教育的书:《孩子,我要你快乐》,写的是我们一家真实的故事。写这本作品的初衷,是妈妈想推广她的幸福教育观,以便让其他的孩子也能像我一样,在阳光、轻松、自由、平等的家庭氛围中,快乐地成长。

但是,这本书对我来说,却有另一种特殊的意义——它记录了我十八年来的生活故事,是我成长过程的珍贵剪影和纪念。从妈妈的角度,回看自己的成长,这是一个难得的机会。我一边看着书中记录的我小时候的故事,一边不停地问着妈妈:"不会吧,我竟然做过这种糗事?!不会吧,我怎么一点都不记得了呢?!"好像我看到的书中的主人公不是自己而是一个陌生人。在一次次的求证之后,我不得不承认那一个个可笑的事实。

看来,我的记忆力实在是太差了。看来,我真是个"活在当下"的人。看来,快乐的日子,给人留下的印痕总是很浅的。

总之,我无法回忆过去,因为过去的大部分记忆,都已经消失在过去

序一：开始写点什么吧

了。我感觉自己是踩着飞轮，飞过自己的人生，飞得太快了，所有的印记都变得模糊不清。我的前后左右，仿佛都是缥缈的雾气，而不是一条清晰的道路。这让我对自己的生活，缺少了一点真实感。

所以，当此次，妈妈再次怂恿我赶快把自己的故事写下来的时候，我同意了。不为什么，只是想把自己以前走过的路，再一步一步地铺设起来，以防将来有一天我自己突然一回头，却发现四周一片空白，搞不懂这个脚踩飞轮的家伙，究竟是从何方飘来的仙或怪呢。

以我的记忆力，现在看是在写自己的故事，但十年之后，找出来再读，没准又感觉是一个陌生人的故事呢。

哈哈，那就更应该留下白纸黑字的证据了，此时此刻。

序二：由来

盛 琼

2012年6月，我出版了一本关于教育的书《孩子，我要你快乐》。在这本书里，我倾情揭秘了我和女儿两代人的成长经历，回答了现代家长一系列最关心最头痛的问题。这本书被媒体誉为"高考状元育女心经""幸福教育的最美诠释"，因其新锐、开阔的教育理念，真诚、感人的母女深情，在社会上引起了较大的反响。众多媒体都予以转载或介绍，一些网站还制作了特别访谈节目。一时间，我无心插柳柳成荫，俨然成为一个充满教育经验、深谙教子之道、侃侃而谈的教育专家了。

浏览了网上一些热情支持我的读者留言，了解到有不少家庭因为我的书，走出了教育困境，改善了亲子关系，我渐渐意识到，把一种科学先进又切实可行的教育方法，告诉给广大家长，这是一件多么"积德"的事情，这简直就是一项播撒阳光、传播爱心的事业啊。于是，我想把这个"事业"延续下去，把我与女儿的成长故事，继续呈现出来，毫无保留地与大家分享。

在这本新书里，女儿的成长、成熟，从她洋溢着青春气息的文字里突显出来。那是一种别致、活泼、温馨而又不乏深邃的表达方式。在不少篇章里，我甚至觉得，她的文字和才情，已经在我之上。而我呢，我写文章的第一要旨，从来都是"修辞立其诚"。真实、真诚，是文章的灵魂。

这本书将分成三个部分。第一部分，是我女儿写的成长故事，以散文、游记为主。这里有她的生活记录、旅游见闻和人生感悟。第二部分，是我最近写的一些散文和随笔，主要是人到中年后，回望自己的成长，而获得的一些生活体悟。第三部分，是我们的通信。这些书信都是女儿读大学阶段，我们在邮件中交流的有关写作、心理、社会、女性、哲学等诸多话题的文字，也涉及很多她真实的大学生活和感受。通过这些信件，我们窥见了彼此心灵里那些美丽而隐秘的风景。

序二：由来

　　实际上，女儿和我既是一对最亲密的母女，又是真正意义上的朋友和知己。

　　女儿是1993年出生的，我是1968年出生的。我们相隔四分之一世纪。然而，岁月在我们之间，并没有留下什么认识和理解上的"沟壑"。我们拥有一致的对真、善、美的信念。我们也拥有一致的对不懈成长的渴求。

　　这就像一场母女之间的文字PK。当然，岁月之河中，荣耀一定属于那个后来者。这才是一代又一代人真正的成长。

第一部分　成长如蜕

盛罗兰

成长，对抗死亡的唯一方法

BBC 拍了一部关于安乐死的纪录片，名叫《How to die: Simon's choice》（如何死亡：西蒙的抉择）。片子真实记录了一位英国大叔在身患绝症后，从决定安乐死到实施安乐死的全过程。这部纪录片曾在网上引起了热烈的反响和讨论，豆瓣评分高达 9.2 分。片中的主角西蒙本是一位有事业有追求的精英人士，不幸在 56 岁时被诊断患上"渐冻人症"。在短短的一年时间内，西蒙从失去说话能力，到不能控制四肢运动，病情如毒雾蔓延，最后发展到甚至不能自主呼吸。由于无法接受这种丧失尊严的生活，西蒙不顾家人朋友和医生的劝阻，毅然飞到瑞士，选择用安乐死手术替自己结束了生命。

看这部纪录片的时候，我的眼泪不知不觉淌下来，从头至尾无法停歇。看完片子后，我的心被一种无法言说的情绪堵住了，好像只有放声恸哭才能将它释放。这样强烈的反应，让我自己都感觉有点莫名其妙了。

其实，片中关于安乐死的讨论，主要集中在冷静的伦理道德方面，也就是说，西蒙的选择到底是人性的，还是反人性的？安乐死到底是道德的，还是反道德的？围绕着这些观点的争论探讨，由来已久，并不新鲜，那么，到底是什么给我带来了如此巨大的震撼？带着一丝茫然与困惑，我浏览了网上关于这部纪录片的各种评论。

有人感触最深的是，西蒙在面对绝境时，仍然保持的一种乐观和自尊的态度；

有人为西蒙主动迎接死亡时的镇定与平静感动；

有人关注的是，西蒙的亲朋好友陪伴在他生命最后时刻的温情和理解；

有人感慨西蒙的妻子和母亲，面对亲人死亡时的坚强和勇气。她们一边无力地挽留着西蒙，一边又无条件地支持着西蒙的决定。

一口气看完了几十篇评论，我感觉他们讲得都有道理，但还是没有戳中我心头那块哽住的鱼骨。于是，我又把视频重看了一遍。在80分钟的实录中，我亲眼看着一个鲜活的生命，慢慢在我面前消逝，像流过掌心的泉水，缓慢又一去不回。

可以说，这就是一档"死亡真人秀"！是一个"死亡直播间"！还没有经历过亲友离世的我，曾经想当然地以为，死亡是一个动词，一个像打、跳、哭、笑这样能迅速完成的动词。生与死的跨越发生在一瞬间。而现在的我突然明白了，死亡，它不是一个句点，而是一条长线。一个随时随地、分分秒秒进行着的，演绎着的衰变。这就是死亡，真实而缓慢，残酷而绵延。

这才是片子击中我的地方。

在片中，西蒙的病症开始于他慢慢失去掌控言语的能力。沉重的肌肉、僵硬的神经，堵住了思如泉涌的灵感，英式幽默只能化作辨析不清的喃喃碎语。西蒙用尽全力也只能发出迟缓的变调的怪音，旁边的好友一边忍住笑与泪，一边猜词。这个片段给我留下了极深的印象。

电影史上，有一部经典的科幻片《2001：A Space Odyssey》（2001太空漫游）（1968），其中也有一个缓慢死亡的片段。那是在终极人工智能HAL企图杀死宇航员的预谋被发现之后，男主角爬到HAL的主机里，把它的储存条一个一个拔掉的场景。HAL也感受到了自己正在逐步走向死亡，它说，"Stop, stop, …I'm afraid."

死亡一直是人们十分忌讳的话题。我反感那些看淡生死的言论。有人常写一些鸡汤文章，说我们要平静地勇敢地等待死亡的到来。但我却觉得这些言辞，不过是自欺欺人，矫情虚假。当死神拿着镰刀叩响了房门，有谁能不感到濒死的恐惧呢？当死亡带走了生命的气息，留给世界的只剩下绝对的恐惧、无助和绝望。

是的，让我们谨记：

死亡，不是一瞬间的事件，而是一段漫长的过程。

今天的我要比昨天的我，离死亡又更近了一步。

在讨论人的年龄发展时，心理学家提出了自然年龄、生理年龄、心理年龄这三种不同的测量维度。在同一个人身上，这三种年龄并不是统一的。比如说，"未老先衰"是很多社会观察者描述80后时用到的词语。

"有些人在25岁的时候就已经死了，只是到了75岁才埋进坟墓。"

在20岁出头的时候，看到富兰克林写的这句话，我感到当头一棒。90后的我，是否已经活得如行尸走肉一般？我不得不拷问着自己的灵魂。生活对于年轻人来说，很像温水煮青蛙。死亡看似遥不可及。对死亡的恐惧，除了在看恐怖片时还真切一些，其他时间很难与现实生活中的点点滴滴联系起来。然而，西蒙选择安乐死的特殊经历，仿佛电影的慢镜头，把一个真实生命的消逝，一帧一帧分拆、解析、纪录、展现。恐怕再冷漠的人性，在死亡的恐怖下都会不由自主地战栗。

然而，不要绝望。既然这个世界存在的死亡与消逝，和"熵"定律一样不可逆转，那必然还存在一种与之对抗的、能将时光流转、能量复原的"负熵"。

这些神奇的"负熵"在哪里能找到呢？其实，远在天边近在眼前。"负熵"的来源就是所有的生命。作为大千世界芸芸众生中的一员，我们都有从无序中生出有序的能量。生命和成长就是死亡硬币的另一面。一方面，我们都惧怕死亡；另一方面，我们都热爱生命。

"成长本能是能与死亡本能相对抗的原动力。"弗洛伊德就曾提过这一经典概念。

讲一个关于成长的故事吧。早在江户时代，日本武士需要相互比试飞檐走壁的能力。但是，当时的他们既没有威亚的帮助，也没有绿幕和强大的后期制作。为了用实力圈粉，他们只好认真苦练。逃脱地心引力绝非易事，不过，这些武士们有祖传的秘籍：练轻功的方法就是种麦穗。在春天播种一棵麦苗，等它发芽。武士们每天都认真浇水施肥。当然，真正关键的任务，是要不断练习从麦芽顶上跳过去。一天天过去，麦穗越长越高，

成长是一生的功课

武士们也跳得越来越高。直到麦穗长得高过头顶，他们依然能顺利跳过。因为对于他们来说，每天的目标，只是比昨天的目标提高了一点点。循序渐进的训练，最终练就了一身轻功。

成长的力量是无穷的，也是无畏的。生命和成长，是大自然送给我们最美好、最珍贵的礼物。每年春天，在北京的四月天，每当我看到万物复苏的暖阳和新芽时，心中总是油然而生喜悦，还有惊叹。

愿我们在所剩的时光里，都能用孩子般无畏的力量，努力成长，终生成长。

第一部分 成长如蜕

跑吧,跑吧

清明节回老家看望外公外婆,时隔半年没见,外婆见到我的第一句话就是,小兰兰,你又长高啦!

长高?作为二十几岁的成年人,我的身高在初中的时候,好像就已达到一个高峰值了。没想到,今年体检的时候,竟然发现自己一下子又长高了两厘米。这给我带来了极大的惊喜。

成年后,虽然长高的概率比较小,但想要变高还是有很多方法的。实际上,测量的身高和视觉效果之间存在一定差异。蜂腰、翘臀和大长腿,在一定程度上美化了身材比例,视觉上也能帮人长高几公分。而想要得到这样的好身材,坚持运动可谓是一条愉悦又便捷的途径呢。

日常生活中,我是一个非常热爱运动的人,用 sportaholic 这样的词来形容也不为过。我坚持运动的初衷,并不是为了减肥或是塑形,而是希望跟随着身体的脉动节律,用大量的多巴胺,来满足每一个细胞。

运动是我生活中不可或缺的必要构成,如同睡觉、吃饭一样。偶尔,它的重要程度,甚至排在吃饭之前。我能因时间原因选择去跑步而错过一顿晚餐,却不能接受因为吃饭而耽误了运动时间。

科学测试表明,人体细胞一般 180 天就能完全更新一次。也就是说,不出半年时间,我们就能得到一个全新的自己。想象一下,这个全新的自己是什么样子的?是健康、平衡、愉悦的,还是疲惫、失调、麻木的?在我的想象里,我永远是一个在大森林里奔跑的青春美少女。坚持不懈的运动,带给人的想象就是这样的:永远充满活力,永远欣赏自己,永远追求完美。

有时候,我会觉得自己是个有点贪心的人。不能接受那种表里不一的状态,所以我既想拥有一个有趣的灵魂,也想得到一个美丽的皮囊。我会心疼一个受困于臃肿憔悴的身体里充盈的灵魂,也会惋惜一个空洞却美丽

成长是一生的功课

的皮囊没有找到真正的栖息地。我一直想要得到的是，面子与里子的和谐与平衡，是肉体与灵魂之间的惺惺相惜。就像一朵高雅芬芳的茉莉，清幽的香气与娇嫩的美丽，必是从内到外散发出来的。

要实现这一完美理想，我需要一点小小的天赋，还需要大量的自律和精力的投入。天赋是常量，无法更改。而我更相信水滴石穿的后天努力。任何微小的付出，只要日日坚持，总会有从量变到质变的那一天。

算算时间，每天运动这一习惯，我已坚持了十多年了，很多朋友都称赞我有毅力。其实，在我看来，坚持运动并不需要多大的毅力，因为运动是会让人上瘾的。一些网球爱好者，把自己钟情的网球运动，叫作"绿色鸦片"。我想，这种戏称，似乎可以赋予所有的运动项目，当然前提就是，你喜欢它。

回想刚刚开始跑步时，我也不能从运动中找到快乐，得到的似乎只有流到眼里辛辣的汗水和酸胀僵硬的肌肉。那些记忆，要追溯到我念初中的时候，学校每年都会组织冬季长跑活动。每天下午放学，班主任就带头领着大家到操场上跑圈。起初，我只能完整地跑个400米。从第二圈开始，我便气喘吁吁地拖着两条沉重发胀的大腿，艰难地跟在队伍后面。那时帮我坚持下去的，是一种班级荣誉感。当时，班级之间要比赛跑步的总里程数，我们班的目标是，一个冬天的总里程数，必须能从广州跑到北京。为了不给班级拖后腿，我每天也坚持贡献自己的里程积分。就这样，因为学校强制性的冬季长跑活动，我最终变成了一个跑步爱好者，而且跑步的距离越跑越长，从一千米，到五千米，到一万米。

跑步是一段难得的独处时光。

我说独处，不是指环境中没有其他人的干扰。我喜欢在闹市区跑步，一边跑步，一边捕捉路人脸上的小确幸。我每天跑步的北京日坛公园就非常热闹，歌舞升平，市井的气息像川味火锅一样温暖着心扉。

我以为，跑步时的独处，是一种积极的独处，在这种独处中，自我与身体才有机会开始亲密无间的对话。平日，大家都忙于工作、学习、社交，很少有时间去纯粹又直接地与自己的身体对话，被忽视的身体，就像一位被丈夫忽视的家庭主妇，只好用它独特的方式发着牢骚与埋怨。从这个角度说，疼痛、乏力、发热、过敏、发炎、焦虑、抑郁等等这些被我们

第一部分　成长如蜕

当作疾病症状的反应，有时候可能只是被忽视的身体，正在发泄自己不满的小脾气。

有时，我会好奇其他人跑步时在想些什么。跑步的时间那么长，也不说话，也不能看手机，他们会不会感到无聊呢？那些聚精会神、一副沉思神态的长跑者，他们是不是在跑步时，就能找到解决困惑和烦恼的方法呢？

小说家兼长跑爱好者村上春树也曾想过这个问题。他是这样回答的：在炎热时思考一下炎热，在寒冷时思考一下寒冷，开心时思考一下开心，悲哀时思考一下悲哀。哈哈，这种"活在当下"的态度，也是时下正流行的"佛系"心态了。

而我自己在跑步时，思考的东西更纯粹。我的注意力完完全全集中在身体上。我认真地倾听身体与我一诉衷肠。心脏、骨骼、肌肉、韧带、血液、皮肤、神经、呼吸，它们像一个配合完美的交响乐团，共同演奏着美妙的生命之歌。

伴随着欢快的音乐节奏，我在公园弯弯曲曲的小道上，专注地跑着，向前，转弯，再向前。我感受着躯体从僵硬到舒展，肌肉从紧张到松弛，心跳和血液循环正在加速。一呼一吸之间，空气深深地进入肺泡，氧气在细胞中溶解、交换。我知道，自己开始进入到一个美妙的运动境界了。

将意识专注于双腿，以确保迈出的每一个步伐，都踏实地踩在地面上。既不是脚尖着地，也不是脚跟着地，而是整个脚掌稳稳地落下。感受自己的脚弓像一张有力的弹簧垫，如此，保护膝盖和脊椎不受伤害。

将意识停留在腹部核心肌肉群上，以确保它一直处于紧张状态。依靠腹肌的力量带动大腿摆动，如此，大腿长时间奔跑也不会感到疲倦。

将意识落在呼吸上，控制好呼吸的节奏。一位专业教练曾经教我一种长跑呼吸方式，那不同于平时。长跑时是连续两次吸气后，再连续两次呼气。这样的呼吸方法能提高肺部换气效率，还能有效控制呼吸速度，如此，长时间运动的肌肉便可供氧充分。

当我沉浸在身体的律动中，便会不知不觉忘掉生活中的所有烦恼。这是一个由运动搭建的极乐世界，一个暂时的天堂。

在十万年前的非洲大草原上，我们的祖先曾和猎豹、斑马一起驰骋、竞争。所以人类的基因里，一定保留了奔跑的潜能，每个人天生都是跑步者。或许，从小开始养成运动爱好，比成年之后更加容易。但现在开始养成运动习惯，也为时不晚。

因为，对于任何人来说，最好的时间，永远是，从现在开始。

那么，还说什么呢？跑吧！跑吧！

空巢青年"七宗罪"

奋力挤上地铁,在靠门的位置给自己找了一个相对宽松的小角落,我在心里默默叹了口气:"唉,这一天总算是过完了。"身体被掏空,心扑通一下掉到了胃上,估计一顿海陆大餐,也不能将它撑到原来的位置。机械式地掏出了手机,手指下意识点开微信朋友圈,上下滑动起来。

前段时间,朋友圈被一篇篇逃离北上广的文章刷屏。房价、雾霾、压力、悲观,成了喋喋不休的话题。不过,无论怎样,我还是要好好感激这些在北京的日子。因为生活对于年轻人来说,从来都不是为了追求舒适,而是为了追求未来无限的可能与希望。

今年的五四青年节,"空巢青年"这个词又重新热闹起来。背井离乡、独居生活、孤独焦虑、生存压力大……这些身份标签,如同狙击手的精准枪法,一个个稳稳地射在我身上,直击要害。

不管你是主动选择成为"空巢青年",抑或是被迫变成"空巢青年",你的身上都不得不背负额外的枷锁。这些不美好的、不舒适的感受,是独居的生活环境所带来的,也是必须忍受的副作用。这让我想起了天主教里提到的,人性的七种原罪:贪婪、懒惰、色欲、贪食、傲慢、嫉妒、愤怒。

它们是一种属性,而不是一种选择。

借用天主教的这个概念,我也把"空巢青年"的负面特征归纳了一下,将其总结为"空巢青年七宗罪"(当然,这里的罪,意为受罪的罪,而不是罪恶的罪):

单身、独居、情感匮乏、生存压力大、作息不规律、社交圈子狭窄、前途迷茫。

然而,正如印度教著名史诗《摩诃婆罗多》中所指明的:"恶并非产生于内心,而是来自不得志的生活。"既然我们暂时还改变不了糟糕的环境，那就让我们先改变内心的想法和态度。

在《会饮篇》中，理想主义先驱柏拉图记载了这样一个故事。在远古时代，人是一个完整的圆形，长着四手四腿，自给自足，力量非凡，甚至要跑到奥林匹斯山上，与众神一决高下。天父宙斯没有办法，只好用雷电把人劈成两半，以大大削弱其力量。被劈成两半的人，总想着要找回自己的另一半，希望恢复成原来完整的样子。而且，他们一旦找到了另一半，就紧紧相拥在一起，不想再被分开。

这个故事听上去匪夷所思，但是它所描述的，那种人与人之间相爱一生的冲动和欲望，却十分真实而动人。

单身的人，似乎都是不完整的。

前段时间，我看了一部名叫《龙虾》（*The Lobster*）的电影。这是一部发人深省的科幻片。

电影讲的是，在某一平行宇宙，政府为了社会和谐稳定，要求所有适龄青年必须结婚，领养或生育孩子，组建家庭。一旦成为单身，你会被立即送往集中营，并要在45天之内重新找到伴侣。若在规定时间内找不到伴侣，你将会被政府变成一种动物，弃于荒野，任人捕杀。

男主的哥哥，正是因为没有成功找到另一半，而被政府变成了一只金毛犬，每天只能和男主玩玩抛球捡球的游戏。哈哈，看来"单身狗"的称号，在这里真不只是一句调侃而已。

心理学家弗洛姆曾写了一本薄薄的小书，叫《爱的艺术》。这是他在反思总结了自己30多年内5段感情经验之后的肺腑之谈。

他说，"爱是一种艺术。"想要拥有完美的爱情，就像艺术家创作一件唯美的艺术品一样，是那么可遇而不可求。这世上诞生过多少名垂青史的艺术家呢？又有多少不知名的艺术家们被卷入滚滚红尘之中？天赋，机遇，还有对美好孜孜不倦的实践和追求，这些都缺一不可。似乎只有具备了所有命运恩典的人，才有可能拥有理想主义者心目中至高无上的爱情呢。

他还说，"爱情问题，不是对象问题，而是能力问题。"在他的归纳中，这些能力包括了解、尊重、责任感、关爱等基本要素。而单身狗们表示很困惑。空有这些能力，却没有爱的对象，难道是只能和自己谈情说爱了？

除了单身、独居这样的"罪"，我仔细想了想，似乎剩下的几宗"罪"，并不是空巢青年所独有的。

是啊，谁的青春不迷茫？不受事业、爱情、财富这几块巨石的碾压？只不过，空巢青年的"罪感"会更强烈一些。因为无人分担，无人排遣，所有的辛酸必须自己吞咽，所有的重负必须自己扛起。

焦虑和不安，是不是也时常盘踞在你的心头？人工智能发展得这么快，会不会有一天自己的饭碗就被机器人抢去了？00后的孩子们已经轰轰烈烈地出来抢地盘了，奔三、奔四的你还能那么淡定？……

实际上，这些对未知的紧张和恐惧，自我们出生以来，就一直跟我们如影随形。从弗洛伊德精神分析的角度去理解：自人脱离母体开始，我们就一步一步与自我剥离，外界的纷扰把一个完整的自我，切割得支离破碎。这种意识和潜意识之间的冲突，愿望与现实之间的差距，造成了焦虑。

然而，焦虑真的是一种负面情绪吗？我们真的要去抑制它或抵制它吗？仔细想想，焦虑本身也是一种生命成长的动力呀。如果没有焦虑的冲击，我们可能反而缺乏每天拼命工作、拼命学习的动力了。如果，我们能把焦虑当成一个中性词，而不是一个贬义词去理解，那么，我们的心态就会平和很多，与焦虑共处起来，问题也显得简单多了。

经历了丧气满满的一天，要如何恢复少女元气？空巢生活的"原罪"，难道真的要等上帝来救你？其实，我们是可以完成自我救赎、自我赦免的。

在地铁摇摆的车厢里，我认真回想着生活里美好的镜头，快乐的瞬间，温馨的场景。活泼的多巴胺，似乎又跳跃起来。哈哈，我总结出应付空巢的"七种武器"了：其一，自律：保持规律的作息。其二，动手：保持空间的清洁。其三，运动：保持身体的活力。其四，忍耐：保持情绪的平稳。其五，交友：保持社交的主动。其六，学习：保持精神的充实。最后，也是最重要的，独立：保持内心的强大。

与诸君共勉。

艺术的真正奥秘

时光退回到八年前。2009 年 6 月 26 日，超过 25 万人聚集在美国洛杉矶 staples 中心的广场上。他们都在为同一个人哭泣。

就在前一天，迈克尔·杰克逊因注射过量镇静剂丙泊酚，在睡梦中离开了人间。当时，全球歌迷还沉浸在他宣布复出、准备连开 50 场全球巡演的喜悦之中。没想到，巨星，就在这不经意间，猝然陨落。

说起迈克尔·杰克逊，人们可能会立刻联想到，他那独树一帜的机械舞和太空步，那触电般的战栗，那挑战地球引力的 45 度前倾，那时而柔美灵动、时而高亢激昂的歌喉，那举世无双的演唱会，那颠覆想象力的 MV。

可以说，他不仅仅是"流行之王"，更是全球亿万歌迷的精神领袖；不仅仅是一代流行巨星，更是一个文化现象，一个无法超越的时代奇迹。

20 多年前某个夏季的夜晚，在复旦大学那间由公共食堂临时改成的简陋舞厅里，在跳完了常规的三步四步交谊舞之后，所有的人都在等候一支曲子响起。那就是迈克尔·杰克逊的《Billie jean》。

强烈的鼓点，撞击在有些油腻的食堂地砖上，反射到夏日燥热的空气里，敲打着那一颗颗张扬又不羁的心。倏忽间，心跳跟上了鼓点的节奏，血液是突奔的火焰，四处洋溢。年轻人在这激越的音乐里，自由地扭动，喊叫。

这一幕，是妈妈关于青春的不灭的记忆。多年之后，我还能从她的描述中，感受到她不减的激情。20 世纪 80 年代的大学生，正是伴随着迈克尔·杰克逊的音乐，在舞场上，尽情挥洒着他们纯洁又浪漫的青葱岁月。

20 多年后的这个夏天，当我再次放响这首老歌时，我也情不自禁地跟着旋律，舞动起来。时光穿梭，青春轮回。

虽然，我们再也没有机会去看迈克尔·杰克逊的现场演出了，但他的视频影像，则被永久地保存下来。

第一部分 成长如蜕

1992年，迈克尔·杰克逊在罗马尼亚开演唱会。近10万人的现场歌迷，全都挤在一个巨型体育场里。没有一个人坐着。所有人都陷入了疯癫。

起伏的人浪，就像大风吹过一望无际的稻田，也像被月球牵引着的潮汐，一浪高过一浪。一开场，迈克尔·杰克逊做出一个招牌式动作，还未开启歌喉，便赢得台下歌迷们疯狂的尖叫。有人在哭泣，有人已晕厥。

除了迈克尔·杰克逊之外，没有哪一个明星的演唱会，需要那么多的救护车、医护人员和保安。体育场的门外停了超过200辆救护车。据说，在演唱会开场的10分钟内，就有超过50名歌迷因为过于激动而晕倒。

舞台上，迈克尔·杰克逊张开双臂，仿佛上帝。那一刻，人们明白了，上帝与信仰，原来那么真真切切，那么光芒万丈。

美国曾流行一句话："你可以不知道总统，但你必须知道迈克尔·杰克逊。"有杂志把他评选为世界上最伟大的艺术家。无数人试图模仿他，拼尽全力想要争取和他一起演出的机会。而靠他赚钱、借他出名的人，更是不计其数。还有不少人猜测他，怀疑他，误解他，甚至编造谣言，将他塑造成一个怪胎：娈童，整容成瘾，皮肤漂白，神秘怪异。

这个世界上，到底有多少人，真正走进了迈克尔·杰克逊的内心，理解他，关爱他呢？连他的好朋友，著名影星伊丽莎白·泰勒都曾这样评价他："当你以为自己已经了解他的时候，他又会给你带来新的惊喜。"

这就是天才与凡人之间的距离。

其实，迈克尔·杰克逊从没有试图隐藏自己的创作动机。相反，他就像一个发现了秘密花园的孩子，怀着激动又害羞的心理，渴望与这个世界分享他的宝藏。在文集《梦舞》(Dancing the dream)中，他这样介绍自己的艺术创作：

"人们问我怎样做音乐。我告诉他们，我只不过是走进音乐中去，就像是走进一条河里。流水中每一个瞬间都有自己的歌。于是我便待在那里倾听。我每次都能听到与众不同的音乐。一次林中漫步，会给我带来一支轻快的歌谣：树叶在风中飒响，鸟儿在叽喳斗嘴，松鼠在簌簌打闹，树枝在脚下吱嘎折断。而我用心将这一切汇拢。当你走入音乐，它会在你身外，也会在你心里，这和水流是一个道理。"

读了迈克尔·杰克逊的自白，我不由联想到一个《圣经》故事：大卫王的儿子所罗门王（King Solomon），曾是世界上最聪慧的君主。因为他拥有一枚魔戒。戴上这枚戒指，他就能和自然界中的鸟兽虫鱼对话，就像人与人之间聊天一样简单。通过这种奇特的沟通方式，所罗门王从自然中掌握了一切治理国家的方法，也使得以色列王国得以繁荣昌盛。

在我的感觉中，天才迈克尔·杰克逊似乎就拥有这枚神奇的魔戒。在音乐里，在舞蹈中，他高喊出自然怒吼的风暴，也低吟出自然绚丽的彩虹。他是最纯真、最灵慧的自然之子。他与自然血脉相连，呼吸与共。

15世纪，马丁·路德在德国进行了一场宗教改革。他告诉人们，人人都可以用灵魂与上帝对话。20世纪，迈克尔·杰克逊在美国，仿佛进行了另一场宗教革命。他告诉我们，人人都有成为上帝的可能，而成为上帝的条件，就在于你能不能与自然相通，与自然对话。

我想，这就是一切艺术真正的奥秘。

这也是艺术能像宗教一样具有超凡威力的根本原因。

宗教在世界上很多文化和民族中，都扮演着不可或缺的角色。人们需要它，如同口渴需要饮水，生病需要药品。回顾历史，众多原始宗教中的神祇，都是自然之物的化身。不管是古希腊的、北欧的、还是印度教的神话，里面都有雷神、河神、丰收女神等等。

从某种意义上说，宗教其实就是人类长期以来与自然建立的一种媒介，是我们与自然沟通的一种方式。而人们对宗教的绝对信仰和不质疑的态度，最开始也来源于人类对自然的恐惧和敬畏。

不过，随着社会的发展，特别是科技的进步，自然在我们的眼里，渐渐失去了神奇的魔力。人类越来越狂妄自负，也与自然拉开了越来越大的距离。瞧吧，我们生活中的一切：身上穿的是化学合成的纤维，吃的是存在冷库里添加了各种试剂的食品，住的是空气不流通的公寓，用的是流水线上生产的标准化商品，穿梭的是沥青、水泥、金属搭造的道路与建筑。

不知是我们被自然放逐了，还是我们把自然抛弃了，总之，随着自然的远离，宗教也免不了衰退之势。尼采曾说，上帝已死。从那时起，我们似乎逐渐失去了宗教的庇护，同时也失去了与自然对话的那枚魔戒。

幸运的是，我们还能在真正的艺术中，在个别与自然相通的艺术大师

第一部分 成长如蜕

的灵魂里,发现那枚魔戒。通过艺术,我们听懂了自然的呢喃。

我想,这与蔡元培先生多年前提出的"以美育代宗教"的倡导,不谋而合,隔空相应。

在北京最美的季节里,我常常寻一处僻静的草地,躺在上面发呆,做梦。

阳光温暖地趴在我的膝头,热乎乎、毛茸茸的,像一只熟睡的猫咪,发出咕噜噜的鼾声。我一动不动地躺成一个大字,感觉到光线调皮地在我的肌肤上跳跃。那光,似乎想要悄无声息地逃走,却又被我敏锐地捕捉到了一些重量的移动。它的舞步,就是我的乐谱。

藤架上,牵牛花、紫藤花和月季花争相竞放。空气中充满了它们招蜂引蝶的荷尔蒙。我的感官仿佛正在享受一场宫廷大剧,富丽堂皇,如痴如醉。头上的枝丫是喜鹊的游乐园,它们像活泼愉悦的小天使,唱个不停。树枝沙沙作响,伴奏着开心的和弦。

而大地,是一只柔软又有力的大手,它稳稳地托着我的躯体。躺在它的掌心里,我暗暗窃喜,自己身体的曲线和那掌心的起伏是如此契合。我是大地的婴儿,像那莲叶上的露珠。我的脉搏正和大地一起跳动。

我听到了自然的吟唱。这时,我变成了一名诗人,一位哲人,一个梦想家。在一片美丽的朦胧中,迈克尔·杰克逊在《梦舞》里写的一首诗,浮现了出来。听吧,它在,它就在这里:

……在我的血脉中,我感受到
时间长廊与历史画卷的神秘
血液中涌动着生命之歌
舞动着潮汐与洪水的古老韵律

你朦胧的云,刺激的暴风
是我体内狂放的风雨
我舔尝过咸意、苦涩和甜味
关于每次相遇、激情和温度

然而你奔放跳跃的色彩、芬芳与味道
比一切稍纵即逝之物都要令我震撼
刹那间，从你的美貌中，我明白了
何谓永恒的极乐

行星地球，温柔而忧郁
我全心全意地——爱你……

德普叔，你度过中年危机了吗？

最近去电影院看了《加勒比海盗 5》。

从 2003 年的第一部开始，我就是它的忠实影迷了。那些让我一度笑到岔气的电影片段，是非常美好的童年回忆。从那时起，德普叔就成了我心目中最帅最酷最浪的男神，好吧，加上，之一。

还记得第一部《黑珍珠的诅咒》中，杰克船长在月光下变成骷髅，随性优雅地把玩金币。第二部《聚魂棺》中，他被食人族追赶，翘着兰花指、迈着小碎步地逃命。第三部《世界的尽头》中，他一个人身处魔域的梦魇，发现石头螃蟹时，又惊又怕的姿态……

哈哈，就是那么桀骜不驯，玩世不恭，有趣有味。杰克船长真是让我百看不厌。所以，这次时隔六年的回归，我当然要迫不及待地跑去电影院看他啦。

可是，好不容易等来的杰克船长，却让我有些失望。在电影中，他一出场就是一副宿醉后神志不清的样子，摇摇晃晃地拿着酒瓶子，嘴都懒得动，含含糊糊地念台词。一看就知道他不是在演喝醉的样子，而是自己真的喝醉了。

看媒体上都在吐槽剧情，我也就不发表什么意见了。毕竟，这部电影卖的不是情节，而是情怀。作为迪士尼最值钱的 IP 之一，加勒比海盗系列，只要炒炒冷饭，重新燃起影迷的热情就成功了。

我比较关心的是男神。杰克船长算得上是德普叔最经典的造型之一，经典到可以名垂电影史。对于很多影迷来说，说去看《加勒比海盗》，其实就是去看杰克船长。本以为，他终于能借杰克船长的好运气，结束前一段时间的水逆。可惜大叔的美颜能靠 CG 特效恢复，但是他大叔的心态却无可救药了啊。

德普叔前段时间可谓深陷中年危机，诸事不顺。他连续好几年成为好莱坞第一票房毒药，主演的《黑影》《朗姆酒日记》《独行侠》《超验骇客》《贵族大盗》等几部片子都票房惨淡。连客串《神奇动物在哪里》，都被吐槽破坏了画风。

去年，德普叔在短短一周内，又先后经历了丧母、离婚、被前妻起诉家暴，并且祸不单行，陷入财务危机，被自己的财务管理公司告上法庭，不得不变卖自己的豪宅、游艇和珍藏的油画来抵债。

就算是男神也会遇到中年危机啊。很不幸的是，德普叔还选择了一种失败老男人最容易上当的套路，上演了一场抛妻弃子、爱上年轻美女的狗血电视剧。

2012年，德普与同居了14年的法国女星凡妮莎·帕拉迪丝分手，开始疯狂追求比他小24岁的美国女星艾梅柏·希尔德。好不容易证明了自己雄风不减的魅力，把希尔德娶到手，没想到15个月之后，新婚妻子就提出了离婚。

学者刘瑜曾写过一篇颇有道理的文章，大意就是：爱情是失败者的避难所。因为爱情成本很小、进入门槛很低，只需两个人和一点荷尔蒙而已（注：我理解这里的爱情是lust，而不是love）。我以为，德普叔的这场婚姻闹剧，不过是他自己制造的、以遮掩和逃避自己中年危机的麻醉药而已。

但是，他怎么不明白，一个人不管怎么逃，都逃不出自己。

说到德普叔，我不由想到另一位好莱坞明星：莱昂纳多·迪卡普里奥。

他们两人曾在1993年合作主演了《不一样的天空》（What's Eating Gilbert Grape）。德普演抑郁又坚强的哥哥。小李子演智障又呆萌的弟弟，并获得了第一个奥斯卡奖的提名。当时他们可都是炙手可热的小鲜肉啊。

小李子当然有过辉煌。在主演了《泰坦尼克号》之后，他一夜之间成了全球瞩目的"万人迷"。不过，这部电影后来也成为他演艺事业继续突破的阻碍。一旦被贴上"花瓶"的标签，影迷们更关心的就是他的外表和私生活，而不是他日益成熟、精湛的演技。

为了证明自己的实力，小李子一次又一次地选择接拍极具挑战性的角色。在《猫鼠游戏》里，他是情商智商兼备的天才罪犯；在《血钻》里，

第一部分　成长如蜕

他是残暴的战争贩子；在《禁闭岛》里，他是精神分裂的联邦侦探；在《华尔街之狼》里，他是沉沦于性与毒品的金融巨鳄。

可惜，这些精彩的演绎，并没有得到奥斯卡评委的认可。小李子在第一次获得奥斯卡提名后，22年间共有4次与奥斯卡金像奖失之交臂。

22年间，英俊潇洒的美男子，变成了满身赘肉的胖大叔，全球影迷都为他扼腕悲叹。他也曾自暴自弃，放飞自我。

尽管外表已经饱受时光的冲刷，小李子还是坚持在作品中不断锤炼自己的演技。2015年接《荒野猎人》这部戏，他可谓拼了老命。为了更好地饰演皮草猎人格拉斯这个角色，小李子一直在突破自我的底线。他在零度以下的严寒中，整整待了7个月。睡在动物的尸体里；身上戴47种不同的特效假体；身为一个严格的素食主义者，他甚至还生吃了一块野牛肝脏。

这是一个为电影甘愿牺牲到底的励志故事。结果，毫无悬念，奥斯卡评委终于被小李子的坚持与敬业所感动，把美国电影界的最高荣誉颁给了他。

反观德普叔，他从来没有想过要表演一个角色，他就是那个角色。他一般只会演两种类型的人物：怪咖和浪子。因为他自己就是这样的人。

剪刀手爱德华，《爱丽丝梦游仙境》里的疯帽子，《查理和巧克力工厂》里的旺卡先生，这些是典型的怪咖代表；《天生爱情狂》里的唐璜，《浓情巧克力》里的流浪汉，《寻找梦幻岛》里创作彼得·潘的作家，这些是典型的浪子代表。

而《加勒比海盗》中的杰克船长，分明就是怪咖和浪子的合体。一会儿gay里gay气地翘着兰花指，喃喃自语；一会儿又陶醉在对伊丽莎白的单相思中，以为自己很有魅力。

在《加勒比海盗5》的新闻发布会上，德普叔告诉记者说，扮演杰克船长，是一件让他觉得很有安全感的事情。因为他可以随心所欲，想怎么演就怎么演。而且，导演和制片对他的灵感都百分百信任，任由他自由发挥。

种瓜当然得瓜。十四年后的杰克船长已然成了一个固定的标签化人物，不会有突破，不会有惊喜。

同样的中年，德普和小李子却走上了不同的道路。这让我想起了"中

成长是一生的功课

年危机"这个老话题。可不,现在已经有人在谈论 90 后的"中年危机"了。

有研究发现,人一生的满意度存在 U 字形的规律。年幼和老年时期幸福感较高,而中年时期则要经受较多的磨难与艰辛。人到中年,要面对衰老来临的恐惧,事业无成的焦虑,亲友离世的悲痛,理想破灭的失落,庸常生活的消磨,凡此种种。以至有人感叹:所谓幸福,不过就是认清一个人的限度,而安于这个限度。不去追求幸福,只求远离痛苦。

对这种中年人的典型心态,我实在不能苟同。

在《看见成长的自己》这本全球畅销的励志书中,心理学家德韦克描述了一个很有趣的现象:有些人好像生来就是赢家,做什么事都很顺利;而另一些人却好像注定是个失败者,做事时困难麻烦不断。

通过实验和调查,她惊讶地发现,造成这种差异的主要因素,不是天赋,不是能力,不是动机,而仅仅是心态!那些容易失败的人,往往认为自己的能力和素质是一成不变的。而且他们会花很多时间精力,试图寻找自己的"界限",然后便停滞不前。德韦克把这种心态称为"固定型思维模式"(fixed mindset)。

而那些容易成功的人,他们从不给自己设限,勇于不断尝试,相信自己能应对各种挑战,并在这个过程中不断进步。这种心态称为"成长型思维模式"(growth mindset)。

在这个瞬息万变的时代,一切坚固的东西都烟消云散了。唯一不变的东西就是变化本身。不管你有没有意识到,实际上,我们每个人都在跟着环境发生变化。区别只在于,有的人是毫无防备地随波逐流,而有的人却能清醒地预知改变的方向,主动顺势而变,甚至还有超凡拔萃之士,创造和引领潮流。

提出"中年危机"这个概念的,是耶鲁大学心理学家莱文森(Levinson, 1978)。他认为人的毕生发展存在不同阶段,而且各阶段又在动荡与稳定之间,不断循环往复着前进。就如一年四季,春夏秋冬,风景各不相同。因此,他提出了"生命季节"(seasons of life)这一理念。

40-45 岁这个阶段,正是中年过渡期。中年人对生活的意义和方向产生了新的疑惑。这时,有些中年人还试图去抓住青春的尾巴,妄想找回当年的冲动和抱负。但实际上，每个人生阶段都有不同的任务。对中年人来说，协调自我和外在环境的关系，弥补年轻时忽略的平衡（竞争/关爱、事业/家庭、索取/奉献），适应新的境遇和挑战，只有这样，才可以重建一个稳定的生活结构，回到生命的春天。

　　随时归零，随时出发，这才是积极的生活态度。

　　不过，话说回来，中年德普其实并不需要大改变。他只要单纯做回自己，重新找到真正的自我就好。天赐一副好颜值，只要重拾飘飘灵气，保持满满元气，他还是万千影迷心中的男神啊。

天堂小镇牙克石

盛夏季节，我离开骄阳似火的北京，去内蒙古旅游。飞机到达呼伦贝尔的海拉尔机场已是晚上 10 点。刚走出机场大门，清凉的寒风扑面而来。我一下子恍惚，仿佛步入秋天。直到几天之后，当我们途径北纬 50° 的标志线时，我才意识到，自己已经走到了祖国的最北端，身处雄鸡版图的鸡冠上。寒冷是这里的主旋律。在盛夏，这里无疑是最好的避暑胜地。

为了方便进入林区，我们选择住在呼伦贝尔最靠近林区的城市：牙克石。从机场开车到牙克石也就一个多小时的路程。路上，朋友热情地给我们介绍起这座边陲小城来。

牙克石，在满语中是"要塞"的意思。这里是进出大兴安岭林区的门户与枢纽。新中国成立之后，国家建设急需大量木材，中央决定对大兴安岭进行开发，将内蒙古大兴安岭林业管理局设在此地。一大批来自全国各地的有志青年和专家们，怀抱理想，来此扎根建设。在这荒无人烟的原始森林边上，他们从勘探地质、勾画蓝图开始，白手起家，建造起这座"森林之都"。

随着国家政策的调整，林区管理从开发变成了保护，牙克石也慢慢成了人口净流出地。现在，这座小城变得非常宁静，路上车和人都很少，一派岁月静好的光景。

因为与俄罗斯距离近，这里的一些建筑风格比较欧化。站在牙克石火车站广场上欣赏街景，有那么一瞬间，我感觉自己好像回到了芬兰的首都赫尔辛基。那些色彩明亮的小楼整齐排列，在蓝天的映衬下，显得舒适而美丽。

走在牙克石宽敞整洁的道路上，我注意到这座城市的街道和建筑都十分规整，道路笔直。听朋友介绍，牙克石市区一共就十几条主要街道，都用数字编了号。四道街有批发市场，五道街是美食街，六道街就是林业局

第一部分 成长如蜕

的所在地。多亏了前辈们科学合理的城市规划,身为一名路痴的我,独自走在街上也能辨明方向。

傍晚时分,我散步到牙克石体育场附近。夕阳把城市镀上了一层浪漫梦幻的玫瑰金。隔了几十米远的距离,我就隐约感觉出那里人潮涌动,熙熙攘攘。没想到,这座安静的小城,也有如此热闹之地。抱着好奇心,我走过去一探究竟。

体育场旁的广场上搭起了露天舞台,一群美丽的少女,正伴着蒙语歌曲翩翩起舞。台下站满了观看表演的市民。可爱的小姑娘骑在爸爸肩上,手举气球,也在认真欣赏。询问得知,一年一度的牙克石群众文化艺术节下周就要开始了,现在他们正做着彩排。参加演出的都是市民业余组织的表演队,大家自编自演,自娱自乐。

广场另一边,跳广场舞的大妈,穿着统一的橘红色上衣、白色裤子,手上还戴着白手套,表情专注地比画着动作;年轻的父母领着幼童,开着那种会唱歌的玩具车,不停地转圈兜风;老人们围在石凳旁下棋、打扑克,激烈的讨论声此起彼伏;还有一大群人围在露天的卡拉OK旁,听一首怀旧的老情歌。

作为一名旁观者,我静静地站在广场中央,注视着一张张幸福又满足的脸庞。愉快的市井声,充满了感染力。我的心不知不觉在这欢闹声中荡漾起来。

凉风习习,太阳也快落山了。清新的空气里,似乎能闻到森林负氧离子的味道。这样美好的环境不可辜负,我准备去体育场里跑上几圈。从广场往体育场走,沿途的人越来越多。卖菜的、卖水果的、卖牛奶的、卖烤串的、卖麻辣烫的、卖臭豆腐的、卖玩具的、卖衣服的、卖首饰的、卖日用品的、卖气球的、卖花草的、做麦芽糖的、做棉花糖的、算命的、求签的、推销保健品的……这些小商贩一个接一个,沿着道路一字排开,像赶集一样热闹。

跑完步后,肚子有点饿了。我从体育场走出来,一路买,一路吃,一边与摆摊的小贩搭讪,顺便还做个鬼脸逗逗迎面相遇的小婴儿。刚刚还是旁观者的我,一下子变成了牙克石人,就好像一直生活在这里一样。我感受到了一种前所未有的舒适与安逸,幸福又满足的笑容,也挂上了我的嘴角。

第二天，朋友带我们去凤凰山庄。他告诉我们，呼伦贝尔的美景全都浓缩在凤凰山庄了。草原，森林，清澈见底的小河，奔驰的骏马，精致的木屋……随便一个方向，随便一个角度，拍出来的照片，都有明信片般的感觉。

从市区出发，驱车只需二十分钟，就到了凤凰山庄。二十分钟的路途，也如西部大片一般壮美。起伏蜿蜒的公路，把土地分割成不规则的色块，宽广而夺目。碧绿的草甸旁，有明黄色的油菜花田，油菜花田边是淡粉色的土豆花田。田地的远处有茂密的森林，在原野上竖起一道深绿色的屏风。而在这一切之上，是一碧如洗的蓝天和变幻万端的白云。透明的阳光，穿过云朵洒下来，让景色的饱和度大大提高。

今年由于气候干旱，呼伦贝尔的草原普遍长势不好，但这里的草原显然没有受到什么影响，显得特别繁茂。草原上的野花，也开得恣意而浓烈。

既然有了草原，自然就少不了骏马。骑在高高的马鞍上，你会发现，灵魂离天空的距离更近了。马背上的笑容也更加灿烂。昂起头，挺起背，让兴奋的脸庞，去迎接扑面而来的清风。此时，会有一种旋律，在你的喉咙和胸腔中盘旋。你会忍不住想放声歌唱，让歌声与风声共鸣，在天地回响。

知道我特别喜欢小动物，朋友便带我去了山庄里的动物园。名字叫动物园，其实就是在一片圈起的森林里，圈养了几头棕熊，几匹森林狼，还有几只貉子。凶猛的食肉动物关在笼子里，而相对温顺的食草动物就放养在森林中。

几只害羞的梅花鹿，藏在草地旁的树丛里，耐心地等待饲养员给它们投食。它们警觉的小耳朵直直竖起，鼻尖也不断抽动着，对周围的环境时刻保持着警惕。还不等你靠近，它们就一溜烟地跑走了。树丛中只留下几道褐色的光影。

几匹阿拉伯小矮马倒是不怕人，不过也不理人，它们只管安静地吃草。

正当我和阿拉伯小矮马合影时，不知从哪里又冒出另一只毛茸茸的小家伙。我抬头一看,迎面走来了一只小骆驼。成年骆驼身材高大,体型魁梧,而这只小家伙个子与我差不多高,两个小驼峰尖尖地耸在背上。它迈着细长的腿,直冲我奔来,完全不给我反应的时间,一双厚厚的毛茸茸的嘴唇就朝我偷袭过来。

听饲养员讲,这只小骆驼就是嘴馋。看到有游客来,就想跟游客讨吃的。不管喂它什么,蔬菜、饼干、薯条,它都喜欢吃。看来,没有携带零食的我,是让它有些失望了。

……眼前,一条玉龙在草原上蜿蜒。那是莫日格勒河的支流。

漫步在河边,朋友说,他们本地人周末的时候,都喜欢到河边来玩。与亲朋好友相约一起,在河滩上烧烤、聚餐。把啤酒浸在冰凉的河水里,一会儿啤酒就变成冰镇的了。

中午的阳光很耀眼,映在浅浅的河面上,像是撒了一河的碎金。我心想,大夏天的,河水怎么也不会很冷吧?随即脱了鞋袜,跑进河里淌水玩。没想到,河水真的冰冷彻骨。我只敢让河水漫过我的脚踝,慢慢在河底的鹅卵石上移动。河中的水草十分柔软,顺着水流轻抚着我的脚面。四下不见人影,只有云影在飘,光影在移,仿佛一场大梦。

我从河边走出,坐在草地上,光着脚丫,等阳光把脚上的水珠晒干。听着鸟鸣,闻着草香,我不禁向朋友感叹道:这样的生态、这样的享受,只能用"奢侈"来形容了!要放到北京,连那些实现了财富自由的成功人士,也无法拥有这样的生活品质呢。

回想在北京的时候,不少人也喜欢周末去郊区游玩。但是因为出行的人实在太多,在出京的高速路上,几乎总会遇上大堵车。灰蒙蒙的天,密密麻麻的车,人的心情也不得放松。往往早上急急忙忙出发,等到了郊区,已是中午吃饭的时间了。在郊区找一家农家乐吃午饭也不容易。口碑好的饭店门口早就排起了长龙,找个停车位又要多花半小时。好不容易吃上午饭,等下午赶到某个自然景区,一看,又都挤满了人。走马观花地一圈也没逛完,就要往回赶了。回城晚了还得担心堵车。

听了我的话,朋友深有感触地点头。他大学毕业后也当过一段时间的北漂,非常了解北京。大都市的空气和交通,大都市的生存压力,让多少年轻人选择了逃离。他最终也选择回到家乡工作。在牙克石,他结了婚,买了一套一百多平方米的房子，还养了一条大金毛。生活惬意中，体重一下子飙升了几十斤，成了一位标准的内蒙古大汉了。

英国作家毛姆曾说，有些人生错了地方，出生在异乡。因此他跑遍千山万水寻觅自己本来的归宿。当他来到一个陌生的环境，却突然产生了一种归属感，这时，他便找到了真正的故乡。

虽然是第一次来到牙克石，我却莫名地感受到一种久违的归属感和安全感。这里的一切，草原，森林，蓝天，白云，田野，牧场，植物，动物，河流，房屋，街道，集市——所有的所有，都是我喜爱的亲切的模样。

如果让我勾画天堂，天堂就是牙克石夏季的样子。我的灵魂到了天堂，自然不愿离去。它把一小块的自己，永远留在了这个地方。

蒙餐里的快意人生

来到呼伦贝尔，当然要吃正宗的蒙餐了。

而吃蒙餐，则必喝锅茶。锅茶是用最正宗的奶茶，放到大铜锅里熬煮而成的。

我们一行人刚到饭店，还没入座，店员就在桌子中间架起了一口大铜锅。不过锅中空空如也，并没有奶茶。内蒙古的朋友解释说，不急，稍等片刻就会有专人来现场制作，我们现在只管去选肉。

据说，当地的蒙古人早晨起来做的第一件事，往往就是熬奶茶。朋友告诉我，早餐多喝几杯奶茶，喝饱了，一天不喝水也不会感到口渴。这种习惯也慢慢传给了这里的汉人。由此一来，早起喝奶茶，便成了生活在草原上的很多家庭非常自然的生活习惯了。

平日里，在家煮奶茶的方式很简单。集市上，从牧民那儿买了袋装的新鲜牛奶，倒进大锅，里面放上红茶块，烧开了就能喝。奶茶的味道是越煮越香浓，牛奶一般都选用生牛奶。如果用加工后的盒装奶，就煮不出蒙古奶茶的独有香味了。

这种煮奶茶的方法，其实只是正宗蒙古式奶茶的简化版。真正的锅茶，制作方法要比这个复杂很多。

待我们依次就座，一位蒙古族大姐端着一只大托盘走了进来。仔细一瞧，托盘上放了四只小碟子。碟子里分别盛的是牛肉干、黄油、奶皮和炒熟的稷子米。这最后一种东西，我是第一次见，所以特意问了名字。稷子米是北方传统的杂粮。稷，正是"社稷"崇拜中，谷神的名字。炒熟后的稷子米，颗颗金黄，光是看着，仿佛就能闻出谷物的醇香。

大姐在加热后的铜锅里，一边依次倒入黄油、稷子米、牛肉干和奶皮，一边不停地用大勺快速翻炒。四种配料放入锅中的顺序和时间都很有讲究。等到把这几样配料都炒出香味后，她才用铜壶把奶茶倒入锅中。我

成长是一生的功课

一面欣赏着大姐稔熟的手艺，一面迫不及待地盼着锅茶沸腾。

在等待中，店员端上了喝锅茶的最佳拍档：蒙古小果子。

小果子是用酸奶酪和面粉做成的小点心。大小模样与泡芙相似。在油锅里面炸得金灿灿的，吸了油，冷下来后，一只只整齐地垒在木头盒子里。

盛一碗滚烫的锅茶，再拿一只小果子慢慢泡进奶茶中。小果子在奶茶里上下起伏雀跃，冰凉坚硬的酥皮慢慢变软了。香醇的奶茶渗透进小果子蓬松的酥心，好像一下子为它赋予了新生命。表皮依旧松脆，但内心已被奶茶融化。夹起来咬一口，奶香四溢，入口即化。

由于锅茶里放了盐巴，口味偏咸，而小果子刚好是甜甜的口感。就着小果子，再去喝奶茶，咸味和甜味巧妙地中和在一起，一下子又为锅茶圈粉很多。

锅茶中的稷子米这时已经吸水，膨胀变软，牛肉干却还是硬邦邦的，很有嚼劲。舀起一勺带着稷子米和牛肉干的奶茶，一整勺放入口中慢慢品味，口感丰富多变。幸福感迅速从舌尖流向大脑，随即布满全身。

因为实在太美味，我不知不觉就喝了两大碗奶茶，附带还吃了好几只小果子。感觉肚子都要饱了的时候，朋友好意提醒说，缓着，真正的大餐还没上呢。

我这才想起，我们刚刚出去选了好多肉食。那大块大块的牛排、羊排，烤的，烟熏的，蒸煮的，都整齐地放在保鲜柜里。热情好客的内蒙古朋友点了很多，以便把蒙餐的精髓，一齐展现给我们。

烤牛排，牛肉肠，羊肉串，手撕羊肝……在这么多肉食中，我觉得最好吃的还是手把肉。手把肉其实就是用冷水煮的新鲜羊排。因为吃的时候直接上手，所以就称之为手把肉了。

一整块完整的羊排端上桌来。朋友熟练地拿起小刀，把羊排削成一条一条的，放到我们的盘里。身为吃货的他，非常专业地告诉我们，羊肉中最好的部位就是肋条，肉质松软，肥瘦兼备，靠近骨头的地方还有一层脆脆的筋膜。所以，吃手把肉，点肋条部位是最合适不过了。

不加任何佐料，手把肉的味道，最真实地还原了羊肉的原始清香。草原的羊肉品质优良，没有膻气，只有无比的鲜嫩。不过，手把肉还有一种

第一部分 成长如蜕

更讲究、更美妙的吃法：盛一碟韭花酱，蘸着酱吃肉。

韭花酱是一种以韭菜花为主料的蘸酱。夏天，牧民们把从草原上采来的新鲜韭菜花洗净捣碎，再加入盐、蒜蓉、生姜、香油等配料，拌匀后装入罐头中。在随后一整年时间里，他们都能享用到这种味道浓郁、香气醉人的酱料了。

手把肉和韭花酱，就好比神仙眷侣。韭花酱把手把肉的鲜美，直接提升到另一层境界。

用小刀削下一片带点肥的羊肉，把它深深埋进韭花酱里，让韭花酱充分施展它的魔力。拿起包裹了一层翠绿色韭花酱的羊肉，放入口中，口腔里马上发生了剧烈的化学反应。一时间，我感受到肉香和各种植物的香气缠绵交融，如胶似漆。那味道实在无与伦比，妙不可言。这样的羊排吃下去，厚而不腻，鲜而不薄，口口都是停不下来的诱惑，让人在不知不觉中又吃了很多。

来内蒙古之前，就有曾到过内蒙古旅游的朋友提醒我说，千万别顿顿都吃牛羊肉，特别容易上火。一开始，我小心地克制着自己吃肉的量，却顶不住热情豪爽的当地朋友，一个劲儿地往我盘子里夹肉。

我只好说出了我的担忧。没想到他哈哈一笑，说，不怕，等会儿我们喝柳蒿芽羹。只要喝了柳蒿芽羹，不管吃多少牛羊肉，都不会上火的。

柳蒿芽是大兴安岭林区中，一种特有的山野菜。最早食用柳蒿芽的是当地的少数民族达斡尔人。这种野菜独有一种辛香气味，吃下去后，会在喉咙里留下一丝清凉的感觉。一碗下肚，马上就能感觉到去火的功效了。

只用开水焯过的柳蒿芽，味道还太浓烈辛辣，不好直接入口。有经验的达斡尔人创造了一种聪明的吃法，就是把柳蒿芽打碎，在里面加入红芸豆、土豆丁、肥肉丁等，一起熬成羹。在淀粉和脂肪的装扮下，柳蒿芽也变成了人见人爱的灵丹妙药。

一大碗柳蒿芽羹端上来，绿红黄白，色彩斑斓，仿佛草原上漫山的野花，仅从外观，就已添了不少食欲。喝上一口，身体从内到外，立刻感觉清新舒爽。这无疑是草原和森林赋予人类的又一种极富特色的美味佳肴，既充满了美感与想象力，又具有立竿见影的实效性。

吃了手把肉，自然少不了喝酒。

成长是一生的功课

朋友说,来了内蒙古,怎么样都得喝点白酒啊。当地人喝酒特别讲究一种仪式感。在吃饭过程中,从主人开始,一桌人轮流站起来祝词、敬酒。每人站起来先说一段感人的话,往往是回忆与客人的情谊和对未来的祝福,接着便要把杯中的酒,一干而尽。其余的人坐在座位上,也附和着喝酒,但喝酒量随意,不需要喝完。

请客就一定得让客人"喝好"。而"喝好",似乎默认等于"喝高"。

当地人喝酒的架势,是让外乡人有些怯场的。听朋友说起,他有个哥们特别能喝酒。有一回大家一起吃饭,这位内蒙古大汉作为主人,率先站起来祝酒。他祝酒一共只说三句话。每说一句话,他就灌下一大碗酒。就这样,三句话说完了,咣咣咣,三大碗酒也下了肚,把同桌的其他人吓得都不敢说话了。听完了朋友介绍,我们无不感叹,幸亏他今天不在现场啊。

蒙古人端起酒杯一站起来,就有那种"我干了,你随意"的淳朴与豪迈。他们的直爽、真诚、豪放、热情,全体现在这种酣畅淋漓的酒文化里。在这种氛围下,最不能喝酒的人,也会被他们的热情所感染,在不知不觉中喝下去好几杯。

因为长期吃肉喝酒,不少当地人都挺着大大的啤酒肚。这也没办法,朋友笑着解释,只要一喝酒,就想吃肥肉。因为喝烈酒时需要吃肥肉来保护胃黏膜,而且脂肪也能解酒。

漫长的冬季,必须喝酒,只能喝酒。呼伦贝尔的年平均气温只有零下2℃,每年9月份就开始飘雪了。2009年,根河气象站还观测到气温低至零下58℃。因此这里也被命名为"中国冷极"。喝酒,是当地人驱散严寒、度过漫长冬季的好方法。

在公路上,我注意到当地的旅游宣传标语是"越冷越热情"。这句口号多么真实贴切地反映了他们的内心啊。

生活在寒冷地区的人们,对温暖最敏感,对温暖最渴望。当屋外银装素裹时,唯有人心的炉火在熊熊燃烧,唯有人情的交融在温暖彼此。冰雪的冬夜,广袤的草原与森林,飘着鹅毛大雪,刮着凛冽寒风,连空气几乎都被冻僵了。这时,如果你去探询火焰,它却不会感到一丝寒冷。热情的火星,噼里啪啦地向外输送着能量。燃烧自己,温暖他人——这是火焰的命运。

我似乎看到，那些喝着烈酒的内蒙古人，他们的身体里都藏着一团用酒精点燃的火焰。成为一团燃烧的火焰，就是他们彪悍的人生，无悔的宿命。

自然的力量

在大兴安岭北部山脊的西侧，有一片从未被开垦的处女之地。它是我心心念念很久的汗马国家自然保护区。

这里有中国北境保存最完好的原始森林。从 20 世纪五十年代起，这里就被中央列为禁伐禁猎区。我们开着吉普车，沿着一条布满石块和泥坑的土路，慢慢向保护区挺进。这条路窄得只允许一辆车勉强通行。路两旁的松树林十分茂密，把天空和蜿蜒的道路都严严实实地遮住了。车穿行其中，就像用剪刀把森林剪开一条细缝，好让我们一睹原始丛林的风貌。

吉普车在土路上摇晃着、跳跃着。我坐在车内紧紧抓着座椅，害怕一松手，头就会撞到车顶。虽然颠簸得厉害，我却感到一种冒险般的新鲜和刺激。进入森林深处探险，一直都是我的梦想。因为在我的认知里，那是属于童话和魔法的世界。

在颠簸的路途中，保护区的专家向我们介绍了汗马的基本情况。

汗马自然保护区的形状，特别像一片美丽的树叶。一条从南向北贯穿其中的塔里亚河，就是它的叶脉。清澈甘甜的河水，顺着四散的支流，不断滋润着保护区里的每一个角落。地处北纬 52°，这里是环北极圈泰加林带的南端，是我国保存最完好的寒温带苔原山地明亮针叶林区。许多寒带地区特有的珍稀保护动物，就生活在这一片无人之境。

听着专家的介绍，我在脑海中不断勾画出密林深处的样子：高高的树枝上，传来清脆的敲棒子的声音，那是发情的雄性黑嘴松鸡，在为它心仪的姑娘唱情歌，它的脖子和尾巴都高高竖起，为了至高无上的爱情拼尽全力。驼鹿小心翼翼地迈着细长的腿，穿过草丛，到河边喝水。它是外表丑陋的巨人，背部高高隆起，鼻子上的肉，长长地垂在嘴巴上。滑稽的样貌，让它有些害羞和自卑，平时只在晚上和清晨出来觅食。嘴里叼着耗子的乌林鸮，行色匆匆，飞快地掠过树梢。它着急地赶回树巢，忙着把猎物

第一部分 成长如蜕

分给嗷嗷待哺的雏鸟……

专家的故事里还有棕熊、紫貂、金雕、原麝、狍子等十分稀有的保护动物。这些生动有趣的介绍,让时间过得飞快。我们不知不觉就到达了保护区的中心管理站。一块空地上立着一幢小楼和几座小木屋。这就是保护区的工作人员工作、居住的地方了。为了方便研究人员的科考调研工作,保护区专门修了一条木头栈道,一直延伸至森林深处。

一下车,我就迫不及待地往森林走去。沿着栈道往里走,两旁各式各样的树木,自由地、恣意地生长着。有的直刺蓝天,有的遒劲蜿蜒。有挺拔娇嫩的新苗,也有腐烂老去的枯枝。苍绿的枝叶把天光遮去了大半。阳光费力地穿透下来,照耀在地表上的松针、野花和苔藓上,使大地的色彩更加斑斓了。

我兴奋地跑下栈道,想去近距离地拍摄那些美丽的苔藓和小野花。突然听到身后一位叔叔大喊,快出来!松树下面的草丛里,草爬子最多了!

一听到"草爬子"这三个字,我吓得赶紧从草丛里逃出来。等跑上安全的栈道后,我还觉得浑身似乎有莫名的瘙痒。

这几天在林区,关于草爬子的警告,已不绝于耳。草爬子学名蜱虫,是一种专门吸血的爬虫。在野外的草丛中最容易遇到,所以俗称草爬子。每年春夏之季,是蜱虫的繁殖期。一到繁殖期,这些吸血的小恶魔,就对动物和人的气味特别敏感。只有几毫米长的它,能在草丛中迅速移动,敏捷地跳到寄主身上。

草爬子在咬人的时候会分泌毒素,麻痹人的皮肤,所以很多人被咬了之后,并不能及时发现。往往等人发现时,它已咬开皮肤,钻进肉里了。一旦发现被咬,万万不可用手将它拔出。因为,草爬子的头部长有倒刺,如果将它的身体拔出了,它的头还会留在体内,实施最后的报复行动。草爬子带有大量神经毒素,会引发森林脑炎。如果毒素顺着血液扩散到人的头部,那情况就危及了。很快,人会发烧、呕吐、抽搐,最后导致全身瘫痪,甚至死亡。

听着几位经验人士详细又生动的介绍,我不由得连连倒吸冷气,只感觉自己头皮发麻,汗毛根根竖起。

我小心翼翼地问,那如果真被蜱虫咬了,还有拯救的办法吗?

成长是一生的功课

——不用太紧张。如果发现被蜱虫咬了，就赶紧上医院去。医生会做个小手术，把你被草爬子咬的那一块肉挖掉，这样就能从根本上避免感染了。

听到这个回答，我并没有感到心安。一想到被蜱虫咬后的最好结果，竟是挖掉一块肉，我赶紧换上紧口的长衣长裤，再也不敢往草丛里跑了。

除了可怕的蜱虫，森林里最烦人的就是蚊子了。这里的蚊子成群结队，密密麻麻，而且对刚来林区的"新人"格外"关照"。

在进入森林之前，我就预料到森林里蚊虫很多，要做好防护。于是，我们每人头上都戴了一顶有网罩的帽子，像养蜂人一样，把头和脖子罩起来。没想到，这些蚊子无孔不入。尽管戴了防护帽，我们还是接二连三地中了招，个个都被蚊子咬得肿起了大包。不一会儿，我露在外面的双手，就被咬了七八个大红疙瘩，痒得难受。还有大量的蚊子一直围着我脑袋转，嗡嗡作响。

沿着栈道往森林深处走，我发现了几坨灰褐色的干物，遗留在栈道上。仔细观察，还能发现其中掺杂了一些动物的羽毛。

保护区的工作人员告诉我，那是猞猁的粪便。

森林里的野生动物，都有鲜明的个性特征。如果说紫貂是雪地里活泼可爱的小精灵，榛鸡是大兴安岭中浪漫浮夸的情郎，那猞猁扮演的角色，就是狡黠而冷酷的杀手了。

猞猁的外形长得很像猫，但体型要比猫大很多。它四肢结实，肌肉发达，厚厚的肉垫里藏着的爪子，足有一寸多长。它捕猎时，喜欢埋伏在树枝上，竖起耳朵，屏住呼吸，慢慢等待猎物靠近，冷峻的目光，早早就锁定在猎物身上。一等猎物走到它身下，它就一跃而下，用锋利的爪子深深插进猎物的脖子里，再张开血盆大口，直接咬破猎物脖子上的主动脉。

这种捕食方法，凶残却高效。一些大型的食草动物都难逃它的魔掌。听工作人员介绍，最近他们发现好几头死去的驼鹿和驯鹿，都是被猞猁给祸害死了。猞猁杀死了这些动物，却吃不完它们的肉，就只把它们的血喝光了，再把内脏掏空吃了。

看到猞猁的粪便，我才意识到，这一片看上去无比宁静的原始森林，实际上却是危机四伏，充满杀气的。

第一部分　成长如蜕

　　进入森林之前,保护区工作人员特别叮嘱,走进森林后,大家只能在栈道上行走,尽量不要离开栈道。因为栈道下往往是沼泽、塔头,一脚踩到了,整个人都会陷进去,非常危险。现在想想,生活在森林里的动物们也会遇到同样的难题。狡猾的猞猁一定也是看上了这条人工通道,行走起来更方便、更快捷,所以就肆无忌惮地留下了它的标记。

　　自然从来都不是一位慈爱的母亲。我觉得它更像一位铁面威严的君主,用残酷的丛林法则治理国家。所有生灵都不得不怀抱着敬畏之心,臣服于它的脚下。在它的王国里,每时每刻都在上演着弱肉强食的戏码。只有最健康、最机智的臣子,才能幸运地欣赏到每天磅礴的日出与璀璨的夜空。

　　不过,我慢慢发觉,自然也是一位充满童心的魔术师,一个永远年轻的老顽童。它喜欢用变幻莫测的魔法,给相信魔术的人们准备了无穷无尽的惊喜。森林里的宝藏早已埋好,只等着我们去探索和发现了。

　　在栈道上,走在前面的叔叔突然停下脚步,兴奋地朝我招手。我赶快跑过去,顺着他指的方向往下看,发现地上长着几丛茂盛的灌木。这种灌木长着蜡质的小圆叶片,非常可爱。

　　这就是"都柿",野生蓝莓。叔叔告诉我。

　　在他的指导下,我拨开深绿色的叶子,一下子就看见树枝上长了好多深紫色的小浆果。不同于市场上卖的蓝莓,野生蓝莓的形状是偏椭圆形的,颗粒饱满,成熟的果肉好像都要把表皮涨开来。

　　我迫不及待地摘了一大把,直接就倒进嘴里。酸爽的果汁一下子在口中炸裂,让我直呼过瘾。野生蓝莓比种植的蓝莓要酸,口感也更丰富。只吃了几颗,就感觉好像喝了一大杯维生素饮料,补充了我一天所需的维生素。

　　除了野生蓝莓之外,在路边的灌木丛中,还藏着更多惊喜。往前走了一段路后,那位叔叔又停下脚步,示意我过去。

　　这次发现的是一种长锯齿状叶片,枝干上带刺的小灌木。一颗晶莹剔透的小红果子,藏在叶片下面,散发出诱人的光泽。它叫"托钵儿",就是野生树莓。我小心地把这颗托钵儿摘下来,捧在手心里欣赏了一番,才放进嘴里细细品味起来。我惊讶于它小小的果实中,竟然能蕴藏这么浓郁的甜味和果香。

凭借着我的好运，在森林探险的过程中，我还尝到了高粱果子（野草莓）和灯笼果。满嘴的果香，让我由衷地感激自然的慷慨馈赠。

走到栈道的尽头，就来到了塔利亚河的河岸边。蓝天、白云、绿树倒映在清澈的河水里，宛如仙境一般。

河滩上睡着好多粗壮的大树。它们安静地享受着水流的冲洗，不知在这里已经睡了多少年。经年累月，树干脱去了原有的颜色和纹路，只剩下光滑的表皮，在阳光下闪烁着银色的光芒，耀眼而夺目，好像只在梦中见过。我不禁轻轻抚摸起光滑的树皮，惊叹于它的质感，竟如丝绸一般细腻。看来，自然借助河流的力量，把它的柔情送给了这些睡去的树木。

坐在河滩上，我仿佛进入了大树的梦境。时间消失了，空间只剩下静谧与安详的微风，就像是沉睡的大树发出的均匀又平缓的呼吸。

河水清清地流淌着，发出淙淙的吟唱。这时，同行的一位伯伯，突然童心大发，在河滩上捡起一块小石片，打起了水漂。石片在河面上轻快地跳跃了十几下，快要飞到河对岸了，才沉入水中。我不禁在一旁拍手叫好。

伯伯在地上挑选了一块石片，递给我说，你也来试试吧。我犹豫着说，我不会打水漂的，以前试过好多次都没有成功过。

不过，看着伯伯鼓励的眼神，我还是拿过石片，准备试试我的运气。学着他的姿势，我也侧身蹲低了身体，右手握紧石片，用身体和手腕的力量，把石片投掷出去。

没想到，石片在水面上优雅地划出一道弧线，一连跳跃了四五下，才沉入河中央。我惊喜地大叫起来：天啊！我竟然也能打水漂了！

激动中，我又一连试了好几次，每次居然都奇迹般地成功了。

这项尝试过无数次都失败了的游戏，最终竟是在汗马自然保护区里获得了成功，我顿时感到自己充满了力量。而这种力量，我想，应是从自然中汲取到的。在这梦幻般的原始森林中，我始终能感受到一种力量，好像一股神秘的气流，每时每刻都包围着我。

是啊，这充满了负氧离子的空气，这汁浆浓郁的野果，这亘古流淌的河水，这生机勃勃的更迭，这自强不息的律动，这适者生存的法则——所有的一切，不都是力量的显现吗？

　　来汗马之前，我一直在思考，该用怎样的词汇来概括自然的壮美：是粗犷还是精妙？是震撼抑或是神奇？好像都正确，却又好像都无法表达出我那复杂的感觉。现在，我想，我已经找到了最恰当的词汇。那就是：力量！无穷的力量……

至爱驯鹿

这次进入大兴安岭林区，一个很重要的目的，就是参观鄂温克族的使鹿部落。

曾读过一本特别吸引我的小说，描写的就是鄂温克族人的原始生活和迁徙现状，书名叫《额尔古纳河右岸》。作者迟子建正是凭这部作品获得了茅盾文学奖。在敖鲁古雅乡的鄂温克族驯鹿文化博物馆，那些小说中的情节，立刻鲜活地在我脑海中浮动起来。

在那个神秘的世界里，有鄂温克族的额尼（老妈妈），坐在撮罗子（帐篷）旁煮着鹿奶，缝着皮靴子；萨满教女巫敲着神鼓，跳着神舞，为生病的孩子召回她的"乌麦"（灵魂）；勇敢的猎人乘着桦树皮做的独木舟，到河边去狩猎犴达罕（驼鹿）；人们骑着驯鹿，在白茫茫的雪海中徐徐穿行，悠扬的鹿铃声回荡在森林深处。

驶离国道，汽车在颠簸的土路上，一直往森林深处开去。道路越来越窄，路两边的灌木丛则越来越高，把宽广的蓝天压缩成了一条狭长的甬道。鹿苑深藏在一片松树林中。远远望去，一缕缕白烟不断从地面升起，把松树林笼罩在一片迷蒙中。询问得知，这是养鹿人专门烧起的柴火，为的是帮驯鹿驱赶夏季扰人的蚊虫。

夏季森林里蚊虫肆虐，惹得人和动物都心烦意乱。驯鹿也特别喜欢待在没有蚊虫的地方。因此，鹿群一般都会聚集在养鹿人燃起的烟火周围，不会走远。

顺着林间栈道往里走，一下子就看到了十几只驯鹿。它们体格并不庞大，长长的枝丫形的鹿角十分显眼，身披灰褐色的短毛，只有屁股那儿有一小撮毛是白色的。每头鹿的脖子上都悬着一只铃铛。它们安逸地围在炉火旁，有的低头站着，有的卧在地上，看上去十分惬意。

我慢慢靠近它们，怕把它们吓跑了。因为根据以往的经验，鹿是一种

第一部分 成长如蜕

特别胆小警觉的动物,还不等人靠近,它就会一溜烟地逃走。没想到驯鹿和其他种类的鹿完全不同。我们一群人朝鹿群走去,它们一点反应都没有,还是很放松地沉浸在自己的白日梦里。有几只驯鹿缓缓把头转过来,瞪着圆圆的大黑眼睛,也只是有些好奇地打量着我们。

一位伯伯径直走到一只站着的驯鹿边,抬手轻抚它的脊背。驯鹿也十分乖巧,一动不动,任由他来抚摸。看到这样的情景,我也兴奋地走进鹿群,开始摸摸这只,又摸摸那只。

驯鹿的鹿角外面包裹着一层绒毛,在阳光下毛茸茸的,闪烁着柔光,看上去就像毛绒玩具一样柔软。不过,等我一摸到鹿角,驯鹿就把头往侧面一转,一副不想让我碰的样子。可我却没能马上理解它的意图,又伸手去摸了一下。它又把头偏到一边,想躲开我的手。

一位有经验的伯伯看到了,就过来告诉我说,鹿角是万万不能摸的,摸了驯鹿可要生气了。我这才明白过来,刚才驯鹿不开心地扭过头去是生气了呢。

事后,我又想起这个有趣的情景,很好奇为什么驯鹿不让人摸角,便上网查找了相关资料。原来,这种毛茸茸的鹿角,就是中药材中名气很大的"鹿茸",是尚处在生长阶段的鹿角。在这个阶段,鹿角中布满了丰富的毛细血管和神经末梢,对刺激非常敏感。此时,就算是雄鹿之间发生了冲突,它们也只会用前蹄拍打对方,而尽量不用鹿角相互顶撞。

了解到这一知识,我不由得为自己当时的莽撞行为感到抱歉。同时,也越发惊叹驯鹿的温顺脾气。换位思考一下,我去触摸鹿角,就好像有陌生人过来一直不停地挠我痒痒。这时,我能不生气吗?不过,好脾气的驯鹿,就算生气了,也没有用牙咬我,或者用蹄子踢我,而只是默默地把头扭到一边,以示不满。这样的温柔,让我自叹不如啊。

安慰一只贪吃鬼最好的方法,就是喂它美食。或许,用驯鹿最爱吃的新鲜苔藓来犒劳一下它,它便会马上原谅我的鲁莽吧。

在吃的方面,驯鹿展现出了另一副可爱的模样。看到我们拿来了它们最喜欢吃的新鲜苔藓,鹿群就一下子骚动起来。它们纷纷抬起宽大的蹄子,咯噔咯噔,快速朝我奔来。一时间有五、六只驯鹿都跑上了木头栈道,追在我的身后,争着抢着要吃的。我一看这种阵势,有些不知所措,

成长是一生的功课

只好在这几头鹿之间来回穿梭，以便能把每一头鹿都喂到。

别以为驯鹿贪吃，就是不知足的大胃王。实际上，几只鹿在分吃完一桶苔藓后，肚子就都吃饱了。当我再装满一桶苔藓回来喂它们时，驯鹿们只是用鼻子闻闻，就扭头走开了。这样嘴大喉咙小的模样，就像延迟满足能力很弱的小孩子们，见了好吃的就争着要吃，但只吃了几口又开始喊饱，让人不禁又想发笑又感怜惜。

吃饱了苔藓的驯鹿，懒洋洋地走回到火炉边，找片空地，卧下休息。驯鹿的脖子本来就很长。它趴在地上休息的时候，还喜欢把脖子伸得格外长，直挺挺地伏在地上。

我蹲在一只驯鹿的身边，一下一下抚摸起它的长脖子。这只被我抚摸着的驯鹿，显然对我的按摩手法非常满意。我用双手缓慢地从它的脖子一直顺着毛摸到脊背。还没有几分钟时间，它就闭上了圆圆的大眼睛，喉咙里还发出了舒服而低沉的喉音，安静地享受着我的五星级按摩服务。

冬天的时候，驯鹿脖子上会长出一圈厚厚的白毛，就好像裹上了一条暖和的大围巾。到了夏天，天气热了，驯鹿便开始脱毛。脖子上白色的绒毛，随着我的每一次抚摸都要掉下来几根。不一会儿，我的衣服上便沾满了被我撸下来的白色绒毛。

出林区的路途很长，我们在鹿苑待的时间不多，便要返程了。等我们正走出松树林时，突然听到身后传来了清脆的铃铛声。我回头一看，意外地发现有几只驯鹿，也跟随我们一起往外走着。它们好像是在为我们送别似的。有一只驯鹿还走到我的身旁，抬起头，用鼻子碰碰我的手。

我们再次依依不舍地道别。没想到，驯鹿是这样的懂礼、重情。

在汗马自然保护区附近，我们又遇到了另一群驯鹿。和两天前在敖鲁古雅乡见到的鹿群一样，它们也安静地待在炉火撩起的烟雾四周。

我在鹿群中发现了一只特别可爱的小鹿。它的毛色比其他成年鹿的颜色更深一些，头上还没有长角。体型瘦瘦的，让人看了就有保护它的想法。小鹿用软软的小黑鼻子，试探地朝我的手心拱着，呼出湿润的暖暖的气息。我想它可能是找我要吃的了，便拿出先前准备好的苔藓，送到它的嘴边。它一下子全吃光了。

负责照顾鹿群的伯伯，看我这么喜欢这只小鹿，就又拿来一些苔藓让我喂给它吃。小鹿可能正处在长身体的时候,特别能吃,不一会儿就把一小桶苔藓,又吃光了。

我一边喂着小鹿吃苔藓,一边问养鹿伯伯,这只小鹿有没有名字啊。自己心里琢磨,这里有这么多的鹿,它们肯定都没有名字的。

没想到,伯伯马上咧嘴笑了,眼角溢出慈祥的柔光,告诉我:妞妞,它叫妞妞。

接着,我就知道了关于妞妞的故事。

妞妞是个孤儿。它妈妈在生下它不久后,就生病去世了。照顾妞妞的责任便落到了养鹿人的身上。小鹿刚出生的第一年,一直要靠喝母乳长大。妞妞因为失去了妈妈,哺乳只能用牛奶。小鹿成长所需的营养十分惊人。妞妞一天要喝掉一整箱纸盒装的牛奶。饲养员每两个小时就要给它喂一次奶,而且还需要提前把牛奶加热到温热。夜里,小鹿的肚子也会饿。因此饲养员半夜也要起床给它喂奶,就像照顾婴儿一样。有几次,饲养员睡熟了,忘了给妞妞喂奶,半夜就听到妞妞跑到木屋门前嗷嗷直叫,直到把饲养员叫醒了,喝饱奶为止。

当然,如果只喝牛奶,小鹿是得不到充足的营养和抗体的,很容易生病夭折。所以,饲养员还想方设法,尽量让妞妞能喝到一点鹿奶。但是母鹿一年只产一胎,对自己的宝贝十分珍爱,是不愿意让其他小鹿喝自己的奶的。为了能让妞妞喝上鹿奶,饲养员可谓操碎了心。等其他母鹿喂奶的时候,饲养员就偷偷把妞妞牵到一只母鹿的身边,然后拿一只特别深的大口袋装了苔藓,引诱母鹿把头伸进大袋子里吃苔藓。当母鹿把头伸进袋子后,饲养员就赶紧让妞妞钻到母鹿身下,偷几口奶喝。母鹿专心吃东西,而且眼睛又被袋子挡住了,也就没有在意到底是谁在喝奶了。只有这样,妞妞才能喝上鹿奶,健康成长。

摸着妞妞柔顺的绒毛,看着她健康活泼的样子,想着饲养员伯伯的细心和柔情,我的心就像夏天的森林一样,温暖而润泽。

因为从小在饲养员的照顾下长大,妞妞特别粘人,成天都要和人粘在一起。其实,驯鹿与人类这种和谐共生的关系,已经有几千年的历史了。

在鄂温克族的传说中,公元前五世纪左右,那时,他们的祖先还生活在贝加尔湖畔。有一天,加洪莫根(八位猎人)在外出狩猎的时候,意外

成长是一生的功课

发现了六只小驯鹿崽。他们把这几只鹿崽抱回家中，拿苔藓喂养长大，还把它们放在松木枝围成的栅栏里，圈养起来。在与小鹿的朝夕相处中，鄂温克人不断了解并熟悉了驯鹿的习性。于是，鄂温克人的家养驯鹿业就这样开始了。

野生驯鹿和家养驯鹿之间没有明显差异。它们平日里都自由地在森林里觅食。野生驯鹿若被猎人抓获，经过一段时间的驯服，也能变成家养鹿群的一员。而家养驯鹿如果不小心在林中走失，也会慢慢回到野生的状态。鹿崽越小接触到人类，它对人类的感情就越亲密。妞妞的故事，实际上也是几千年前，加洪莫根与鹿崽故事的温情延续。驯鹿仿佛天生就与人类有一种神奇的纽带。这种纽带一直保存下来，保存在人类的传说和记忆中，也保存在驯鹿的基因和习性里。

在寒冷贫瘠的西伯利亚高原，驯鹿离不开人，人也离不开驯鹿。人在春天帮鹿产仔，在夏天给鹿驱蚊，在漫长的冬季给鹿喂盐和豆饼，补充营养。而驯鹿是鄂温克人的"林海之舟"。鄂温克人从不会杀驯鹿，他们只会喝鹿奶，用鹿驮运重物，用鹿角换一些生活用品。冬天，驯鹿在雪地里不断找寻苔藓和蘑菇，它们需要不停地在森林里移动。而人也会跟随驯鹿一起迁徙。每隔一段时间，养鹿人便会吹响鹿哨，吸引鹿群回来集中喂盐。他们还给驯鹿挂上铃铛。这些清脆的铃铛声，一方面能吓跑狼群，另一方面也是人与驯鹿交流的媒介。只要听到了鹿铃声，养鹿人就知道鹿群的位置了。这种平等的、相互尊重、相互依存的关系，是我见到过的，人与自然最完美的共赢。

然而，这种美好的生活方式，很快就只能在博物馆里看到了。目前，鄂温克族的使鹿部落只剩两百多人，驯鹿的数量也只剩一千多头。

玛利亚·索是唯一健在的使鹿部落女酋长，她也是《额尔古纳河右岸》书中女主角的原型。她今年已经96岁了。2003年，政府在山下建了安置点，要把鄂温克人从山里迁出来的时候，她一个人坚持要守在山上。因为驯鹿不能在山下圈养。吃不到山上的苔藓，它们会烂蹄子。喝了被城市生活污染的水，它们会生胃病。玛利亚·索难过地对记者说，一想到鄂温克人没有了猎枪，没有了放驯鹿的森林，她就想哭，做梦都在哭！

当然，在大森林里追随着驯鹿的生活是非常艰苦的。漫长的冬季，零

第一部分　成长如蜕

下 40℃旷野中的寒夜一定无比难挨。除了已经习惯了森林生活的老人，年轻一代的鄂温克人都喜欢住在山下暖和的砖房里，开着汽车，玩着智能手机。原始部落文化传统的消亡，如同春日待融的冰雪。无论有多留恋和不舍，没有人能阻挡季节的变迁。

刚刚离开鹿苑，我就开始思念起那些可爱的驯鹿了。我想念它温柔地吃苔藓的样子，它黑黑的鼻头，它长长的脖子，它柔软的毛发，它走动时脖子上的铃铛发出的响声。我不断地回看着我和驯鹿们互动的照片，渴望还能有机会与它们相见。

我想，能够如此深刻地打动我的，是一种人与自然朴实的真诚的联系。在那个和谐共存的世界里，人不再是世界的中心和唯一。人与驯鹿，与其他动物一样，都只是自然淳朴的孩子。当人类选择了定居，选择了城市生活，我们也就无可避免地选择了与自然的分离与割裂。而令人悲痛的是，与自然的连接，原本是我们内心与情感中，最柔软最灵性最无法割舍的一部分。

如果今年我再向圣诞老人许愿，我一定会说，不要给我任何礼物，我愿意用一生的礼物，换回一头可爱的驯鹿。

最后的晚餐

这次去尼泊尔旅游，一个重要目的，就是到释迦牟尼的诞生地——蓝毗尼朝圣。从首都加德满都到蓝毗尼距离不过三百多公里。我们的本田中巴车却开了近八个小时才到。

山路崎岖蜿蜒。汽车伴随着浓浓咖喱味的印度舞曲，在碎石黄泥的山路上，非常有节奏感地摇晃颠簸。一路开过，霸气地掀起滚滚黄尘。

司机锅巴自豪地告诉我们：尼泊尔全国只有一条高速，你们知道在哪里吗？哈哈，其实就是我们现在正走着的这条。

追寻佛祖的道路必遭艰辛，否则怎么能体现我们对他的一片真心呢？唐三藏去西天取经，有九九八十一难的考验。我们被山路颠得全身骨头散架，也同样是在修炼。

在大家都被晕车弄得面容憔悴、肚子直泛酸水的时候，我们还遇上了堵车。不过，在尼泊尔，连遇上堵车这种倒霉事，似乎也是天意使然。

汽车被堵在一处开阔的田野边。田里的粮食已被收割完毕，村民们都悠闲地坐在田野里。灰色的土地上，随意地铺着大小不一、色彩斑斓的布匹，人们三五成群地坐于其上，不经意中形成了尼泊尔挂毯的模样，很有一番自然地理杂志的风情。

团友中的摄影家立刻摇下车窗，兴奋难掩地举起了她的长镜头，开始艺术创作。我也把头伸出窗外，吸吸新鲜空气。远处，一个正在田野里翻滚玩耍的小男孩，突然看到了我们这辆载着外国游客的中巴车。他兴奋地向小伙伴们宣布了他的发现。一时间，从田野中一下子蹿出七八个孩子，飞快地朝我们奔来。

因为出游前查了攻略，知道尼泊尔小孩喜欢向外国游客讨糖吃，我因此做好了充足的"物质准备"，很开心地等着他们跑过来。这些孩子都是黑且瘦的，穿着破旧的不合身的布衫，有些趿拉着拖鞋，有些则光着脚

第一部分　成长如蜕

丫。他们聚拢在车旁，仰着头，喜悦又期待地看着我。

他们的笑，是我见过的世界上最美的笑容了。那深邃漆黑的眼眸里，仿佛囊括了整个宇宙，装进了磅礴壮丽的银河；弯弯的笑眼，又似乎装不下那么大的星空，就从眼角挤出了一颗颗灿烂的流星；火红的小嘴肆意地翘起，比清晨刚刚绽放的红玫瑰还要鲜艳美丽；洁白的牙齿就像在月光下闪闪发光的小珍珠。

他们美好得不可思议的笑脸怔住了我。看着他们的笑脸，我想，孔雀会抖翅开屏，小鹿会欢快跳跃，大象会举鼻敬礼，猕猴会挠腮模仿；仙人的脑中想起了一支曼陀罗，画家的笔下添了几对小比丘，游吟诗人开始弹着西塔琴赞美春天。

总之，世界上再没有比这种微笑更动人、更纯净的珍宝了。

面对这一张张天使般的笑脸，我赶紧从背包里取出早已准备好的小饼干、小糖果，一一分发到孩子们手中。他们双手接住了零食，相互之间并没有挑选和比较，也没有哄抢或私藏，而是马上撕开包装纸，开心地品尝起来。

这与我前番在柬埔寨旅游时遇到的小孩完全不同。在柬埔寨，中国游客也总是被当地小孩团团围住。他们会用简单的中文向你索取钱和吃的："人民币！""饼干！"。如果你给他们发糖果，就会突然出现更多的孩子围住你，直到你把所有的零食全部发完。孩子们会把抢到的零食藏起来，然后去抢其他孩子手中的。有些大孩子抢得多，便和同伴炫耀起来。而没有抢到零食的孩子，只好伤心地独自走开。或许，我碰到的，只是特例。不过在当时，我的心情变得很复杂。抱着做善事的初衷，却造成了孩子们争抢的恶果。

……汽车开始缓慢往前移动。车窗外的孩子们依依不舍地追着汽车跑起来。年纪大的孩子牵着小不点儿，趿着拖鞋，在扬起的黄沙和尘土中奔跑。他们一边跑还一边给我送着飞吻，自由又率真。

他们的飞吻是带火的箭头，直指靶心，稳稳射中我的心脏，点燃了我心中热烈的火苗。我也不由自主地高高举起双手，向他们挥舞。电影中亲人依依惜别的画面，在此刻真情地上演了。但其实，我们不过刚刚见面了十分钟而已。车往前开出了好久，我还在心里深深叹息着：不愧是佛祖庇护的孩子啊。

那样的赤贫,又那样的自在,那样的快乐。这种与生俱来的幸福感,正是尼泊尔这片净土馈赠给他们的最好礼物。在尼泊尔,随时随地都能看到坦然纯真的笑容,静静地沐浴在阳光中,像自然中的一片叶子或一朵野花,融合于自然。我知道,这种幸福来源于灵魂的充实和满足,是不会因为物质、境遇、身体或私欲的变化而改变的。在佛祖诞生之地,我仿佛见到了好多小佛陀。

再辛苦的旅程都有终点。最终,我们还是顺利抵达了蓝毗尼。

参观佛祖诞生遗址的信徒非常多,大家都虔诚地在寺庙门前,赤着脚,排着队,安静地等待着进入那个神圣的殿堂。在长长的排队等候的时间里,导游小龙向我们讲起了释迦牟尼的生平故事。

小龙是当地人,皮肤浅褐,深目高鼻,相貌端庄。他介绍自己是婆罗门出身,大学毕业,还曾到中国留过学。他的中文讲得流利清楚。他从悉达多的出生讲起,讲他如何从皇宫的窗户窥看生老病死,如何抛妻弃子到森林做苦行僧,如何在菩提树下得道开悟……这些故事我之前都有所了解,这会儿算是重温。最后,他开始讲述佛祖去世的过程,而这个故事让我大吃一惊。故事是这样的:

这一天,佛祖与众弟子到一户人家化缘。主人拿出几天前专门为佛祖准备的猪肉糜供奉给他。天气炎热,肉糜已经开始变质。弟子们闻到臭味都没有吃,佛祖却不以为然地吃了很多。当时,佛祖已经八十高龄,身体的消化抗菌能力远不及从前。吃完猪肉不久,他就一直拉肚子,身体脱水,一病不起。很快,他就躺在桫椤树下去世了。

这个故事与我以前了解的佛祖涅槃的故事差别很大。

我以前听说,佛祖在去世的三个月之前,就提前通知了各位弟子,让大家有充足的时间,从全国各地赶来见他最后一面。然后他才安静祥和地在众弟子的围视中,坐化圆寂。他的目的,是为了用自己的生命,示现于世人,教化他们生死无常。这个版本才比较符合我心目中全知全能的释迦牟尼形象。当然,我知道,关于佛祖涅槃的故事,不同国家、不同史料还存有各种各样的说法。每个版本都可能被过度演绎,过度解读,没有定论。

第一部分 成长如蜕

夕阳落山，蓝毗尼遗址的石板地变得冰冷。我们也跟随朝拜的人群，慢慢走了出来。

晚上，躺在一家名为"涅槃"的酒店的床上，我还在思考佛祖去世背后的隐喻。如果佛祖知道自己会因为吃了变质的猪肉，而生病去世，那么他为什么还要义无反顾地接受别人的施舍，并且义无反顾地吃下去呢？如果他真的这样做了，难道是为了遵守沙门"接受一切施舍"的道义？即便，遵守道义的代价是失去生命？百思不得其解，我后来沉沉睡去。

疑惑留在心中，旅途还在继续。我们离开蓝毗尼之后，开始往博卡拉进发。我知道，这一路还有更多的神秘和未知，在前方等着我，撩起它们的面纱。

在尼泊尔，每个人见面都会非常有礼貌地打招呼："Namaste"，双手合十于胸前。不管是朋友还是陌生人。Namaste，直译过来是"向您致敬"的意思。不过，我在博卡拉爬世界和平塔的路途中，看到了对 Namaste 更有深度的理解。

一张印着雪山女神像的海报上写着"Namaste can be translated as I bow to the divine in you."（译文：Namaste 可以解释为我向你心中的神致敬。）意思就是，我不是在问候您的肉体，我是在膜拜您心中的圣灵。看到这句启示箴言，我突然回忆起在蓝毗尼遇到的那群孩子们。我相信，他们小小的身躯里，也一定住着各式各样、可爱有趣的神仙。

印度教或许是拥有最多神仙的宗教。几乎所有出现在印度次大陆上的动物都是神：猴神、象头神、鹰神，甚至还有老鼠神。山川是神，河流是神，而且一位大神又有成千上万个化身。在他们看来，我们每个人都有可能是某一神仙在人间的化身。

在印度教里，释迦牟尼是毗湿奴大神的第九个化身。

只有遇到人类解决不了的超级难题时，毗湿奴才会以人形降临人间，帮助人类渡过难关。印度两部最经典的史诗《罗摩衍那》、《摩诃婆罗多》，里面的主角罗摩和黑天，都是毗湿奴的化身。

释迦牟尼诞生于公元前六世纪。那时的印度处于黑暗时代，吠陀微亡，群魔乱舞。不论是婆罗门，还是刹帝利，都陷入了贪婪与邪念的漩涡。所以，尽管降落凡尘，释迦牟尼从出生的那天起，就有自己伟大的使命。据佛经记载，悉达多出生时一手指天，一手指地，立下誓言说："天上地下，唯我独尊。我今当断生老死根。"他用一生的时间，一直践行着这句誓言。等到他八十岁时，看到佛法恢宏，桃李满园，觉得自己的使命已经完成，便回到天上，与毗湿奴合二为一了。

如果进入到神话故事的意境，我觉得自己好像找到了释迦牟尼主动选择离开人间的理由。我想，这个故事的重点，或许不在于如何无条件地接受施舍，而在于如何寻找和完成自己的使命。

可能很多人都觉得印度教和佛教的超脱出世，是一种消极的处世态度。它教人们如何接受生命的种种苦难，如何与现实世界保持一定距离，保守着内心本我的狭小空间，不受外界磨难、动荡的影响。其实，印度教和佛教还有积极、精进的一面。那就是，在永无止境的轮回中，找到自己的位置，不断通过"业"，通过积极的行为，完成自己在世上的使命。

当然，以上，不过是我的一番缺乏考证的联想罢了，无须较真。释迦牟尼最后一餐的故事，给我生活带来的真正变化，其实和这些人生哲学都没有多大关系。

回到北京之后，我每次吃饭的时候，脑子里便会不由自主地跳出一幅生动的画面：一位年老的沙门，手中抱着饭钵，安详平和地吞咽着一切。如果遇到了难吃的饭菜，我的潜意识里就会飘来一句："释迦牟尼宁可死去，都会吃掉碗里的食物，你还不吃完吗？"然后，我就像被施了咒语一样，把我原本要剩下倒掉的饭菜，一口一口吃干净。——可怕。敬畏。也有点欢喜。

聆听土耳其的内心独白

去土耳其,这个我心心念念多年的神秘国度,重新回到儿时的白日梦中,再次探寻那些充满异国情调的历史和文化,那些辉煌后的衰败,神秘中的惆怅。

大约在十年前,我已借由土耳其作家帕慕克的文字,把这个曾经被称为"世界中心"的帝国,细密地画进心里:博斯普鲁斯是湛蓝色的海港,苏莱曼清真寺里有金色的穹顶,美人是面纱后只露出一双深褐色大眼睛的窈窕少妇,英雄是与突厥人征战多年、仍未归家的骑兵……

作为2006年诺贝尔文学奖的获得者,帕慕克轻而易举地带我步入了丝绸之路的时光隧道,进入到一个陌生又广袤的新世界:《伊斯坦布尔》《我的名字叫红》《纯真博物馆》《雪》《新人生》,在他的小说里,幻想与真实并行,虚构与现实交错。土耳其就像泉中摇晃的月光,魅惑我,引诱我,让我的心时时泛起捞月的痴情和涟漪。

来到孔亚,这个安纳托利亚高原上传统的伊斯兰城市,随处可见穿黑色长袍的女人和留着大胡子的男人。清晨6点,从宣礼塔传来了召唤晨祷的念经声,这些穿越千年、抑扬顿挫的吟唱,足以搅动任何沉睡者的梦境。

在梅夫拉那博物馆,隔着玻璃,闻闻先知穆罕默德的神圣的胡须,一千多年后是否还芳香四溢?听着清真寺里传来芦笛的低语,婉转又空灵,我仿佛看到从远方走来三位苏菲派贤者,他们的话语与我的心弦,悄然共鸣。

按照苏菲派诗人的叙述规则,我让他们保留自己的身份,用第一人称来讲述自己的故事,用那穿越了无数辉煌与沧桑的声音,和我们一起探讨伊斯兰文明中,关于永恒和唯一的信念。

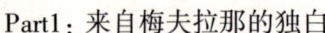

Part1：来自梅夫拉那的独白

西方人叫我鲁米，意为我居住在神秘富饶的东方。他们为我的诗句神魂颠倒，拥戴我成为世界上最伟大的神秘主义诗人之一。我的学生称我为梅夫拉那，将我奉为他们的心灵导师和精神领袖，我们一起劳作、祷告，一同舞蹈、歌唱。

要我自我介绍，我只是虔诚的苏菲教学者和苦行僧中的一员。请理解，在爱的语境之下，人没有亲疏之分，世界没有你我之别。对我而言，我是树，是薄雾，是尘土，是风，是浪，是你，也是你的思想。

1207年，我出生在阿富汗境内的巴尔赫，父亲是逊尼派的教法学家。成吉思汗的大军踏碎了我平静的童年，父亲只能带上我们全家，开始了遥遥无期的逃亡。从内沙布尔，到巴格达，最后来到圣城麦加，一路上我们会见了多位波斯诗人和苏菲大师。慷慨的苏丹陛下邀请父亲到首都孔亚讲学，赠予我们玫瑰花园。自此，安宁和稳定，才重新张开双臂拥抱了我们。

父亲去世后，我继承了他在宗教学校的职位。为了增进世俗和科学的知识，我到叙利亚的大马士革和阿勒颇游历。从小的耳濡目染和身体力行，让我通晓一切苏菲的奥义。学成归来后，我的课程很受欢迎，学生超过四百人。

我坚定而平静地告诉我的学生：让自己成为一面镜子，当你越深入地活在内心，当灵魂在爱中苏醒，镜子就会越来越清晰，借助它看见真实的世界，用它去唤醒迷途的同伴。加入梅夫拉维教团，做一名苏菲教苦行僧吧，穿上粗糙的羊毛外衣，与我一同感受信仰带来的狂喜。

首先你要通过一千零一天的锤炼，忍受辛苦，让精神从肉体之枷中解放。当你背负着沉重的劳作，你的心才能轻松地在空中翱翔。如果你想要什么，那就先奉献什么。不要害怕阅读晦涩的《古兰经》，理解不了它深奥的哲学体系，只要你愿意停下匆匆赶路的步子，敞开心灵，仔细欣赏这个安拉所创造的完美世界，任何人都能获得与先知一样的灵性和永恒的欢愉。

学会把自己当作一间旅店，每天清晨打扫干净房间，迎接新的旅客。他们中有的喜悦，有的沮丧，有的高贵，也有的卑鄙。无论谁来，都要心怀感激，笑脸相迎，因为每一位都可能是由安拉派来的向导，指引你

第一部分 成长如蜕

前行。

四十岁时,我遇到了来自大不里士的沙姆士。从他身上,我看到了从前以为只有在真主身上才显现的品质。他带我进入了一个美妙的果园,那里一年四季都长满了樱桃和无花果。一年之后,他却不辞而别。

日夜的思念,最终化成了源源不断的灵感,我把那些最美的诗句都献给了他。哦,在这个世界上,他最懂我,还是让他自己来说吧……

Part 2:来自沙姆士的独白

我是来自大不里士的沙姆士。从孩提时期起,我就游走在世界的尽头,天堂的门口。世人无法理解我的灵魂。我像一名醉汉,独自游荡在半夜的街头,直到我遇见了他,那个著名的导师,那面我灵魂的镜子,我的鲁米。

原来我在寻找的东西,也一直在寻找着我。爱人不是最终在一处相遇,而是一直都在一起。我看到他的心中,对神圣的狂热,对爱的渴望,我知道他需要我的指引,我也需要他的理解。

祈祷出自他,颂典出自他,诗歌出自他,舞蹈出自他,安宁出自他,陶醉出自他,慈悲出自他,激情出自他!他是甜蜜的美酒,我要成为拥抱他的杯盏。他是一颗红宝石,藏在帕夏的后宫,埋没在珠宝之间。我要成为一缕晨光,投射在他的四十个切面上,使他光彩耀眼,万人瞩目,让其他珠宝都在他的光芒下黯然失色。

他如芦笛,为学生吹响悠扬的音符,我要用狂喜的火焰,点燃他的心灵,使他在灰烬中重生。我拥抱着他,持续地旋转,让他在太阳里见到最灿烂的光华。

旋转舞不是一种舞蹈,而是一种宗教仪式,在苏菲教徒的世界里,万物每时每刻都在旋转,宇宙和星球,身体和灵魂,从降临到离去,从成长到衰老,生生不息,旋转不停。

高高的棕色帽子,是我为自己竖起的墓碑;白色长袍,是我为自己披上的裹尸布。只有把自己埋葬,你的灵魂才能重生,若想得到真理,你必须先放下充满虚无与幻象的世界。

抱紧双臂,让自我消融,完全沉浸在神的旨意中。右脚为轴,左脚旋转，伴随着歌声，不要停止！右手朝上摊开，接受来自上天的赐福，左手向下半垂，把真主赐予的能量传入大地。当你快要陷入昏迷，就是你与神圣最接近的时刻。无须美酒，却如痴如醉，旋转是我们啜饮的永恒之酒。

鲁米的学生嫉妒我与他之间的亲密，他们准备了毒药、匕首和诋毁的话语。正如经书所指，人不能太有个性。个性会产生崇拜，崇拜将引来灾祸。

追寻真理，就别心系短暂如晨露的友谊，把对情人的爱欲，变成对神圣的追寻。为了鲁米的名誉，我悄悄离开了他，就像丧失最珍爱的果园，夜莺和玫瑰也会在深夜哭泣。

可是，我知道，我与鲁米的故事，一个关于灵魂与信仰的美丽故事，怎么会消失呢？

时至今日，人们还在吟唱着我们的传奇。

part 3：细密画大师的独白

我是托普卡帕宫廷中的细密画大师。三十年来，日复一日，耐心又谦卑，我用最细腻的线条，最艳丽的色彩，勾画每一片树叶，填充每一片空白。

他们说，细密画不过是页缘的插图，是文字和书法的点缀，而且绘画会让我们死后坠入地狱。不过，我怎敢辜负了安拉赋予我的天赋与才华？用繁密、重复、对称的装饰图案，唤醒观者对真主的敬畏，启迪人们思考宇宙的秩序和真理的永恒，这就是我在人间的使命。

孔亚的导师鲁米用他玄妙的诗句，为历代画家提供了大量灵感。伴随着芦笛的吟唱，一部分诗句变成了细密画的内容。色彩的选择，人物的描绘，装饰花纹的排布，我们的绘画全都带着诗歌的韵律，与鲁米的诗句如出一辙。

细密画所呈现的是我们对世界的自我感知，既要被狂热的激情点燃，也要有缜密的逻辑、和谐的韵律。一半是海水，一半是火焰，画布上最终将展示出事物永恒不变的本质，比世界上真实的物体更完美更全面的本质。

这样的一匹马就不再是一匹马，而是所有马的集合。我们都知道，最完美的马可以在黑暗中完成。因为我们在五十年日夜不停地绘画后,眼睛必定失明,而我们的双手早已记下每一块肌肉的线条,每一笔马鬃的方向。

细密画追求的极致,是复原真主安拉的记忆。人们虽具有能分辨七色光的肉眼,却无法把帷幕后的灵魂看见。真实的世界只在安拉的眼中,若要追求真实,先要回到自己的内心。感知美丽,就是让眼睛重新发现我们内心早已熟悉的记忆。

细密画的构图,是安拉眼中的构图。无论你站在哪个方向,你都要面对真主的方向。抛弃了人眼的透视和阴影,没有了空间、远近、透视关系,从一种全知式的俯视角度,体现事物的共性和秩序。

细密画的色彩,是安拉眼中的色彩。蓝是绿松石,红是玛瑙和珊瑚,黄是黄金,白是珍珠,纯粹艳丽,光亮鲜活,比肉眼的感知更为丰富饱和。它是思想的风景,视觉的音乐。

细密画上的时间,是安拉的时间。过去,现在,未来,都统一于一张画布上。所有美好的传说或伟大的历史都可能被人遗忘,而这些美丽的图画却能一直讲述不朽。

是的,我们都消失了,消失在奥斯曼帝国的余晖中。但我相信,无论有多少时光流逝,细密画中所展现的那些永恒的美,永恒的真理,永恒的信念,依然在这多灾多难的人世间,流传不灭……

第二部分　岁月如河

盛　琼

母亲是怎样炼成的

又见那个三、四岁孩子的模样，光头，圆脸，婴儿肥，像个小和尚，却穿着一袭碎花的连衣裙，小白馒头似的胖脚丫，套一双式样别致的花色小凉鞋。这是一种奇特的感觉——穿花裙子的小和尚。

孩子是笑着的，蹦跳着，很自得，很无心的样子，仿佛春天的一颗小种子。她的心灵是高山上的雪莲，山涧里的清泉。万事万物倒影其上，构成人间的伊甸园。她穿着花裙子，任由大人给她打扮，好赖无分。她感觉不到自己的光头与花裙子之间，那种微妙的不搭调，那种显明的小滑稽。那时的她，还跟"世界"合二为一。她自由自在，身心融合，仿佛嬉戏于人世的小弥勒。那时的她，还没有在头脑中，时时刻刻地立一面镜子，将自己和世界隔开，审视、甄别、分裂、取舍。

那是我的女儿。

梦中的我，领着她在一个神奇的地方逛着。一只孔雀，拖着艳丽的尾巴，掠过地面，低低地飞翔。它的羽毛上闪着奇异的光。金黄、亮蓝、粉绿，种种最耀眼的色彩，使它看上去仿佛是一只来自仙境的神鸟。我们俩一边惊喜地盯着这只从天而降的孔雀，一边拿出手机，快速地为它拍照。

多么奇幻的鸟儿啊。女儿看着它，眼睛里的光芒比星星还亮。她从心里笑了出来。为着她的快乐，我似乎比她还要快乐。我忍不住在她的小脸上亲起来。亲，又亲，亲不够。一个小光头。一个不长头发的女宝宝，一个脑袋上寸草不生的小女孩。这就是我的宝宝，一辈子的小宝贝。

……醒来，有很长一段时间，我沉浸在一种飘浮起来的幸福中，无法言说。

我彻底醒来。意识到，自己正躺在南方温暖的家中，身边是沉沉的寂静的黑夜。而我的女儿，远在北国，几千公里之外。她此时应该正躺在某所大学的某间集体宿舍里，一张简陋的双层床的上铺。拥挤不堪的空间，堆积如山的杂物，六个如花少女同居一室。

此时的我，细细的白发已经像野草似的，生发了出来，人到中年，余晖已现。而我的女儿，正值青春妙龄，亭亭玉立，最关键的是，她早已披着一头长长的秀发，垂至腰间。那是一头可以给洗发水做广告的美发。那是一片蓊郁的少女之林。

光阴让我的女儿变成了另一种样貌。她与小时候的样子，几乎不像是同一个人。如今的她，长发，巴掌小脸，大眼睛，小嘴巴，高鼻梁，瘦高个。这是我熟悉的女儿，五官的零件多是取材于她的爸爸，而这些零件的布局，又与我非常相似。一个标准的美少女。她说话的样子，笑的样子，走路的样子，一想，都历历在目，清晰如在眼前。可是，为什么，在我的梦中，她依然还是那个穿着花裙子的小和尚呢？那个三四岁孩子的小模样？

这样的梦，不止做过一、两次了。梦中的女儿，永远都是她小时候的样子。而我自己，也永远都是那个在遥远岁月之前的年轻的妈妈，领着她，亲着她。她那不长头发的小光脑袋，她那婴儿肥的鼓鼓胖胖的小圆脸，永远亲不够。一般的情况下，我也总是在不停地亲着她的小脸蛋时，从睡梦中醒来。从那种嘴唇贴着她脸蛋的真切感中醒来。那种肌肤相触的真切感，强大到足以把我从睡梦中唤醒。

因此，幸福到无法言说，感慨到唏嘘不已。

这是母性吗？仿佛比太平洋还要浩瀚，还要泛滥的爱。

可是，母性，多宏大的词儿。宏大到让我感觉隔阂，陌生。

四十年前，当我还是一个六、七岁的小孩子的时候，印象最深的一幕，永远是盼着母亲早点回家。每当黄昏，我和姐姐都会站在一处机关宿舍大院的门口，眼巴巴地望着大路的尽头。时间缓慢到一帧一帧地在放慢

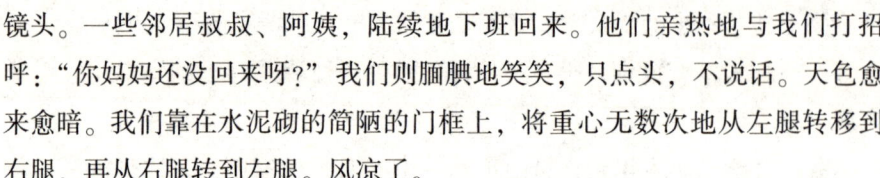

镜头。一些邻居叔叔、阿姨，陆续地下班回来。他们亲热地与我们打招呼："你妈妈还没回来呀？"我们则腼腆地笑笑，只点头，不说话。天色愈来愈暗。我们靠在水泥砌的简陋的门框上，将重心无数次地从左腿转移到右腿，再从右腿转到左腿。风凉了。

母亲没有出现，我和姐姐的天空就是无遮拦的，焦急，不安，无底。在这种情况下，只比我大一岁多的姐姐，也掩不住她的弱小。我们彼此不说话，似乎一说话就分了心，岔了眼。暮色浓稠起来，像无边的大雾，把我们淹没了。我们的身影越发孤寂，渺小。等我们望到眼睛都发酸的时候，不是我，就是姐姐，总会惊喜地叫一声："我看到妈妈了！"

天空陡然间亮了。母亲提着一只黑色的人造革包，快步向我们走来。我们奔上去，一左一右地挽住她的手臂。从母亲的身体上传过来阵阵微汗的温热。然后，我们迫不及待地接过她的手提包，打开来，看看里面有没有什么新鲜的东西——那一般是从单位的阅览室借来的几本杂志或画报，有时是母亲为我们买的小零食，一包山楂片，或是几粒泡泡糖。母亲是不会让我们失望的。就算我们在母亲的提包里，什么也没翻到，我们依然不会失望。在那么漫长的等待之后，母亲从深沉的暮色中破茧而出，宛如黄昏中最亮最暖的一盏灯。

那时，父亲要经常下乡蹲点，很少在家。我们接母亲回家的次数，远远多于接到父亲。父亲在我们的童年记忆中，仿佛是个缺席者。而有了母亲，似乎就有了一切。世界在她的羽翼下，安稳地闭合了。她能干，爽利，开朗，乐观，足以让我们依靠。

然而，我们的母亲并不是传统意义上温柔的母亲。她说话办事，家里家外，俨然一位女将军，雷厉风行，风卷残云。在单位，她领导着一支十几个人组成的小团队。那个小团队，什么类型的人都有，有五十年代毕业的老资格大学毕业生，有工农兵学员，有退伍军人，有高官子女，还有她的同班同学。复杂的人际关系，却又是单位最核心最重要的岗位，质量检验，生死一线。母亲三下五除二，全部应付了下来。不仅如此，她还为自己赢得了数不清的奖状。一个没有争议的女强人。一个有口皆碑的女模范。

这不是一个典型意义上的慈母。她不会柔声细语，不会耐心细致。她永远把"公家"的事放在第一位,舍小家为大家,在她看来稀松平常,本该如此。她不懂审美,不讲情趣,生活温饱即可,日子一成不变。她把书本上的教导、报纸上的宣传,当成自己的做人准则,严于律己,狠斗"私"字一闪念。她入党时,没人能讲出她的缺点,只一个老党员给她提了条"虚荣心比较强"的意见,理由是她太不甘落后了,给人一种总想当先进的感觉。这让她委屈了很久。她对我们抱怨着,说自己已经把很多次评"先进"的机会让给了别人,只是她的表现实在突出,群众每次都选她。

在孩子们记忆中,母亲永远在上班,上班,无限循环小数似的。那时还是单休日,一年52个星期,只52个星期天休假。而她每年大概有40多个星期天,都在加班中度过,纯义务的,无任何工资奖金可拿。

忙碌,是母亲留给孩子们的最深的印象。她永远在风风火火的忙碌中,除了上床睡觉,她没有一刻停歇的时候。在那么少的下班时间,她要煮饭、烧菜、洗衣、打扫、买米、买菜、织毛衣、纳鞋底——那时,我们一家人冬天穿的棉鞋,都是她自己亲手做的。她如一匹瘦骆驼,身上背负着工作和家务两只骇人的大包袱。路途遥远,看不到尽头。她埋头跋涉,一步步拼尽了全力。只是,我们的日子永远是粗糙的。饭菜,一年四季,大体相同,营养足够,口味单一。衣服,最普通最朴素的式样,只讲暖和,不讲美观。连我们小时候的头发,也是她给剪的,短至耳朵之上,像两片瓦盖,难看至极。为此,我们竭力跟她抗争过,可她的理由"一剑封喉":哪有那么多时间伺候这种小事啊,剪短了省事、卫生,越短越容易打理。

这样的母亲,是让我们敬佩的,也让我们怜惜。那时,我最大的理想,就是长大了,能为母亲分担家务,好让她能歇息片刻。她的辛苦,让我联想到了"当牛做马"这个词。这是她们那一代工薪阶层女性的普遍写照:双职工家庭,女性既要工作又要承担大部分家务,而所有的家务都没有社会化的服务,没有钟点工,家用电器还未在普通人家使用,没有电冰箱、洗衣机、煤气灶,烧饭得用煤球炉,用水得到公共水龙头,吃只鸡、吃条鱼都得自己提回家动手剖杀,而那几乎成了一代孩子的痛苦记忆——每次杀鸡杀鸭杀鱼,我都要逃得远远的,那种血腥残忍的场面,让我至今不敢回想。而那时，母亲就会略带担忧地对我说："杀条鱼，你都不敢看，等将来你长大成家了，可怎么办？你现在就要学着点，以后这些事都是必须要做的——"

可是，母亲没想到，等我结婚成家之后，社会已经发生了无法想象的变化，迷宫一样的超市里，宰好洗好分拣好包装好的各种鸡鸭鱼肉，在一排排冷气柜里，干净体面地呈列着，人们可以把它们像糖果饼干一样地随意地放进购物筐。况且，每个人的家里，都放置了冰箱，我们可以十天半月不出门，也有新鲜多变的菜式可吃。而洗床单被套，这些从前累死人的活儿，已经变成了在洗衣机上轻松的几个按键动作。母亲真是为我白担心了。

谁能料到将来呢？正如未曾经历的人，也无法与从前的日子感同身受。在我小时候，我身边的女性邻居、亲友、熟人，几乎都在过着与母亲大同小异的生活。她们不施粉黛，泼辣强悍，对孩子粗声大气，对丈夫毫无依人之态。她们的日子，充满了捉襟见肘的局促，顾此失彼的狼狈，也充满了无休止的抱怨，忍耐，勤俭，坚韧。她们与优雅绝了缘。与从容绝了缘。与精致绝了缘。她们以怨说爱，以简为美。生活的重压似乎抹去了她们的性别特征。目光所及，我从没有看到过一个风情万种的女性，摇曳，滋润，柔媚。而这样的女性只出现在电影屏幕上，一个下场悲惨的国民党女特务，或是女流氓。

我想，母亲把自己活成了"英雄事迹"，却让自己的日子那么辛劳，潦草。也许，正是这个原因，我潜意识里很排斥做一个母亲，一个背负着全家重担的角色，一个被判处终身苦役的犯人。那么多的事情压着她，单位的事，家里的事，忙也忙不完，跟西西弗一样，她无法选择，只能推着永远也推不到顶的大石头。而我的母亲因个性好强好胜，追求完美，故在原本已经沉重的负荷上，又加重了自己的负担。

她显得格外劳累。她从不打扮，也不懂保养。镜子旁放着的唯一的化妆品，就是一瓶几块钱的"雅霜"。而就是这瓶几块钱的玩意儿，她也常常忘记了涂抹。她没有漂亮的衣裳，没有玩乐的时间，没有有趣的爱好，甚至没有时间跟自己待上片刻，审视一下自己，问一问自己的心灵到底需要什么。她把自己活成了一台紧张开动的机器，那机械般的声音，遮盖住

第二部分 岁月如河

了心灵发出的微妙而动听的震颤。母亲的辛劳已经让我害怕,但最让我感到害怕的还是,这种辛劳已经让她在不知不觉中,失去了自我。

那时我想,倘若失去自我,就是一个母亲不得不付出的代价,那我宁愿不做母亲。我似乎模模糊糊地意识到,一个丧失了自我的人,也就失去了生而为人的最宝贵的灵性。那将是一朵被生活榨干了水分的干花。

我一定是被母亲的生活给吓坏了。我不愿意长大。我的童年似乎无休止地被自己拉长了。未来,都是让人忧心忡忡的黯淡日子。我赖在自己的童年里,像冬天里赖床的任性的孩子,就是不肯钻出暖暖的被窝。

好在,我足够幸运。因为我有一个姐姐。

虽然我和姐姐的年龄差距只有十三个月。但这十三个月,决定了我们在家庭里不同的角色定位。妹妹,最小的一个孩子,赋予我一种受呵护、被关照的权利。

"妹妹比你小呀,你做姐姐的,当然要让着她一点。"母亲总是这样教育姐姐。

父母不在家的时候,姐姐就履行起一个"小妈妈"的职责。她是一个内向、温柔、沉稳也早熟的女孩,母性在她的身上,几乎是无师自通。早起,她先把自己收拾好,就开始帮我穿衣服。冬天,我的手生了冻疮,每当要上厕所时,我便会喊上姐姐,她弯下腰,不厌其烦地替我解开裤腰上一道道的纽扣。走路累了,我爱纠缠她,让她背我,在我的耍赖下,她只得吃力地背起我,虽然走不了几步,但那种依赖和温暖的感觉,让我一次次故伎重演,念念不忘。就这样,姐姐小大人般地牵着我的手,一年年的,从幼儿园,牵过了小学,中学。我似乎是她的另一个布娃娃。

直到后来,我上高中了,我还在每天做完作业后,坐到她的腿上,倚在她的怀里,享受着童年时的撒娇感觉。父母都叫我的小名,而姐姐一直叫我"宝宝"。

这样的家庭,有一个超级能干的母亲,有一个极其懂事的姐姐,一个大妈妈,一个小妈妈,我像个幸福的婴儿,在母亲的强悍母爱的保护下,又沐浴着姐姐的温柔"母爱",刚柔并济,温暖充盈,完美无缺。我几乎不曾长大,也不肯长大。

一直以来,我都不认为自己是一个可以做母亲的人。我以为,真诚地

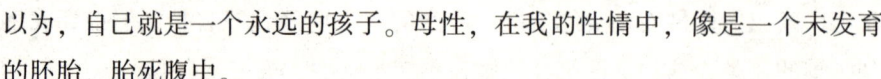

以为，自己就是一个永远的孩子。母性，在我的性情中，像是一个未发育的胚胎，胎死腹中。

直到后来，我长大结婚了，成为人妻，我也一直把自己当成孩子。不是伪装，不用矫情，我就是固执地觉得自己年龄小，无论怎么长，都还是孩子。哪怕见了比我年龄还小的同学、同事、邻居，我也会不由自主地把他们看成是哥哥、姐姐，有一种想靠上去依赖的感觉。这应该是一种顽固的心理疾病了。但我无法克服。

这样的病人，如何去做母亲？

怀孕是次意外事故。那时，我们刚刚结婚两个多月，似乎还没有从新婚的狂喜和混乱中，清醒过来。

我的肚子里孕育了一个小芽儿。我也正在不容逆转地成为一个母亲。这个事实就像是一声突如其来的命运的"断喝"，骇住了我。我突然意识到，生活原来不是故事，来不得幻想，不是作业，容不得更正。生活就是板上钉钉，就是无彩排上演。在生活面前，谁也不是"孩子"，谁都得自己承担后果和责任。

我从缥缈眩晕的云雾上，一下子跌到了冰冷坚硬的地面。到了这时，我才意识到，原来，我不是一个例外。我的无休止的童年，终归是皇帝的新装。生活待我与对待任何一个成年人一样，按部就班，该来即来，绝不姑息。我肚子里的小芽儿意味着，要么你必须承受手术的痛苦，要么你必须承担母亲的责任。两者必取其一。

我并没有选择去做一个母亲。只是因为我不敢去医院做手术，我怕痛。我拖延，纠结，到书店去买书。那时没有网络，书店里相关的书籍特别少，在想象中，手术已经变得比吃人的老虎更加可怕。我将对手术的害怕，延迟到我不得不做母亲为止。几个月后，我的肚子初具规模，手术变得更加危险和令人恐惧。等到我的腹部隆起了一座小山丘，我已别无选择了。

到了这时，我也就顺水推舟地安定下来。孕妇，赋予了一个女子在家庭里"大熊猫"般的地位和待遇。我为此感到幸福又新鲜。那时还没有现成的孕妇装可买。我去布店扯了几块大花的布料，自己设计了两条漂亮的孕妇裙。我兴致勃勃地穿上身，感觉莺飞草长，精神焕发。我按照书上所

第二部分 岁月如河

写,细心观察着自己的身体,口味,腰身,心跳,呼吸。过了几月,有胎动了,过了几月,可听胎音了,什么时候该吃什么,保持什么样的心情,多听什么样的音乐——简直像一出好玩的游戏。在我的感觉中,我不过是跟肚子里未出世的孩子,一起在玩躲猫猫。我不过是等着她出世,假以时日,再和她一起在现实生活中玩着躲猫猫。我以为,这就是一个孩子的诞生过程。

完全没有预料到,我一生中最大的一次身体劫难,在孩子出生的那一刻,如地震般降临。

并没有任何意外。也没有任何波折。其实,就是一个痛字。但这个痛,摧毁了我的世界。从此之后,我再也不觉得自己是受上天特殊关照的人了。从此之后,我觉得自己对生死可以置之度外了。

我想,也许是我的身体对疼痛太过敏感了。也许,是我到那时为止,还没有经历过多少像样的挫折和风浪。疼痛,就是纯粹的疼痛,像魔鬼一样死死地封住了我的喉咙,让我顾不得一切。当我在待产室痛得坐卧不下、撕心裂肺的时候,医生毫无表情地对我说,你这才开了一指,要生还早得很呢,那一刻,我想,真的,我真的不能再忍受一分一秒了。我弯着腰,挪到窗户前,想,六层楼,若跳下去,痛苦便可以结束了。可是,待产室的窗户焊着粗而密的铁栅栏,我使劲地推了推,推不动。我至今无法确定,若那扇窗户没有栅栏,我的人生会在何处结束,会以何种方式,悲惨而滑稽地结束。不过,我也会想,若那扇窗户可以推开,我真的就会跳下去吗?我有那样的勇气吗?似乎也不能确定。

能确定的是,疼痛,让我突然变成了一只可怜的动物,似乎连跳脚和打滚都施展不了,只有生不如死、分秒难熬的感觉,痛得让人丧失理智,无法思维,痛得天地翻覆,万劫不复。那时,我想的是,完了,完了,我的一生再也不是什么幸福的一生了,遭遇过如此疼痛的人,怎么还可以觍着脸,自欺欺人地说,自己是个幸福的人呢?待产室里还有两位大龄的孕妇,一边鬼哭狼嚎着,一边痛骂着此时正在室外走廊上焦急地等待着她们的丈夫。性爱,在这里,成了最让人痛恨的诅咒对象。她们发着毒誓,今后就是死,也不让她们的丈夫侵入她们的身体了。对于她们的誓言,我感同身受。我想,在地狱里接受惩罚的人,在阎王老爷面前,也会痛哭流涕

成长是一生的功课

地发出这样的毒誓吧。

那时候,自然分娩是当仁不让的选择,不到万不得已,医生也不会给孕妇动手术。不像现在,剖腹产司空见惯,无痛分娩蔚然成风。我让医生给我打了两次催产素,终于在几个小时之后,躺到了产床上。仗着年轻,身体素质好,孩子的降生过程非常顺利。但还是痛,天昏地暗的痛。被推出产房时,家人们齐声惊呼。我这才知道,自己的下嘴唇不知什么时候全被自己咬破了,像镶了一道紫色的花边,但我感觉不到嘴唇上一丝儿的痛。

出了产房,我首先责怪的是自己的母亲。我认为她没有在我生育之前,教给我一些直接的经验,让我为生育的疼痛做好思想准备。她不称职。而母亲告诉我说,她那时候生孩子,痛虽是痛的,但能忍受,并没有我这般强烈的痛感,也许是我的神经对疼痛太过敏感了。她年轻时满脑袋都是工作,生孩子这种私事根本不在她的关注范围。生我姐姐时,父亲仍在外地出差,他没有赶回来,是隔壁邻居把母亲送到医院的。母亲因患妊娠高血压,昏迷过去,需要抢救,也是那位邻居在抢救单上签的字。生我时,倒是平安无事,一切顺利,她第三天就出了院,一个月后就正常上班了。反正这些事情,都没有给她留下什么特别的记忆。在她的思想深处,似乎觉得生育这事,就像瓜熟蒂落一样简单、平常,无须过多的关注。母亲的勇敢粗心与我的娇气细腻形成了鲜明的对比。她没有想到,自己的女儿和她是品种完全不同的两种人。

我不希望我的女儿也成为像她外婆那样忽视自己感觉的人。我也不希望女儿重蹈我的"覆辙",在理想与现实巨大的落差面前,张皇无措,绝望丧气。在女儿上中学之后,我就煞费苦心地找了些适当的机会,把生育这种不乏隐私又尴尬的事情,简单明白地告诉了她。我克服着羞赧,把自己的经验拿出来与她分享。我不想女儿对生育抱有什么浪漫的幻想。

我告诉她:孕育生命,是一件极其痛苦的事情,不管是流还是留,都是一种生死的考验,伴随着剧烈的痛感,有时还会付出生命的代价。你外婆年轻时代最要好的一位女朋友,长得像电影演员一样漂亮出众的阿姨,就因为一次宫外孕,在二十几岁的如花妙龄,溘然长逝了。为她流下的惋惜之泪,一条江也载不动啊。所以,身为女性,要格外地爱惜自己,在自己还没有足够强大、做好各种准备的时候，千万不要让爱在自己的身体里留下种子，生根发芽。生育，是比婚姻更严峻的考验。结了婚，不合适，还可以分居、离婚，无论是精神肉体，女性都还可以收拾残局，重塑完整。然而，当一颗生命的种子在子宫里扎下根，你还能有怎样的选择？哪一种选择不都是生死的抉择？流产也好，生育也罢，哪一种不都是生命的撕裂？经历了这样的撕裂，一个女性也许可以得到升华，但绝无可能再重回完整。

花，变成了果。木，刻成了舟。

由于生育，我对肉体的痛苦有了一次最深切的体会。那疼痛的烈度，似乎修正了我原先从书本上获得的一些如梦如烟的世界观、人生观。第一次，我真正发现了身体和身体所包涵的意义。身体，也不再单单作为精神的附庸和载体，才能被我所看到。身体，它自成一个独立而沉重的世界，它可以左右精神，更是所有情绪和思想的立足点。这么想来，身体一点也不浅薄，它的疼痛也一点都不浅薄，这种痛苦并不比精神上的痛苦更容易超越。当真正的肉体痛苦袭来时，人其实就像是一只可怜的蚂蚁，在疼痛面前无力招架，任被践踏。这时候的痛苦就跟命运一样，充满了不可抗拒的力量，令人敬畏。

想象着遭遇各种身体疾苦和病痛的人，想象着他们背负着与我类似的沉重而脆弱的肉体，深深的悲悯，便从我的血肉深处滋生出来。因为懂得，所以怜惜。渐渐地，我感到，诸如厌恶、仇恨、嫉妒、鄙夷这些人性里负面的阴影，剥茧抽丝似的离开了我。是啊，你怎么知道别人真正的经历、真正的感受呢？你怎能确定在与别人完全一致的条件和状态下，你就能表现得比别人更好呢？人在多大程度上，能摆脱肉身的限制和命运的安排呢？每当想到人类相似的躯体，想到生老病死这些共同承担的东西，我们又怎么忍心还对同类有这样那样的挑剔和伤害呢？

活着都不容易啊，这一具具旦夕祸福、时刻无常、正在衰变、最终腐朽的肉身！

我想，除了上帝，谁也没有资格充当审判者。

当时，在我还来不及为自己的生育之痛而陷入抑郁时，另一件始料未及的事情又出现了。

成长是一生的功课

在生育后的第五天,我和几位刚做母亲、身材仍很臃肿的新妈妈,被带到了一间母婴室。在那里,我们第一次抱上了自己的孩子。

那时,刚出生的婴儿,都被放在医院的婴儿室里,由护士集中喂养。要到七天后,母亲办理了出院手续,才能把孩子领出来,接回自己的身边。

而第五天的时候,是让我们这些新妈妈,给自己的孩子进行第一次的哺乳练习。

我的孩子由护士抱了出来。她被裹在我们之前交给医院的那条翠绿色的新绒毯里,宛如豆荚里的小豌豆。毯子很熟悉,可她却那么小,那么陌生。我向她伸出手去。我没想到她的小身体是如此的软,嫩,仿佛怎么抱都抱不对,怎么抱都会把她抱坏了似的。

她的脚腕上系着一只小吊牌,上面写着父母的名字。如果不是这个小牌子,我一定认不出,她就是我的孩子。她有着发红的皮肤,圆鼓鼓的小脸。她闭着眼,眼角旁溢出了不少白色的分泌物。医生说,婴儿的皮肤太娇,这是常见的细菌感染,每天抹点金霉素眼药膏就没事了。但我看着,还是有一种说不出的痛心和难过。她的小鼻子被鼻梁中间的一道深深的皱纹,分割成两截似的。她没长头发,光光的脑袋,眉毛浅成一道虚线。嘴唇倒是红艳动人,棱角分明的,只是小到像是用红笔画了个小圆圈。

这就是我的宝贝。我异常笨拙、万分小心地抱着她,像抱着上帝派送给我的一个奇特的圣诞礼物。很快,我就感到自己汗流浃背了。

她刚出生时,医生曾抱着光溜溜的她,匆匆地给我扫了一眼,但那时我已经被疼痛折磨得精神恍惚,根本没有看清她的样子。只记得医生的大嗓门:"女孩,三点四公斤,一切正常。"应该说,这是我第一次这么认真地打量她。出生才五天的新鲜的小人儿,躺在我的臂弯里。她闭着眼睡觉,仿佛还在遥远的神秘的宇宙深处游荡,仿佛并不知道,自己已经幻化成人形,降临于世。对于这个世界究竟是如何的面貌,对于她将要与一个怎样的女子结缘母女,她似乎并不关心,也没有急迫的好奇心。她安详地睡着了,天地无知。

我盯着她看。她不是我想象当中洋娃娃似的小婴儿。她谈不上漂亮,甚至有些难看。在她的脸上,也看不出多少父母样貌的痕迹。这是一个完全陌生的孩子。我得承认,最初的一霎,失望曾像火星似的,闪了那么一下。我甚至想道:会不会是被医生抱错了?我下意识地拿过她脚腕上系着的小牌子,看了看。千真万确。没有差错。这就是我的女儿。随即,一种排山倒海般的怜惜,压倒了我,并伴随着一种无法说清的伤感。她那么弱,那么小,也不好看——从第一眼起,我就开始为她焦心了。我怕她今后会遭遇不顺,我怕她今后不快乐,我怕她今后遭受哪怕一点点的苦。

我的母性,似乎就是在这样杞人忧天式的无端的焦心中,启动了,出征了,一发而不可收了。二十几年过去,当我的女儿成长为一个可爱、阳光的窈窕少女之后,我依然还是摆脱不了这样的担忧。我还是怕她不快乐,还是怕她受委屈,受苦。我宁愿那些不快乐、委屈和苦,都降临到自己身上。理智告诉我,没有一个人可以在一帆风顺中长大,也没有一个人不经历风雨就可以见到彩虹,但我仍然不愿接受她的一丝儿的苦与痛。生活抽在她身上的哪怕不重的一小鞭子,都是砸在我心上的铁锤,剜在我心上的利刃。渐渐地,我有点明白了,这个世界上,最不能理智的,就是母亲对孩子的爱了。因为它拥有的,是比理智强大得多的本能的力量。

第一次哺乳,没能成功。因为她睡着了。医生指导我,如何轻轻地去拽她的耳垂,以便唤醒她,但怎么弄,我也没有把她弄醒。当别的新妈妈,笨拙而羞涩地尝试着,怎样将自己的乳头放进婴儿的嘴巴里,怎样让婴儿吸到第一口母乳,我只能无奈地抱着女儿,焦急地盼望着她能睡醒过来。

一个小时过去,孩子们又被护士抱走了。而我们这些年轻的妈妈,又都回到了各自的病房。我怅然若失,对未来充满了无边的担心:她像一只玩具那么小,我如何才能将她健康地养大?

就这么与女儿见了一面,从此我再也没有精力,沉浸在自己的生育之痛了。对于刚刚经历过的肉体的劫难,我似乎立马就忘却了。我满脑袋想的都是,那个豌豆一样的小人儿,我该拿她怎么办呢?

我出院的时候,女儿是抱在她外婆手上的。母亲对我说:"你怎么说她长得丑啊?这么清秀的五官,这么漂亮的脸蛋,你不知道自己生下来时有多丑呢!"

"是吗?她长成这样,红皮肤,鼓脸蛋,鼻子是两截的,眉毛这么淡,

成长是一生的功课

还不算丑吗？"我按捺住自己的兴奋，迫不及待地想从母亲那里得到更多的肯定。

"你真是少见多怪！婴儿都是这样的，好不好？你仔细看看她的五官，多秀气啊，多端正啊。反正，她长大肯定比你漂亮多了。"母亲喜滋滋地说。

瞧着怀抱里的外孙女，母亲突然用一种罕见的温柔语气说："这个小光头啊，就跟你小时候是一模一样的。你小时候也是个小光头呢，三岁才开始长头发。你女儿这点随你，也是大脑门，光脑袋，长大了肯定聪明。"

我从母亲的话中，听出了她对我深深的爱怜，那种小小的得意，大大的庇护。在一个母亲的眼里，孩子的不足之处，似乎也成了一个引以为傲的特点。我意识到，我那一贯泼辣能干、大大咧咧的母亲，她的心灵深处，其实一直也为我藏有一份最柔软最细腻的爱怜。这种爱怜，带着一点不由分说的霸道，含着一些没有理由的盲目，只属于母亲。就像我也只能把这样不无偏袒、敝帚自珍式的爱怜，给予自己的女儿。

接下来，一件宛如是冬天打雷、夏日飘雪的事情发生了。我那一贯模范的"工作狂"母亲，居然去单位办理了提前退休的手续！她要帮我把我的女儿带大。

母亲没好气地对我说："你什么都不会，我不帮你带，谁带？你呀，最作孽了！"

"作孽"，是我们那个地方的土语，表示受罪的意思。从母亲评价我"作孽"的那一刻起，我又一次明白了，此生此世，最爱我最疼我的，就是我的母亲了。虽然在现实生活里，我们是无法交流的两类人。她从不表达自己的情感。她总是用"要戒骄戒躁，继续努力"来代替对我的夸奖。她从不会有亲吻拥抱这些亲昵的动作。甚至，她与我无"心"可谈。然而，我知道，在这个世界上，再也没有人能像她那样爱我了。这世上的人，都只会看到我的可爱或讨厌，勇敢或懦弱，开朗或孤僻，聪明或弱智，随和或清高，但只有母亲，她看到的是，我的"作孽"！她不想我受苦，看不得我受罪，她选择了为我受苦受罪。

而这，正是我对自己女儿的感觉。从小到大，我都看不得她一丁点的"作孽"。

第二部分 岁月如河

　　此后，完全没有想到的是，我迎来了自己生命中一个无与伦比的高峰体验。因为哺乳，我享受到了无法言说的大幸福，大满足。时至今日，二十多年的光阴逝去之后，只要我回想一下当时的场景，我的身体和灵魂，依然还会沐浴在天堂般的光辉里，轻轻地摇荡。

　　女儿躺在我的怀里。她的小身体散发出浓郁的奶香气。她用胖胖的小手抱住我的乳房。她喜欢闭着眼、闷着头，不管不顾地喝，那么一种无知、无畏、无心、无耻的自在状况，仿佛一个天然的小佛。母亲的怀抱，是她最稳妥最安心的寄存处。

　　我的眼睛一动不动地盯着她，似乎要在她的身上凿下一口井来，好把我那绵绵不绝的爱，安放进去。我能感觉到，那爱已经像云雾似的，让我们飘浮起来了。那爱太浓，太大了。我们已经从尘世中升腾而起，腾云驾雾，置身天堂了。什么都不存在了。只有我和我的宝贝，我们两个人，就构成了一个完美无缺的发着光的世界！

　　女儿小小的嘴，像鱼儿那样吸吮着。有时，她会在我的臂弯中慢慢睡着。我就按照从前医生教我的那样，轻轻地拽拽她的小耳垂，于是她又醒过来，闭着眼再吮吸几口。有时，她似乎喝得舒服了，抬起小脸，突然对我露出一点羞涩的笑容，然后又低下头吮吸起来。她仿佛向我打了个小招呼："妈妈，我记住你啦，不好意思啊，我只晓得喝——"那时，我心花怒放，几乎要热泪盈眶了。她那样的笑容，最纯最真的笑容，只能是天使才有。

　　从此之后，我看到所有的母子图时，高洁如圣母怀抱基督，平凡如村妇为小儿哺乳，又或者是动物母子嬉戏，植物萌芽新生，我都会情不自禁地从灵魂深处，惊喜地叫出声来。我在那里看到了过去我未曾看到的东西。那种极致的温馨与圆满。那种超脱的神性。那种溢满天地的欢乐。而那只能是——母性，才可以具备，体会，并懂得。

　　在生育之痛出乎预料地摧毁了我的幸福感之后，哺乳的巨大的幸福又出乎预料地降临于我。我真不知道，这母性中，还将包涵怎样多的痛苦，怎样多的幸福。也许，有多少痛苦，就有多少幸福。

　　接踵而来的日子，是缓慢的，艰辛的，一个孩子的成长包含了太多烦琐、揪心的内容。吃，喝，拉，撒，玩，睡，哪一件都像是抱着石头过

成长是一生的功课

河,容不得人有半点马虎。若是孩子不慎染点风寒,发次小烧,那就非得把家里折腾个人仰马翻不可。然而,就在那些点滴的岁月的流逝中,我一次又一次,被女儿随意流露的童真所惊叹,所感动。

她咿咿呀呀地开始说话了。很长一段时间,她都学不会"你我他"的指代。

她总是说:"兰兰要——妈妈要——爸爸要——"

我一遍遍地比画着:"你要——我要——他要——"

教了无数遍,她还是眨巴着一对大眼睛,困惑不已,无论如何也明白不了这些奇怪的词汇,究竟代表着什么。后来,我终于明白了,在她的世界里,还没有分裂的主客之分,自我与周遭融合一体,"无我"对于她是最自然的状态。她与得道高僧处在同一种境界里,看待自我就像看待这个世界上的一草一木。所有的人,所有的物,在她的眼里都是平等无碍的。这样的小菩萨,如何能理解这凡尘俗世里狭隘可怜的"你——我——他——"呢?

那时,带她上公园玩。看到有人在花圃中摘花,女儿突然挣脱了我的牵引,走到那个摘花的大人面前,大声地指责他:"不许你摘花!"

她只有人家的膝盖高,可是,她的勇敢和正气,让那个摘花的大人羞愧难当。他不无困窘地在一个孩子面前逃离了。

她会为一只受伤的野猫流泪;她会蹲在地上跟一只小虫对话半天;她会用同一只小勺与小伙伴分享冰淇淋;她会前一分钟与别人闹掰,后一分钟又开心地拉起了人家的手,毫无芥蒂……由此,我知道了,孩子的身上有太多的宝藏,值得成人去发现,去学习,去领悟。

从女儿开始,我留意起遇到的每一个年幼的孩子,亲友家的,马路上的,校园里的。我观察着他们,发现他们每一个人似乎都与我的女儿相同,就像是一个个散落在人间的小沙弥,美好得那么浑然天成。看到幼小的孩子,无论是否认识,我的眼里自然就会流露出真心的喜爱。我还会对他们的母亲抱以热情的笑容与友好的致意,有时我还要停下来,与素不相识的她们,闲聊几句有关孩子的话题。

这种变化于我是翻天覆地的。因为在做母亲之前,我对任何一个孩子,都是视而不见,毫无感觉的。我对任何一个领着孩子的母亲,都会暗自同情，几近不屑——沦为大妈，是当时我以为的女性最平庸最困顿的处境。

有时候，我也会想，我爱孩子，那么彻头彻尾、全力以赴地爱，或许，并不是母性。或许只是因为我耽于孩童那无与伦比的真、美、纯。我被那种人群中稀有的品质——无心、平等、信任、坦诚所折服，所吸引。那种璞玉一般无造作的天性。那种未被尘世污染之前的明镜般的心灵。

或许，并没有原因。那爱带着一种神秘而盲目的力量，不管不顾，吞噬一切，无法分析，不讲理由。就因为她是我的孩子，一种最密切的来自血液和骨骼的联系。每一条神经都连接在一起。

或许，这正是母性。

好多年前，在我五六岁光景的时候，我的外婆有一次到我家来吃饭。外婆很少到我家来。她养了四个儿子和四个女儿，年纪最大的我母亲，比年纪最小的我小舅要大二十多岁。当时，我小舅还在学校读书，家里还有几个尚未成家的舅舅和姨。而我外公已经去世。那么一个大家庭，重担全压在我外婆瘦小的身体上。在我的印象里，外婆是比我母亲更辛苦的女人，她拉扯大八个孩子，简直没有喘息的机会。

那天应该是一个节日，母亲在家里请客。外婆来了，她看到母亲在厨房里忙碌，想过去帮忙，但被母亲推了出来。母亲说："吃了你那么多年的口味了，今天你就尝尝我的手艺吧。"看得出来，母亲很兴奋，外婆更是兴奋。她难得有机会，有空闲，在自己的女儿家吃顿饭。

外婆从厨房里被推出来之后，她就和我、我姐姐，在客厅里坐着聊起了天。她摸摸我们的手，掀掀我们的衣襟，看我们穿得够不够暖和，还夸了我们不少话。她对我们的喜爱，酒香一样地弥漫开来。很快，她就把话题转到了她的女儿、我的母亲身上："你们知道不知道，你们的妈妈是最辛苦的了，她又要上班，又要干家务，她的性格又特别好强，她一定很累的。所以，你们平时要学勤快一点，多干家务，多为她分担一点。"

她突然问："你们会不会洗衣服啊？"

我与姐姐对望了一下，摇摇头。

外婆迅速地站起身来，说："现在洗衣服都不用肥皂了，都用洗衣粉的，方便得很，来，我来教你们。"

外婆很快在我家寻出了几件穿过的衣服，她又让我们取了盆，洗衣粉。然后，她让我们把她带进了水房。

在水房里，外婆仔细地向我们示范了如何放洗衣粉，放多少水，浸多少时间，怎么搓衣领、袖口，搓完再用清水漂洗几次。我们第一次知道了用洗衣粉如何洗衣。似乎并不复杂，但对于两个五六岁大的孩子来说，其实，也不算简单了。

洗完了衣服，外婆反复叮嘱我们："你们现在都学会洗衣了，今后，你们就要帮妈妈多干一点。"说完，她还半开玩笑地补充道："这就是外婆布置给你们的作业，以后外婆还要来检查的哦！"

一直以来，外婆对我和姐姐都是非常亲热的。她每次见到我，都会抱抱我，亲亲我，有时还要叫我几声："小宝贝！"我原以为她最宠爱的人是我。但从那天之后，我对她的情感发生了微妙的变化。外婆对我依然还是那么亲热的，我也依然还是特别喜欢她的，但我的心里有了一些失落。因为我从她的神情中，已经敏锐地捕捉到，她最在乎最关心的人，其实还是我的母亲。她对我与姐姐的爱，实际上是对我母亲的爱的转移，所谓的爱屋及乌。在她的眼里，最看不得的，还是我母亲的"作孽"。她最疼的，实际上，还是自己的孩子。

虽然我外婆有八个孩子，常常顾此失彼，虽然在我母亲成家立业之后，我外婆对我母亲便甚少关照，但我知道，我母亲就跟我外婆的每一个孩子一样，一直在我外婆的心里，最深最深处。哪一个孩子，她都不曾割舍。只是，她实在抽不出身，为我母亲分担一点，于是，她不得不无奈地让自己的外孙女，来为她们的母亲分担。

外婆再到我家来时，差不多是一年之后了。她提来的几件小礼物中，竟然有一包洗衣粉。她把洗衣粉取出来的时候，特意问道："你们两姐妹，平时有没有帮妈妈洗衣服啊？"

我们没想到，她还记着这个。一直记着。

我读小学的时候，那时流行成立宣传队、文艺班，每所学校都会挑选一批孩子，进行器乐、舞蹈、歌唱方面的训练。孩子们在老师的指导下，编排出几个拿手的文艺节目，以便在六一、国庆这些特殊的节日里，登台表演。出色的节目，还会被选送到区里、市里参加文艺比赛。那时，一所学校的知名度，跟它的文艺节目的表演水平，是息息相关的。

当时，我和姐姐上的是同一所小学，在同一个年级。本来我们不同班级。但三年级的时候，我俩同时被老师选进了文艺班。这样，我们就成了同班同学。文艺班上午上课，下午练琴。一个班四十多个学生，组成一支混合乐队。操西洋乐器和民族乐器的，在一起排练。姐姐先学二胡，后来被老师选为小提琴手。而我呢，被老师一眼相中，学的是班级里唯一的扬琴。

学弦乐的同学，比较多，学校只能提供几把质量上乘的二胡和提琴。老师便让其他同学自己去商店购买。当然，是那种练习琴，价格便宜。父母也给姐姐买了一把这样的小提琴。她每天提着琴上学，放学后，还可以在家里吱吱呀呀地练习。而我学的是扬琴，学校只有唯一的一台，放置在一张雕花的三折木架上，庞大，昂贵，沉重，只能在学校练习。

我那时候学什么东西都挺快的，实际上，我不用怎么练习，也能轻松完成老师的要求。我自己并没有觉得这样有什么问题，可是，母亲记在了心里。她觉得，我没有一架自己的扬琴，不能在家里练习，不能随时表演，这是一个很大的遗憾。她去乐器店看了几次，扬琴的价格，比她两、三个月的工资加起来还要高，实在超出了她的购买能力。我不知道，她是抱着怎样的心情离开那里的。

我只知道，三年后，我已升入初中。有一天，她从武汉出差回家，突然提着一只沉重的扬琴。她满头大汗，筋疲力尽，可是眼睛里的光像闪电一样透亮。她一到家，就兴奋地对我叫道："快看呀，我给你买了什么？你打开来，试试能不能弹？"

这是一架旧扬琴，断了不少琴弦。因为特价处理，她用一个月的工资为我买了下来，又一路奔波地背了回来。我敲了敲这架扬琴，音色非常漂亮，只是一些音调因琴弦断了一、两根，而不敢用力敲响。

"你自己去乐器店，买弦补上，不就行了？"母亲用热切的眼光望向我。

我不忍扫母亲的兴。其实，离开了文艺班，离开了那种音乐的氛围，我对扬琴已无多大的兴趣。再说，我学的扬琴技艺，只是一些皮毛，诸如换弦、调音这些专业活儿，离开了老师，我怎能办到？

我看着母亲额头上的汗水，还有她手上被勒出的深深的红印，迟疑地说："这样就挺好了，不用补弦，我也能弹的。"

我感到，一块石头，终于在母亲的心里，落了地。

多年之后，我成了一个三岁孩子的母亲。那天，我领着女儿在一条步行街上闲逛。她被一只放在橱窗里展示的沙皮狗玩具吸引住了。那是一只像真狗一样大的毛绒玩具狗。女儿站在橱窗前，自说自话地与那只狗对话起来。我看到了她眼睛里那种闪亮的欣喜之光。

我进去问店主，这狗卖不卖。店主回答说，这狗是装饰用的，不卖。这时候，我又看到了女儿眼睛里陡然暗淡下去的光，像风吹熄了蜡烛。

我牵着女儿的小手，依依不舍地和那条沙皮狗道别。然后，我们就回家去了。

女儿再没有提起过那只狗。而那只狗却让我若有所失，坐立不安。

第三天，我终于下了决心。下班后，我直奔那家卖灯具的商店。我没有看一眼店里的其他商品，径直指着橱窗里的那只玩具狗，问店主："要出多少钱，你才肯卖呢？"

店主认出了我。他知道我的急迫心情，当然开出了高价。

我试图还价。店主不容商量。

我咬咬牙，付了款。那是一笔对我来说非常舍不得的花费。如果是为自己，我肯定下不了手。但那时，当我抱着那只大大的沉重的沙皮狗，往家走的时候，我想的都是女儿眼里那兴奋的亮光。

那天，我走得特别急。玩具狗又特别重。我一身大汗地回到了家。

我至今仍然记得，我那急于想给女儿一个惊喜的迫切与激动，那种想把一切奉上去，只为换回女儿一个笑容的至诚至切。

然而，这只玩具狗给女儿带来的快乐，并没有维持多长的时间。实际上，一两个月之后，她的兴趣点就转移了。她有了更新鲜更宠爱的毛绒玩具了。等到下一次搬家的时候，这只玩具狗就不知落到什么地方去了。

想起这只沙皮狗，我便想到了很多年前，母亲为我千里迢迢地背回来的那台断了弦的扬琴。其实，对于那台扬琴，我并没有敲过多少次。我还记得，扬琴也是在一次搬家之后，不知所踪的。

然后，我又想到了外婆。她教幼小的我们，如何用洗衣粉洗衣服。她给我们布置的"作业"。外婆谈起母亲时，那发自内心的深深的怜惜。

……从洗衣粉，到扬琴，到沙皮狗，这是一条轮回的道路吗？又到底是什么在光阴中轮回呢？

我觉出了一种甜蜜的伤感，一种温馨的恍惚。我透彻地明白，这条道路是一望无际的。走在这条道路上的女人，也是一望无际的。而这些女人都有一个共同的身份，母亲。

母亲，她们前仆后继地跋涉着。孩子眼睛里闪动的光芒，就是她们心中永远的路标。

不会停歇。

至死方休。

亲爱的孩子：2000 年至 2010 年

依然记得进入新千年的那个夜晚，我穿着一件厚厚的大衣，围着厚厚的围巾，坐在电视台的机房里，和几个同事一起，通宵达旦地做着四十八小时直播节目。这个特别节目名为"曙光"，需要不间断地直播本市各界为迎接 2000 年到来所举办的庆祝活动，还会转播一些世界各地的活动画面。而我作为整个节目的总撰稿人，除了事先写好解说词外，还需要根据各路记者发回的现场报道，临时编写一些串词，供主持人在演播室现场解说。

因为是一次重大的直播活动，台长、导演、切换、技术、主持人等各方角色，都在机房里严阵以待，全力以赴，害怕发生什么差错和意外。

"1 号机，1 号机，你那里准备好没有？镜头马上要切过去了！""倒计时十秒，现场主持人做好准备！""插播磁带准备好没有？停在第一帧画面上！""声道，声道，注意把声道推上！"机房里一直响着这样紧张而有序的命令声，还有进出奔忙的身影，像是正在发起总攻的战地指挥中心。而此时的我呢，在这样纷扰的环境中，必须集中精力，紧盯屏幕，在头脑中培育出无数只鸽子，并且随时准备让它们朝着一个既定的目标，优美而迅疾地飞舞起来。是的，我们迎接的可是新千年的曙光，千年一逢的机遇啊。我得使自己激情飞扬，思路洞开，以便才思能顺着笔尖，及时地化为跳跃敏捷的文辞。

四十八小时，不眠不休。饿了，吃盒饭；困了，就裹紧衣服，靠在椅背上，像棕熊似的打个盹。人在亢奋状态中，并不感觉如何疲惫。我终于顺利地完成了任务。长舒一口气后，我才想到，自己就在这种高度紧张中，跨入到一个新的千年。我也在全世界各地的转播画面中，明白了全人类对于新千年那种热切的期盼心理。

千年恍如一梦。梦醒后的人类，更觉渺小、凄慌、虚空。人们似乎早

第二部分 岁月如河

就盼望着一个新起点的到来,以便检阅过往,收拾行装,重新出发。虽然时光依旧像流水,无痕无迹,但我们还是想给它打上一个欢庆的结点,并祝愿美好的未来能像曙光一样,从那结点中,喷薄而出。

至今,十年过去了。在全球范围内,战争,依然。贫困,依然。罪恶,依然。痛苦,依然。探索,依然。人性,依然。可是,有什么不同呢?一些人来了,一些人走了。萌芽,成长,绽放,死亡。还有呢,污染更严重了,环境更糟糕了,信仰更缥缈了,贫富差距更悬殊了,互联网更发达了,世界更平面了,全球化更普及了,信息更纷繁了,娱乐更大众了,艺术更草根了……

不过,最大最大的变化,我想,还是来自我们脚下的这片土地,我们的祖国。十年,从温饱到小康,从浮躁到稳健,从片面到和谐。一些迷雾正在消散,一些尘埃正在落定。奥运会的华章,地震后的爱流,金融危机中的坚挺,在一次次精彩之后,再也没有人可以不看重这种崛起的力量,不倾听来自中国的声音。世界的格局正在发生变化。这是不是预示着在西方文明之路以外,我们博采众长,另辟蹊径,独创出另一条复兴之路呢?也许,政治家、思想家、经济学家、社会学家,可以给出这样那样的分析。而作为一个普通的写作者,一个孩子的母亲,我只想记录下一点关于自己孩子的真实、零散、琐细的感受。

作为90后一员,十年前,我的女儿六岁,刚上小学。她那时开始在课堂上学拼音、学英语、学算术、学画画、学音乐。那时,正是各种兴趣班风行的时期,而她爱好广泛,对什么都有兴趣。她报名参加了学校的课外兴趣班,先后学了书法、声乐和舞蹈,还自己吵着要父母为她请来家教,学小提琴和钢琴。她一天打鱼,三天晒网,好奇一过,热度顿无。结果,她就像那个掰玉米的小熊一样,掰一个,扔一个,每样都只学了点皮毛,最终什么也没学成。

如果说,作为母亲,我没有一点失望,那是假的,但我并没有强迫她,没有给过她压力,更没有责怪过她。她自己想学什么,家里就给她创造条件,她不想学了,那就停下拉倒。她回家,我问得最多的一句话,就是:你今天快乐吗?快乐就好。我总是反复对她说,身体健康、心理健康是最重要,其他的,随你自由。有时作业太多,她不想写,我只好硬着头皮给老师打"报告",费尽心思找理由,帮她"蒙混过关"。一有空,我们便带她到各处旅游,在湖光山色中,让她感受自然、感受美。而对一些公益活动、社会实践活动和体育运动,我们却看得很重,总是鼓励她积极参与,还免不了抽出时间,身体力行。实际上,在所有的礼物中,我只挑了一样礼物送给女儿,那就是"童年的快乐"。

当然,成长也伴随着挫折和眼泪。她的叛逆期,是在小学六年级,没有什么征兆就来的。那段日子,我突然感到,一贯乖巧的、喜欢和家人交流的孩子,突然变得陌生起来。她的额头上爆出了不少青春痘,脾气暴躁。她拿自己的零花钱,在同学间到处请客,买各种毫无用处又浪费时间的小玩意,借各种大人都不敢看的"鬼故事"书整天看,自己把自己吓得晚上不敢一个人睡觉,却又管不住自己。她放学不回家,到同学家玩,羡慕人家的名牌服装和鞋子,凡事总和家长对着干,你说东,她一定说西……

怎么办呢?短暂的焦虑之后,我选择了说理,尽量克制自己,避免发生激烈冲突。当然,更重要的,就是等待。这需要无尽的耐心。把道理说清楚之后,我依然鼓励她,对她说:"你是一个好孩子,恐怕是压力大了,有点不适应,就像一个患病的人,调整调整就没事了。"周末,我们带她看电影、放风筝、郊游。在她无端发火的时候,选择沉默,等她自己醒悟,转变。

突然,有那么一天,她又没有征兆地,变回了从前的好孩子模样。后来,每每提到那段日子,她都不好意思地说:"谁没有叛逆期呢?你们大人不是还有更年期吗?我经历一次,就终生免疫了。"她还真是说话算话。初二、初三的时候,她见同班同学中有人出现了叛逆行为,还回家笑着说:"我现在不会叛逆了,早有免疫力了。"

对于这段往事,后来我在给她整理房间的时候,看到她初一时写的一篇周记,真是不看不知道,一看吓一跳。在这篇名为《我的烦恼》的文章中,她这样写道:

我一向是个无忧无虑的人。说是无忧无虑,其实就是单纯、乐观。我的童年一帆风顺,几乎没有什么"烦恼"的概念。然而任何事物都在发

第二部分 岁月如河

展,在变化,当我升到小学六年级的时候,什么都不如从前了。

一切都从开学时我无缘无故被选为班长开始的。那时,班上正在流行"请客"的风气,我被裹在其中,经常被人拉去"胡吃海喝"一番。我自然是不能接受这种"待遇"的,只好每次都还钱给那些请我吃东西的同学。而我的零用钱显然是不能和那些父母都在经商的同学相比的,他们随便吃一次的钱,就是我好几天的零花钱了。

我不好意思向父母多要,开始想办法躲。我觉得是自己的"乌纱帽"惹出的祸,所以,就辞去了"职务"。但是,我错了。

班上有个"小团伙"。因为我的成绩不错,他们经常要我拿作业给他们抄,我不敢拒绝,因为他们是一帮小混混,好像跟社会上的人还有来往。我成了"误入虎口的羊"。

到六年级下学期,我的成绩被他们那帮人"整"得下降了好多,而且,他们把班上本来隐秘的"早恋"公开,很多同学成了到处传播绯闻的"信使"。我再次厄运难逃,被他们说成了好几个绯闻的主角。

首先,因为我家住在他们"大哥"家附近,那些"好心"的小弟们就给我戴上了一顶高帽:大嫂。唉,我有什么办法呢?其次,从我处的"地理位置"来看,也十分不利。我前面坐着他们的"三弟",后面是"五弟",隔一条走廊,旁边就是"大哥"。还好,我的同桌是女生,不然真是"十面埋伏"啊。于是,在传闻中,我就莫名其妙地跟他们几个"兄弟"扯上了关系。后来,更无厘头,说有什么中学生和我交往,而那人的名字我都没听过。

最后,我只好封闭自己,和哈利·波特一起学"大脑封闭术",不去理他们,终于,在期末,我摆脱了出来。

我现在很快乐。当叙述这些曾经令自己痛苦的往事时,我已经不害怕了。因为烦恼是泡泡,太多太大,它自己就会爆炸,反正,怎么样都困不住我的好心情。

女儿初一时的班主任在她这篇周记的后面,写下了"出淤泥而不染"的评语。而我看到这篇周记的时候,又是惊心又是庆幸又是感慨。真没想到,在我的眼里还是"BB仔"的女儿,居然经历了这么一段心路历程。

成长是一生的功课

我非常庆幸，自己当初选择了"耐心等待"和"热情鼓励"这样的教育方式，虽然有焦虑、伤心、失望，但都埋在了心里，没有跟孩子发生什么冲突，从而避免了给孩子造成更大的压力。

我由此想到，所有的叛逆孩子，他们一定都有很多不为人知、也不愿意告诉家长的苦恼，一定也承受着巨大的压力。社会如此复杂，各种潮流不可能不波及到校园，而由于他们毕竟年幼，很多在大人看来无关紧要的小事，又容易被他们的小脑袋瓜无限放大。在这样的时候，我们除了给他们更多的温暖和鼓励，还能有什么别的选择呢？看着女儿的周记，我深深感叹：唉，成长中的孩子，真的是最不容易也最了不起的一群人了。

叛逆刚过，打击又来。初中时期，由于女儿进的学校，兼为全省奥林匹克竞赛学校，她们学的是奥数课程。班上的同学个个都身怀绝技，不仅在全国、全省奥赛中屡屡获奖，还经常被当作"种子选手"，进入国家集训队，代表中国参加国际比赛。而我女儿小学时从未学过奥数，跟那些特长生比起来，自然成绩平平，有时居然不及格。小学成绩一贯优秀的她，受到了有生以来最沉重的打击，自信心大为挫败。

她在一篇周记中写道："来这里读书，我觉得就像在'自讨苦吃'。周围的同学都是学习'狂人'，成绩好得惊人。对于在学科方面不是天才的我来说，简直就是一种讽刺。再加上第一次离开父母住校，更是雪上加霜。我感到很压抑，不得不承认，自己这一次是摔倒了。"

那时，我去学校看她，她一见到我，就眼泪汪汪地控诉不想学了。而我呢，总是大大咧咧地嬉笑着，逗趣着，为她打气撑腰："考试就是练习，不及格就不及格嘛，想学多少算多少，如果你有其他的兴趣爱好，就去做其他的事情，反正无论你考多少分，我永远都是你忠实的粉丝。"我又戏称那些奥数试卷，是"变态"试卷，除了那些"变态"学生，谁能做得出来呢？大学毕业生也做不来呀。

在我的玩笑中，女儿的心情放松下来。她开始打网球、学剑术、练瑜伽，甚至还买来毛线，织起了围巾，做起了手工，说是要什么"DIY"。她终于把成绩的包袱放了下来，笑容又回到了她的脸上。出乎意料，她那刚刚入门不久的剑术，再融入一点自编的舞蹈，居然一路过关斩将，站到了全校艺术节的舞台上。

那天，我在台下，猫着腰，给她拍照。她穿了一套大红的武术表演服，化着淡妆，束着腰带，头发高高盘起。正所谓"娉娉袅袅十三余，豆蔻梢头二月初"啊。台上，两个高中学生正在合唱周杰伦的《菊花台》，而她则在那悠扬伤感的旋律中，持一柄长剑，翻转腾挪，舞出了飒飒秋风，飘飘落叶。我从心里为她欢呼，却不是因为她出了风头，赢得了掌声，而是因为，她终于能凭借自己的努力，从低谷中站起来。她的自信经受住了挫折的考验，化成了一枝傲霜的菊花，灼灼开放。

走出低谷后，她又在周记中写道："一提到自我欣赏，很多人都会联想到'自恋'二字。'自恋'是一种心理病，而自我欣赏，对我而言，却是我人生低谷的止痛药。每个人身上都有闪光点，只是看你会不会自我欣赏罢了。与其苦苦等待别人去发现你的长处，还不如自己想办法，让它发光发热。"

带着这样的自信，女儿中考时，发挥出色，又考上了这所学校的高中，与她的那些"天才"同学，继续着同窗友谊。当然，这次，她脱离了"奥数"的深渊，进入到普通班学习。

这些年，在陪伴女儿成长的过程中，我感到，"不要让孩子输在起跑线上"那种功利式的教育模式，已经引起众多家长越来越强烈的反感了。相反，顺其自然、健康快乐、充满爱与尊严的赏识教育方式，在家长中更能引发共鸣。

基于价值观日益平等、多元，80后孩子成长中那种普遍的"急功近利"的做法，已经被越来越多的90后、00后家长所摈弃。外国人眼里包含贬义的"中国妈妈"，那种代表着功利、攀比、虚荣、束缚、干涉、不放手这些词语的可怕的"中国妈妈"，这十年来，数量已在慢慢减少。而我以为，母亲的素质，正是一个民族文明素质的关键所在。一种更加理性、平等、自由、温情、开阔的教育理念，正在一些地方悄然成型——当然，积习难除，更广泛的转变还需要时日。

这十年，我的女儿读完了小学，读完了初中，现在，她已经是个亭亭玉立的高中生了。她阳光而不失善良，独立而不失稚气。在家里，她娇憨任性；在学校，她谦逊有礼。有缺点，无烦恼。成绩一般，素质全面。不喜功课，热心公益。最爱妈咪却不看妈咪写的书。不追星，无偶像。不看碟,看电影,听广播新闻。常读哲学、历史书籍。环保观念强。狂爱动物。抱玩具熊睡觉。喜欢漫画、西餐、运动和外国流行音乐。口头禅一时一变,从郁闷、超赞到纠结。有摄影大师的美誉。会做早餐。丢三落四。有时不自觉地咬手指。自己买衣服和护肤品,不要名牌,却讲究品质。对家人一切想表示亲热的企图,都坚决予以抵制。

面对这样一个半大不大的孩子,什么事情,父母都让她慢慢学着自己选择,并告诉她,也要自己承担责任。

去年暑假期间,她报名参加了学校组织的一个赴英国学习的夏令营。在课堂上,当英国老师对中国政策进行批判的时候,她和她的同学们,礼貌地用英文向老师表达了不同的意见,并热情地介绍中国,宣传中国。虽然他们最终谁也没有说服谁,但坦诚的交流,勇敢的表达,不卑不亢的态度,还是赢得了英国老师的称赞和尊重。这群孩子的知识水平和英文能力,也让英国老师感到了惊讶。

在英国期间,学生们还参观了不少的博物馆。有感于英国博物馆建设的完备,学习之余,女儿就用英文设计了一个调查问卷,并在另外两名同学的协助下,在外国师生中,进行了一次有关博物馆的问卷调查。回到我们居住的广州后,她又对广州市的博物馆现状进行了深入走访,并通过中外对比,最终完成了一个颇有质量的调查报告:《从博物馆建设入手打造"文化广州"》。

在报告的前言部分,她写道:"我们惊讶地发现,在异国他乡的博物馆里,中国文物是如此丰富美妙。在感叹着中国文化的博大精深时,我们也十分惭愧,因为我们是在异国的博物馆里,才如此深刻地感受到中国文化的博大精深,而非在我们的故土广州体会到这一点。简单的历史读物、历史教材给予我们的认识和感触,远没有亲眼看见的那么直观,那么震撼人心。"她还写道:"2010年,亚运盛会将在广州举行。这是一个让世界了解广州、宣传广州、展示广州的良好契机。我们应该借此良机,把广州的博物馆建设得更加完善。凭借博物馆这个浓缩的'窗口',把历史文化名城广州,直至拥有着上下五千年灿烂历史的中国传统文化,以及新中国发展的巨大成就,更全面更生动更有说服力地展现给世人,提升广州的城市品位和文化软实力,同时也引导更多的人,传承和发展优秀的民族文化。"

第二部分 岁月如河

在报告中,她也毫不讳言国外在博物馆建设中的先进做法,并以此为鉴,对广州市的博物馆建设,提出了很多操作性极强的具体建议。这个调查报告作为研究性学习成果,获得了老师、专家的一致好评,在经过答辩、展示、面试等一系列程序后,还获得了广州市青少年科技创新一等奖。

这真是无心插柳。实际上,我从未对女儿提出过什么要求,假期只是希望她到处走走,好好玩玩,对她,也只抱着与大多数母亲一样的最简单的愿望:健康、平安。可是,她的作为实在超出了我的想象。

去年秋天,学校组织高二年级全体学生,用一个星期的时间,到偏远农村参加学农活动,与当地农民同吃、同住、同劳动,目的是让城市里的孩子了解三农,培养吃苦耐劳、团结协作的精神。在此之前,学校召开了动员会,家长和孩子们都知道了,去的那个地方条件非常艰苦,学生们需要自己动手割稻子,晒谷子,打井水,用柴火烧饭,到当地小学支教。但同学们的热情都很高。女儿去之前把家里的书籍翻出来,挑出一些准备送给当地小学,又催着买礼物,说是要送给所住的农户家,还上网找资料,了解"家电下乡"政策,说是要完成一个有关家电下乡的"调查报告"。

做好一切准备之后,她把学校发的一张纸条递给我,那上面写着所住农户的姓名、地址和电话号码。我正要看的时候,她突然又一把把纸条抢了回去,拿笔把人家的电话号码使劲涂掉。她潇洒地说:"你们总喜欢打电话问这问那的,这次不许打电话了,有事我会给家里打的。"

那个星期我还真没"骚扰"她。等她刚一返家,正两眼发光、滔滔不绝地讲着很多在农村的见闻时,她的手机就响了。原来是住户农民伯伯打来电话,询问她顺利到家了没有。我女儿感动得眼睛含泪,连连说:"谢谢您,谢谢您!应该是我先给您打电话,报告一声的,没想到您还记挂着我。等放了假,我就去看您,也欢迎您到我家来玩!"放下电话,她又说了很多喜欢这个伯伯的话。

"那里条件特别差吗?""吃住都习惯吗?""收稻谷累不累啊?"我们七嘴八舌,关切地询问。

"那里条件不差的,吃得特别好,那个伯伯还为我们杀了鸡,饭菜很香的。住,就是两个同学睡一张床,都挺好的。我们还去当地的小学,开展支教活动,教他们英文,教他们唱歌,临走前,那些孩子们大喊着姐姐好,让我们给他们签名留念,签到我手软。我们还去了一个五保户老奶奶家,探望她的生活,临走时我偷偷塞了一百块钱在她的口袋里。——对了,我在那里还交了个好朋友,跟我差不多大,挺文静的一个女孩,就住在隔壁。有一天晚上,天很冷,我看她冻得发抖,就把自己的衣服脱下来,披到她身上,还把她搂在怀里。从这之后,她就特别喜欢我了,经常跑过来找我谈心,说她家里的事情,说她想到城里打工什么的。真的,农村很好的,空气好,风景好,人好。生活啊?也不错啊,反正我很习惯农村的。"女儿越说越激动。

后来,在女儿的催促下,我和我先生在端午节前夕,带上礼物,一家三口专程驱车几个小时,一路打听着,找到那个偏远的农场,找到那个住户农民伯伯的家。

真正的意外发生在这时。

来到那个住户农民伯伯的家里,我才发现,在女儿嘴里"一切都好"的条件,竟然简陋、贫穷得恍惚回到了上个世纪。几间旧平房,没什么像样的家具,床是搭在砖头上的几扇木板,灶台砌在天井里,旁边就是鸡笼。几十只鸡在天井里散养着,满地鸡粪。一股难闻刺鼻的味道,让我待不了几分钟。而这里离女儿睡觉的床铺,仅仅只有几米远的距离。

住户农民是个矮小、木讷的中年男人。他没料到我们会来,激动得手足无措。他带着一脸潮红,一直腼腆地看着我们笑,说不出什么话来。看得出来,他对我女儿有一种发自内心的欢喜。他看向她的目光,竟然跟父亲看向女儿的目光相似,都是那么一种贴心的慈爱的感觉,无须语言。

我们又去隔壁找了女儿提到的她的那位好朋友。听女儿介绍,她朋友的生日马上就要到了,因此我们还特意为她买了生日礼物。那个女孩的家,比住户农民的家更破更矮更旧,就是几间工棚一样的小房子。家里在白天也是黑黑的,要低头才能进门。我们坐在她家的竹床上,跟她聊了一会儿。等到这时,我们才吃惊地发现,原来,这个长相有些奇怪又丑陋的女孩,竟然是个轻度智障人士。她跟我们聊天时,不是答非所问,就是自说自话,眼神与表情,都有一种无法形容的怪异感。我完全没有想到,女儿嘴里的好朋友,居然是这种模样。而女儿跟我们谈起时,从未提起过这些,好像一切都很正常似的。

这次能与自己的朋友重逢,女儿兴奋得一把搂住她。那个女孩也紧紧拉住女儿。两人在一起激动地笑着,说着。临别时,女孩流着泪,拉着女儿的手不放,依依不舍。她带着无比郑重的表情,一字一顿地说:"盛罗兰,长这么大,你是对我最好的人了,我还从来没有在生日收到过礼物呢。我要记住你,一辈子记住你!"

那天,在开车回家的路上,我和我先生都沉默着。我感慨万千,总有一种想流泪的感觉。最后,还是我先生对女儿说了一句话。他说得非常动情:"孩子,我真佩服你,你有一颗真正的菩萨心,我们都要向你好好学习。"

女儿有些不好意思地笑了:"别、别、别,我也没做什么呀。你们什么事情都喜欢夸张!"

从小到大,女儿以自己发乎于心、自然而然的言行举止,一次又一次,让我受到了惊艳般的心灵震撼。她灵魂的纯洁与美丽,总是带着最自然无做作的平常,仿佛一切本该如此。而这,恰是我最欣赏她的地方。对比之下,一个成人就显出了无法避免的矫饰和虚荣。

后来,我和先生每次在背后议论女儿时,都会不约而同地感叹:没想到,女儿待在环境那么差的地方,还感觉那么良好。按道理讲,她物质条件优渥,没有受过累,没有吃过苦,应该是个挑剔、娇气的人儿才对,想不到,她比我们这些从小生活条件匮乏的成人,还要随和些,能忍受些。这是为什么呢?

先生不无自豪地赞道:"什么叫见过大世面?会讲究,能将就。越是真正见过世面的人,越不会少见多怪的。"

我不断地点头:"是啊,能享受最好的,也能承受最坏的,宠辱不惊,我们的女儿就是这种大气的人啊。"

先生补充道:"不仅是我们的女儿,我发现,像女儿这一代的人,普遍来讲,素质似乎都比他们的上辈要高不少。这些孩子们从小受到了良好的教育,在精神上、身体上,都显得比较健全。特别是他们成长于多元时代,能接触到各方面信息,有眼界,有教养,因此非常包容与自己不同的人、不同的事,而且非常富有爱心……"

当然,我之所以花这么多琐碎的笔墨,冒着"自夸"之嫌,介绍女儿的故事,并不是出自一个母亲狭隘的骄傲,更何况,我的女儿至今也是个平平常常的中学生,看不出任何"奇才异质"。写这段成长故事,实在是因为我认为,过去的十年,最显著、最根本的变化,就体现在我女儿和她的同龄人身上。他们是我们的孩子,也是我们的朋友,甚至是我们的老师。

从他们身上,我明显感觉到一代新人自信又强大的内心。他们发自肺腑地热爱祖国,为祖国自豪,却也敢于承认自己的不足,虚心学习世界上一切先进文化和技术。他们根植于中国传统,却也能没有藩篱地努力吸收全世界的一切养分。他们既传统又现代,既东方又西方,既踏实又有梦想,既爱国又不排外,既自信又不自大。

虽然他们也有这样那样的缺点,虽然他们的心智还不成熟稳定,虽然未来仍有无尽的挫折、风雨在等待着他们,虽然作为母亲,我仍然只有最简单的心愿,从不奢望他们能取得什么了不起的成就,但因为他们,我会发出最真心的赞许,最宽心的笑容,并因此对未来不再悲观。

"浮云一别后,流水十年间。"一恍惚,青春已如绿叶,渐次凋零。这十年,作为母亲,我也在和孩子一起成长。

从一个电视工作者,到银行白领,再到专业作家,我从人群中一步一步地退离出来,退向了自己的内心。对于生活,我保持距离,因而更加清醒。我把自己的灵魂,当成人参似的,浸润滋养起来,用书籍,用思考,用自省,用文字。真是愈深入,愈悲悯。因为写作,我时常需要去体会细密的感受,剖析复杂的人性,挖掘人心的诡谲。以我喜爱质朴单纯、追求简单澄明的本性来说,这样的功课实在是有些勉为其难的。文学之路,崎岖波折。我能用文字捕捉到生活的真谛、心灵的密码、艺术的灵光吗?忧郁,我有;困惑,我有;笑,有;泪,有;只是,没有,从来都没有,后悔。

对于个人,我不想说什么希望的话,因为个人,如露如电如尘,旦夕祸福之间。那么谁又能在时光面前,强大、从容、无所畏惧呢?答案就是——做母亲的人。有什么值得担心的呢?因为,孩子正在长大。

十年,幼小的树苗都已经勃勃成林。那里,孕育着一个民族的未来。

是的,也许变化不是一蹴而就的,但变化正在发生,并且,不可逆转。

一次离别就是一次成长

30年前吧,我离开故乡安庆,去上海读大学。那年,我17岁。除了省城合肥,我从未去过别的城市。父亲把我一路护送到了学校。

校是名校,在当时的我看来,又大又美,宛如一个盛开着无数青春之花的大公园。可是,当父亲安顿好我、转身离开的时候,望着他越来越远的背影,一直被新鲜感、兴奋感所笼罩、蹦蹦跳跳的我,突然悲从中来。

那一刻,我意识到了,我被留下了,独自一人,留在一个完全陌生的城市、完全陌生的环境。

生命里第一次真正的孤独、真正的离别,就是从那一刻开启的。当然,那一定也是我第一次真正的成长了。像乳燕第一次的离巢,像幼狮第一次的觅食,像破土而出的春芽,第一次向世界伸出了稚嫩的脑袋。

我至今仍然记得,我把父亲送到学校的大门附近,那一条林荫小路上。

所有该叮嘱的话,父亲都已重复好几遍了。他三步一回头,向我招着手,让我赶紧回到宿舍去。他脸上挂着笑,想给我宽慰,可又因为离别的难过,而笑得极为勉强,带着一种酸黄瓜般的难看表情。

我知道,对于这个家中最小、生活自理能力又特别差的孩子,他是极不放心的,可他又不得不离开。而我努力装出一脸轻松的样子,站在那里,挥着手,直到父亲的背影渐渐消失。

突然,无边的悲伤,洪水似的爆发了。汹涌的泪,汨汨不绝,淹没一切。天地一下子变得无比的辽远,而小小的我,就好像天地间一片抖动的树叶。

那一场哭泣,真是撕心裂肺,天地为之易色。我无法回到宿舍去,只能躲进附近的小树林,扶住一株树干,悲戚地大哭了一场。

我哭的并不仅仅是父亲的离校、自己的孤单,而是一种更深更远的忧伤。那忧伤，伴随着成长，是生命里无法避免的损伤。

与其说，我被父亲孤独地留在了陌生的异地，还不如说，我被生命里的成长，撕裂在这孤独的异地。

那一刻，敏感的我，已经懂得了伴随着成长而来的无法回避的缺失与分离。

真的是，愈成长，愈分离。直到，每个人都独自面对自己的命运，然后承担，然后吞咽，然后摊开双手，全盘接受。直到，每个人最终离别亲友，告别人世。

一次次的，我们每个人，实际上都是在这样的损伤中，长大成人的。软弱的，变为坚强。依赖的，变为独立。狭窄的，变为开阔。梦幻的，变为踏实。

这转变的过程，需要我们填进去太多的无奈、辛酸、挣扎、磨砺，还有情感的放弃，亲人的别离，梦想的破碎，现实的妥协……

我们一路走，一路长大，也无可避免地一路承受着伤害、缺失和悲伤。

一手收获，一手失去，得失间，便是生而为人的苍凉与悲壮。

若干年后，轮到我送女儿去北京读大学。这一年，女儿十八岁。

在此之前，她曾到北京旅游过，因此，她对这座城市已不陌生。况且，那时候，她已经到不少城市都游学、观光过了。离开家，出远门，于她而言，似乎并没有什么特别的感受。

一到宿舍，我就忙着为她整理行李，收拾床铺。她却忙着与前来探寻的几个老乡同学，愉快地聊天，互留电话，相约未来的聚会，好像根本都留意不到即将到来的分别。

告别时，她甚至催促着我，在宿舍门口朝我挥挥手，即刻返身回房了。

但我依然敏感地在女儿的眼睛里，捕捉到了不少烦躁和失落，还有一种心神不定的愁绪。我知道，那种似曾相识的感觉，那种即将面临人生转折的伤痛，那种成长中无可避免的损伤。种种复杂难言的情绪，无法倾诉，只能遮掩。

因为有手机、互联网这些发达的通讯，因为有从初中就开始的住校锻炼，还因为有多次出外旅游的经验，此时的分离，在女儿那里，已经掀不起如我当年那样的情绪巨浪了。她看上去一如既往，相当随意。然而，她的催促和隐隐的不耐烦，却暴露了她内心里莫名的感伤——那种对长大、对分离无奈的承受，那种对往昔、对流逝无力的留恋。

没有眼泪，是因为早已知道，眼泪在人生中毫无用处。

没有不舍，是因为早已懂得，再不舍也要学会舍得。

没有依恋，是因为越依恋，那离别的伤口就撕裂得越大。

既然成长，就意味着某种分离、某种断裂，那么，还不如就此果断地分离，决然地断裂。

也许，作为独生子女的一代，他们在长期的成长岁月里，对这种伴随着孤独而起的无名忧伤，有着更深切的体验，也有着更宽泛的忍耐。

在孤独中成长，在成长中学会忍受孤独，与孤独和睦相处，这是自他们出生之后，就一直在进行的重要的人生功课。

记忆中印象深刻的离别，还有很多。比如第一次送女儿去读幼儿园。

老师从我们手上接过女儿，然后亲热地抱起她，把她领到其他孩子当中，以便我们偷偷地溜掉。我们则在几分钟之后，急迫地扒在教室墙上，悄悄朝窗里偷望。而这时，已经发现了父母不见的女儿，在慌张地左顾右盼后，不禁号啕大哭⋯⋯

比如，女儿第一次出国游学时，我们把她送到机场。

看着她独自推着一只沉重的大行李箱，还背着一只鼓鼓的大双肩包。没有相识的学生做伴，没有带队老师帮忙，路途还须火车转换，语言更是难懂的德语，我的担忧，几乎快变成后悔药和退堂鼓了。倒是女儿比我镇定，她抿着的嘴角，透出了一些紧张，但也透出了更多的勇敢。直到她的背影消失在我的视线之后，我才敢让忍了那么久的眼泪，无声滑下⋯⋯

在我看来，成长就是不断地分离与告别——

与母亲的乳房；与长辈的怀抱；与童年的恣意；与少年的伙伴；与熟悉的校园；与习惯的故土；与舒适的自我；与流逝的往昔⋯⋯

时光不会凝固，成长也不会停滞，而与之相伴的聚散、悲欢、冷暖、得失，终将化作片片落叶，在我们前行的道路上，不断地堆积、凋零、消融。我们就像挽不住时光一样，挽不住珍贵的过往。我们也像免不了生老病死一样，免不了人生的伤痛与缺憾。

然而，我们正是在这样的伤痛中，迎来了一个个收获的季节。枯叶凋谢，新枝萌发，树干越来越强壮。经过岁月的风雨洗礼，那棵稚嫩的幼苗，终将长成一棵葱茏大树。

一次别离，就是一次成长。而一次成长，就是一次蜕变。

因此，痛，是成长的代谢物。接受痛，习惯痛，不怕痛，并且，还要在克服痛里，体会到成长的酸爽与力量。

古诗词中倒能读出不少的智慧与达观。

初唐才子王勃说："海内存知己，天涯若比邻。无为在歧路，儿女共沾巾。"分离在即，哭泣何用？天涯芳草，海阔天空嘛。

边塞诗人王昌龄则说："沅水通波接武冈，送君不觉有离伤。青山一道同云雨，明月何曾是两乡。"人生向来山不转水转，江河相连，云雨同享，日月共睹，离别依然隔不断情义的绵长。

而我的偶像苏轼说得更为旷达："休对故人思故国，且将新火试新茶。诗酒趁年华。"

让过往的一切，都化作噼啪的火苗，在新茶、美酒、好诗的滋润下，我们尽欢人生，不负年华。

原本可以安逸，为何还要打拼？

前段日子，我接到从澳大利亚首都堪培拉打来的一个越洋电话。打电话的人，是我的老同学。她在电话里告诉我，她五十岁的生日就要到了，她想在生日前，自费出版自己的一本散文集。文章是她这么多年以来，陆陆续续在业余时间写下的。打这个电话，是想让我给她的新书写篇序言。

她最后一句话，让我感触良久。她说，我都五十岁了，还没有给自己的生命留下什么值得纪念的东西，所以，我特别想出这本书。

没有任何迟疑，我一口答应给她写序，并让她赶紧把自己写的文稿传到我的邮箱里。

我读了她当时还没有全部完成的文稿。文章记录的大多是她这么多年在海外学习、工作、生活、奋斗的真实故事，还有一些她对故乡与亲人的真切回忆。她的文笔朴实，故事感人，深深打动了我。

我知道，作为一个每天忙工作忙家务的主妇，要挤出业余时间写下这些文字，该有多么的不容易，我也知道，即将出版的这本书，对于她的意义有多重要，因此，我全力以赴，废寝忘食，在收到她文稿的第三天，就看完了她的全部文稿，并给她写好了一篇长长的序言。

她的人生故事让我颇多感触。

我的记忆回溯到四十多年前，故乡安庆，一座长江边的古城。那时，城里有很多高大茂盛的梧桐，还有一进进古朴杂乱的深宅大院。

那时，我和她都是六、七岁光景的小女孩。我们上同一所小学。我们的家相隔几百米的距离。那时的孩子功课一点也不紧张，每天都有大把的游戏时间。所以，放学后，我们会经常相邀，到彼此的家里玩耍。

我至今记得童年第一次去她家的情景。她有两个姐姐和一个弟弟，都有着与她相似的出众外貌。等我再看他们的母亲，这个生了四个孩子的女人时，一切的惊艳，立刻尘埃落定。原来，那也是一个不折不扣的美人。

显然孩子们都从母亲那里,继承了美丽的基因。

她有一个画家父亲,在报社工作。记忆中,他是个相貌温文尔雅、有点内向又有点清高的人。他话不多,总爱俯在书桌上写写画画。地上堆满了他的画稿习作和成品半成品的木刻作品。也是在那里,我第一次看到了木刻用的刀具,第一次知道了什么叫版画。

我胆怯而欣喜地看着她家的一切。那里洋溢着一种于我来说陌生而神秘的艺术气息,散发着星空般的诱惑力。

她的母亲给童年的我,留下了很深的印象。一个开朗、热情的美人儿,身上没有一点娇气,声音洪亮,说话幽默,能干到几乎无所不能,仿佛是北方一望无际的晴空下,最挺拔的一株白杨。

想想看,她母亲有四个孩子,自己还要上班,在那样一个什么都需要自己动手的匮乏年代,该有多重的家务负担。而孩子们的父亲,是个不爱做也不擅长做家务的搞艺术的男人。我能想象得出她母亲风风火火、忙忙碌碌、家里家外一肩挑的样子。然而,令人敬佩的是,她母亲不像我常见的很多操劳的主妇,抱怨、易怒、憔悴。相反,她母亲笑口常开,毫无怨言,充满活力。

想来,她身上那种仿佛与生俱来的积极向上、勤奋努力、活力四射的劲头,就是从母亲那里继承的。

难怪人们都说,好母亲就是一所好学校呢。

我与她的缘分绵延了很长的时间。

小学同班六年以后,我们又一起考上了同一所中学,初中三年,高中三年,虽然不同班,但也常常聚在一起。也就是说,整个读书阶段,我们一直都是同学。

最巧的是,学理科的她与学文科的我,接着又考上了同一所重点大学。她学管理,我学新闻。同在异乡,离家的孤独、成长的压力,让我们常常相邀着在校园里漫步谈心。那一条条幽静的绿荫小路,见证了多少我们青涩又纯真的少女时光啊。

不过,遗憾的是,也就是从那时开始,我们的来往渐渐变得稀疏起来。或许,是因为我们都不可避免地谈起了恋爱吧?或许,也是因为接踵而至的人生课题,再也无法轻松,需要我们全力以赴地应对吧?

是的，我们就这样背负着各自的命运，走上了不同的道路。

大学毕业后，她分到北京某金融机构工作，而我回到了故乡。后来，我又去了南方，调换了几座城市。偶尔，我们会打电话或发邮件，交换一下彼此的人生变迁的消息。我知道，在北京工作几年后，她辞了职，随出国攻读博士学位的丈夫，一同去了国外，荷兰、德国，最后落脚在澳大利亚。

她育有一女一儿两个孩子。她做了好多年的全职太太，独自一人带大了孩子。可是，她并没有让自己安闲下来。在此期间，她攻读了一个硕士学位，并在孩子长大之后，考上了澳大利亚的公务员，重新成为职业女性。

总之，她的每一步，在我看来，都具有传奇意味，是让我惊叹不已的超人所为。

在她利用业余时间写下的文字里，我读到了一个海外新移民真实的奋斗故事。

在异国，她努力地融入当地社会。无论是热情洋溢地加入当地的华乐团演出，还是按照西方习俗准备一次隆重的答辩宴会，或是不辞辛苦、亲手打造一个精致美丽的后花园，抑或在中文学校一丝不苟地教孩子们学汉语……她全情投入，尽情舒展，努力让岁月成就一个更丰厚、更强大的自我。

文中讲了一个小故事。为了在海外拿到硕士文凭，她克服了基础薄弱的困难，挤出一切时间用功学习。当时，她是两个幼小的孩子的母亲，家务繁重。全家好不容易有次出门旅游的机会，她既不想错过家人的欢聚，又不想耽误功课，于是她背着厚厚的书籍上路了。结果，她一路只顾着用功读书，一点都没留意到欣赏美景。

我一边读她的文字，一边在心里赞叹：她有多么不可思议的适应力、学习力和行动力啊。出国伴读的主妇，两个孩子的母亲，大学教授的夫人，她原本可以心安理得地走一条安逸之路，毫无压力，舒舒服服。然而，她骨子里的不甘平庸、追求卓越，使她选择了一条攀登之路。她既要家庭的幸福，也要事业的独立，既要生活的圆满，也要精神的完善——事实证明，她做到了。所有的人生角色，她都扮演得神采奕奕，光彩夺目。

成长是一生的功课

我知道,在这些完美表象的背后,一定是她日复一日、年复一年的自律、辛劳、付出。她一定也有过沮丧、寂寞、挫折的时候。然而,她一定也像年轻时的母亲那样,依仗着昂扬的乐观、充沛的活力,还有对丈夫、对孩子、对生活满满的热爱,战胜了一切困难。

我一直有些纳闷,原本可以选择安逸的她,为何要这么打拼呢?

等我读到她写的《芙蓉树》这篇文章后,一切的疑惑都有了答案。

在这篇散文里,她讲述了多年前在故乡的家里,父亲种下的一株木芙蓉,对于她的特殊意义。那棵木芙蓉,美丽而顽强,在她的心中,代表着一种既卓尔不群又百折不挠的风姿。

二十多年过去,她在遥远的澳洲,惊喜地发现了一棵更高大、更丰腴的芙蓉树。

她在文中这样写道:"比起很多大树,她的肢体一点也不算伟岸挺拔;比起玫瑰或牡丹,她的花儿也谈不上娇媚富贵;她更没有茉莉百合的沁人芳香,可她却是那么精神,那么富有整体之美。她不单是花,也不单是树,我称她为花树,是因为她是花也是树。她的花和枝叶同享风流,互为陪衬。少一片绿叶便不谓茂盛,多一朵花儿就不似'繁星'而是'繁琐'。如此融洽的呈现,她的内心得是怎样的和谐完整?时值初夏,她从容地花繁叶茂;到了仲夏和早秋,她一样优雅地花繁叶茂。三余月的花季,不管风吹雨打日晒,她每天保持端庄洁净。如此持之以恒,收放有度,她的内心得具多么强大的定力!"

我以为,这段描述与感慨,正是她自己最精准最恰当的精神写照。

原来,她的勤奋,她的上进,就是因为,她不仅想做花,而且想做树。她要通过自己的努力,成就美好而强大的内心。

于是,她的人生既开出了美丽的花,又长成了挺拔的树。

我满怀深情,为她写好了一篇几千字的序言,序言的最后一句话是:"亲爱的,让我告诉你,你值得,值得拥有一切的幸福。"我把序言传给了她。

没多久,她的生日就到了。这天,她的散文集果真出版了,作为她送给自己的五十岁的生日礼物。

她的办事效率和执行力,又一次让我惊讶。前后不过一个多月的时间。此前她连出书的文稿都没有全部完成,有几篇文章只写了一些凌乱的开头。可是在这么短的时间里,她搞定了一切。

她在微信朋友圈里晒出了漂亮的新书,还有一个生日蛋糕,并写下了幽默的留言:"大五纪念!我玩成了,串了把坐家兼出版人。"

想到她如何在海外一个人带大两个娃,又如何考取文凭,如何考上当地公务员,我在心里不断感叹:这海外的经历真是锻造人啊,还有什么是她做不到的呢?

五十岁,我想,她送给自己的,除了一本书,更重要的是,这种自强不息的励志精神:

想到了什么,就去做。有什么梦想,就去追。无论你多少岁。

灾难，会在谁的肩上突然降落？

一个未曾谋面的读者，给我打电话，告诉我，她的丈夫因为脑部手术而成了"植物人"，昏睡在床上已经三年多了。他留给她的最后一句话，竟然是"我好痛啊——"此后，深度昏迷，再无交流。这位读者在电话中泣不成声，她说："好几次，我痛苦得都差点跳了珠江……"

那一刻，我浑身僵硬，缓不过神来。几年前，这位读者刚刚跟我联系的时候，还是一位拿着高薪、拥有幸福生活的深圳白领。她的孩子刚上小学，丈夫也在一家公司担任重要职务，家里有车有房，日子滋润惬意。她很喜欢我写的小说，辗转与我联系上，只是想问问我有关写作的经验。因为她在工作之余，也希望能写点东西，圆一个女文青跳动不灭的文学美梦。

我们不常联系，偶尔在电话里谈谈写作。那时，她给我的感觉是上进、好学、追求生活品位，一副都市丽人的阳光形象。

灾难的降临是没有任何征兆的。

她说，她丈夫突发脑溢血，送进医院做手术，然后就再也没有醒来了。他们找了各种关系，甚至从北京请来了最好的医生，都没能把他唤醒。

她丈夫发病的时候，还不到四十岁。一个植物人，他的生命，只能是在每时每刻耗费大量的人力物力财力之上，毫无希望和尊严地维持着呼吸。不知道他有何感受，也无法与他做任何交流。

她原有的世界，就此发生了一场大地震，彻底地倒塌了，瓦解了。

活下去，领着这个家庭里剩下的老人和孩子，怎样顽强地活下去，成了她唯一的信念。但这个信念像是用刀在心上雕刻出来的，每一刀，都带着血，带着泪，带着对老天不公、无法想通的怨恨，带着支撑不下去的悲伤与崩溃。

我无法安慰她。任何的语言在这样的灾难面前，都是苍白无力的。

想到多年前，我曾去一家商场购物。元旦前夕，风和日丽，商场里洋溢着欢乐的节日气氛。突然，我被一阵慌乱的脚步和呼喊所惊扰。纷至沓来的人群，吵吵嚷嚷的议论，报警的报警，追寻的追寻，紧张得像是恐怖袭击后的案发现场。所有的摊贩都不做生意了，全部伸出头来，互相打听。

我终于知道了，一个年轻的母亲抱着幼小的儿子去逛街。她看中了一件呢子大衣，就把还不会走路的孩子放在货架旁，自己去试穿衣服。她并没有离开那个地方，可过了几分钟，当她把目光从镜子上移到身边时，她惊骇地发现她的儿子不见了！那个卖服装的人一直跟在她的身旁，居然也没留意到顾客的儿子丢失了。

那时，我看到了一张少妇的脸。她脸上的表情，至今仍令我感到不寒而栗，锥心刺骨。

她的头发像通了电似的支棱起来，使她的脑袋看上去比一般人要大上一倍。她的脸上居然没有泪水，却蒸腾着散发出浓烈气息的雨般汗水。她没有目的、丧魂落魄地在商场里来回窜着，嘴里嘶哑地叫喊着儿子的名字。

那是一张崩溃得发疯的脸。那是一张绝望得失去了意识的脸。那是一张生不如死的脸。她似乎还不甘心也不相信她的儿子真的失踪了。

十几分钟过后，那些寻找的人都回来了，都没能带来什么好消息。当我脚步发软、神情恍惚地离开商场时，只见几个身穿制服的警察，已经匆匆忙忙地赶了过去。

我想，所有被拐卖的孩子，都有一个如此这般、不能回首的时刻。所有丢失孩子的家庭，都是这样陷入了万劫不复的苦难深渊。每一个灾难的背后，实际上都有一片巨大的塌陷的世界啊！

生活就是这样向我们展现了它最为残酷的一面。

在灾难没有到来时，我们每个人可能都以为自己是个幸运儿，可就在你毫无防备、云淡风轻的时候，危险突然兜头而下。

不管是天灾，还是人祸，都行使着一种最没有逻辑、最不讲道理、最霸道、最白色恐怖的手段。那是一种天罗地网似的黑暗，血肉之躯没有谁能挣脱。随后，你就会在无边无际的冰冻中，透彻地品尝和咀嚼到人生的脆弱、个人的渺小、痛苦的无边，以及人生无常的真正内涵。

不过，人是一种冷漠又健忘的物种。当我们在媒体上看到一些有关灾难的消息时，我们也会痛心，也会悲伤，也会同情，但其实，我们无法做到真正的感同身受。因为，那是"别人的灾难"，与我们隔着安全的距离。我们转眼即忘，没心没肺。

人性的自私与狭隘，在这一点上暴露无遗。任何人事，只要与己无关，我们的关注度和同情心就显得轻淡、短暂。就连生命的消失，也引不起多大的波澜。陶潜诗云："亲戚或余悲，他人亦已歌。死去何所道，托体同山阿。"

而一针见血看透人性的鲁迅先生说："时间永是流逝，街市依旧太平，有限的几个生命，在中国是不算什么的，至多，不过供无恶意的闲人以饭后的谈资，或者给有恶意的闲人作'流言'的种子。至于此外的深的意义，我总觉得很寥寥。"这段话，虽是在灾难发生之后的悲愤之语，却也道出了不少人性的真相、社会的现实。

我们不明白，灾难的降临，其实只是个概率事件。那些遭遇灾难的人，实际上是在帮我们这些尚且平安无事之人，承担了那些倒霉的概率。

向所有在苦难中煎熬和承受的同胞们致敬吧！命运选择了他们做那些残酷的实验，从而使我们得以逃脱。

千万不要漠视他人的痛苦，因为下一个受苦的可能就轮到了你。

千万不要袖手旁观，因为那些遭受苦难的人，原本就是在为整个人类承担那些可怕的概率。

当然更不能幸灾乐祸，那实际上是一种极大的罪孽。

地震、台风、暴雨、海啸……防不胜防的天灾。

战争、事故、犯罪、贫困……层出不穷的人祸。

在全球范围内，每一次平凡的日出之后，将有多少人会在这些无法预料的天灾人祸中，就此离别亲人，失去生命，再也无法看到下一个日出？

每念及此，我便感到，我活在这世上的每一个平安的日子，实际上都是那些遭遇不幸的人，用他们的不幸概率为我换来的。

人总是喜欢"常"的，花常开，人常在，情常留，花好月圆，天长地久。可是，这只是人的一厢情愿。

现实总是无常的，一切在流逝，一切在凋零，一切在变迁。古人早就总结了这种无常：盛筵必散，月满必亏，又说：居高常虑缺，持满每忧盈。

人生就像一只飘浮在空中的气球，看上去优哉乐哉的，可是，只要小小的一根刺，它就会在顷刻间崩塌破碎。

灾难如乌鸦一样，盘旋在人们的头顶，我们不知道它会挑选谁的肩膀，突然降落而下。命运中所包含的那种无能为力的脆弱性，无法把控的随机性，转瞬之间，就能轻易戳穿人类狂妄自大的浅薄嘴脸。

难怪白居易在《对酒》一诗中这样感叹："蜗牛角上争何事？石火光中寄此身。随贫随富且欢乐，不开口笑是痴人。"

是啊，人生如此渺小，如此短暂，还有什么好计较、好争执的呢？面对无常，我们唯有未雨绸缪，居安思危，对生命饱含敬畏，对他人心怀悲悯，减少贪欲，珍惜拥有，以一种豁达、感恩的心态，抵御人世间的雨雪冰霜。

在猝不及防的灾难面前，脆弱的人类，最聪明的选择或许就是：不管是熟悉还是陌生，我们都要彼此怜惜，相互帮助。

十六世纪一位英国诗人曾经说过：每个人都不是一座岛屿，而是广袤大陆的一部分。所以，永远不要去打听丧钟为谁而鸣，它就为你敲响。

除了祈福，我们还能说些什么？除了共担，我们还能做些什么？

比起肉体，我更热爱灵魂

生平最骄傲的事之一，就是，怎么吃都吃不胖。

年轻时长期保持不超过 100 斤的苗条身材，就是年过不惑，腰身依然窈窕，小腹依然平坦，脚步依然轻快。于是，总喜欢在饭桌上，毫无顾忌地一边左右开弓，大快朵颐，一边沾沾自喜，大言不惭："我就是这样的体质，吃的比男的还多，可就是不长肉。"

我想，若饭桌上此时有个正想减肥的胖子，一定会恨得牙痒痒，只想给这种卖弄式的自夸者，来两记耳光：真是饱汉不知饿汉饥，尽挑别人的痛处戳。

也许是招致的仇恨，积攒得太多，好了，这下报应来了。

今年夏天，我发现从前合身、漂亮的连衣裙，怎么也套不进去了。有件总算勉强穿上了，但飘逸款瞬间变成了紧身款。天哪，这是出现了什么可怕的魔法了吗？

再低头打量自己，哇，这胳膊是胳膊，大腿是大腿的，肉嘟嘟，胖乎乎，跟广场舞大妈好有一比了！

当即，心头一沉，如坠冰窟。什么时候，我已经迈入微胖界，从一个标准化瘦子蜕变成半成品胖子了呢？

年近半百，年轻时的美梦与骄傲，都已耗散得差不多了。这剩余不多的对体重的自矜，又在不知不觉中，消逝无踪。

真是无可奈何花落去，风吹云散水自流。

终于，胆战心惊地站到了体重秤上。抬眼一扫，不，再扫，细扫，即将赶上怀孕期的史上最重记录了。这一惊吃得不小，但出乎预料，我并没有自己想象中的那种如临大敌般的紧张和沮丧。

从体重秤上迈下来，没多会儿，我就恢复了平静。饭桌上，决心下得气壮河山："本人开始绝食，一个星期内，保证瘦回原样。"

家人同来劝慰:"你这种还不叫胖,只能叫有肉。"

"绝食?别饿出毛病了!"

"年纪一大,发胖正常,不胖才怪呢。"

"是身体重要,还是身材重要啊?"

——众声喧哗中,我减肥的念头,刚一冒出就缩了回去。

有这些只在乎我健康、不在乎我外形的家人存在,我在微胖界的生涯,看来还得持续下去。

前段日子,出门旅游了一趟。无边无际的绝美风景,仿佛置身天堂。而浓烈淳朴的慷慨人情,又仿佛暖流包裹。乐不思蜀中,面对一桌子的美味佳肴,终于抵不住诱惑,大口大口地吃!吃!吃!恨自己只长了一张嘴,一个胃。

游玩时的照片传来了。那脸盘,那腰身,乍一看,像看一个陌生人。再辨认一番,只想捂住自己的眼睛。然而,我并没有什么难堪、遮掩的心思,反而自嘲一笑,对家人说:"瞧瞧,这都赶上'熊出没'的效果了!"

一个以苗条身材为傲的人,居然迈入了微胖界,这算是人生的一次转折。

而这个微胖界人士,居然对外貌毫不在意,懂得自嘲自黑,这是人生的另一次更大转折。

曾几何时,这个虚荣、脆弱、自傲的女生,虽则在书本中、文字中,大谈心灵的高妙与美好,但在现实生活中,却爱以貌取人。看到俊男靓女,立刻眼放光芒,柔情四溢;而对于相貌不佳者,随即失去了探究的兴趣。才华与美德,只有与颜值结合起来,才能被这个幼稚的女生所欣赏,所敬佩。

很早之前,她就知道了英国唯美主义运动的倡导者王尔德的名言:"这个世界上,好看的脸蛋太多,有趣的灵魂太少。"然而,真正在现实生活中理解这句话,还得在多年之后。

为此,她错过了一些有趣的美好的灵魂,只因为那些灵魂的外包装欠佳。

为此,她盲目地喜欢过一些徒有其表的男女,直到惊觉他们的灵魂,带着刺鼻的酸臭。

其实，外貌之美，与灵魂之美，并不矛盾。既有表里如一的真君子，又有道貌岸然的伪君子。但年少时，人们往往睁不开那一双分辨内在美丑的慧眼。

不，不仅是年少时，有人终生都睁不开这双明眸慧眼。

所以她是幸运的。在岁月沉淀、世事砥砺、人到中年之后，她终于脱去了浅薄的有色眼镜，学会了透过现象看本质，学会了包容现实的无奈与丑陋，真正懂得了人心的瑰丽奇妙，灵魂的纯真美好。外表的亮丽光鲜，有时候反而像一层遮羞布，掩饰着灵魂的空虚与腐败。

颜值即正义吗？请别再人云亦云，自感幽默了。弄不好，这是要翻船丢命的。

了解王尔德生平的人都知道，他的一生就毁在这句话上。那么聪慧、出类拔萃的大脑，到底抵不过"波西"（阿尔弗莱德·道格拉斯）的惊世美颜。为了这枚举世无双的"小鲜肉"，他痴情付出，无限宠溺，却惹来牢狱之灾，耗尽万贯家财，导致声名狼藉与英年早逝的致命后果。

当然，对比于历史上为美色而丢了性命与江山的昏君来说，王尔德的故事也不算太离谱。

从某种意义上说，美色就像一层诱人的蜜糖，它包裹的可能是断肠毒药。

睁开慧眼，看清灵魂吧。善良、真诚、平和、谦虚、慷慨、包容、有趣、上进，这样的灵魂，就算没有养眼的皮囊包裹，也能让人如沐春风。

青春总会流逝，美颜总会凋谢。但是，优雅的女人不会害怕皱纹，高贵的男人不会在意肚腩。内在美，向来历久弥新，经得起岁月风霜。

除了相貌之美，这世上还有多少令人怦然心动的人性之美啊：困难中的扶助，危机中的从容，卑微中的尊严，平凡中的知足，追求中的顽强，竞争中的大度，冲突中的克制，诱惑中的自律，名利中的谦让，诺言中的坚守，创造中的激情，奉献中的忘我……

而灵魂的暂住地——那层血肉皮囊，它有无法挽回的速朽性，也有无可避免的脆弱性，它的魅惑力，实际上浅显单薄，一览无余，就像一朵有色无香的花。

是美好的灵魂，为人注入了那缕香。

在消费与商业时代,"颜值即正义"被市场大潮不断地推波助澜。几乎人人都在现代生活中,自觉或不自觉地变成了"外貌协会"的会员。健身、美容、整形、塑身、减肥、服饰、时尚……为了打造与维护肉身之美,人们耗费着无穷的时间、精力和财力。

而我淡淡一笑,看到了那些努力之后的艰辛、束缚与虚妄。

于现在的我而言,皮囊的美,是甜甜的大众饮料,是一眼望穿的清浅小溪,是有限的色欲欣赏;而灵魂的美,是醇香的陈年佳酿,是惊心动魄的壮美山河,是无限的境界升华。

这个曾经特别在意外貌与别人眼光的女生,从前下楼买包盐,也要涂脸画眉,精心打扮。如今,她摆脱了外貌的束缚,总爱穿着最朴素最方便的衣裤和鞋子,素面朝天,简单随意。

这是一种大自在,也是一番新自由。

光阴的故事,有喜有悲。变化看似无痕无迹,其实无处不在。既然变化是人生铁的定律,既然肉身的衰败不可阻挡,那么,我们唯一能做的,就是让自己的灵魂,越变越美。

岁月流逝中,我的先生常常对我说:"衡量一个人活没活成功,就要看他变老之后的心,是不是变得更宽厚、更柔软了。不管一个人取得了怎样的成就,如果他的心越变越硬了,那么就可以断定这个人,活得很失败,也没有活明白。而一个平凡之人,如果老了之后,心变得越来越柔软,那么就可以断定,他的人生依然很值得,很美好。"

这段话,时时在我耳畔回荡,让我感同身受。

虽然,如今的自己,并不完全符合从前的理想,却也是我能够坦然接受的平凡现实。

为了这份坦然,我在心里为自己鼓掌。

我还要在微胖界待多久呢,还要不要减肥呢——管它呢,我不在乎。

初入微胖界,行动起来已经感到少许笨拙,走起路来也似乎失去了一点轻盈,哈哈,各位亲友,请多包涵,请多关照哦。

明明是贵族，为什么变成了狗？

二十多年前，我正处于二十多岁的大好年华。那时，我单身，也没有交男友。工作之余，我开始给报纸写文章。都是千字以内的豆腐块。可我哼哧哼哧的，写得超级自嗨，超级认真。每一个豆腐块，都被剪下、保存，在孤寂的夜里，兀自闪亮。玫瑰色的作家梦，就是从那时起，在遥远的天边，向我招手致意的。

记得，当时特别流行一个词：单身贵族，所有的时尚媒体，都在为单身贵族唱赞歌。为此，我也专门写了一篇小文，发表在报纸上。文章里有这样的话：

"单身"与"贵族"似乎并没有什么关联，但如今它们成了一个很流行很时髦的称谓。单身的，也是贵族的：生命完全是自己手中放飞的风筝，线只牵在自己的手中。你可以凭自己的喜好给未来涂上任何色彩。单身的魅力，在于这一份在纷涌繁杂的尘世中昂首挺胸、把泪流进心里的独立和忍耐；在于这一份无法把自己托付出去又不愿把自己托付出去的孤独和坚强；在于将温情敏感与傲然冷漠集于一身的矛盾和神秘；在于一种无从把握、洒脱不羁的风致和哀怨……

单身告诉我们：自由是这个世界上最美好的东西。

瞧，多年前，这幼稚的拗口的文艺腔，只是在说，单身之所以是贵族，是因为它意味着独立、自由、洒脱、坚强。我一直以为，这是一个像太阳从东方升起之类的常识，不言自明的。

然而，等我的女儿长到二十出头的如花妙龄，我突然得知，单身贵族这个词，早已寿终正寝，被送进历史博物馆了。从她的嘴里，我知道了一个新词。可是这个词却让我百思不得其解。

第二部分 岁月如河

单身，不知从何时起，竟然与狗连在了一起。单身狗。——这怎么可能？

在我所有的认知、所有的人生直接经验和间接经验中，我看到的事实都是：二十多岁的单身青年，处在他们最美妙、最珍贵的人生阶段。有大把自由的时间，有大把尝试的机会，可以全力以赴地为梦想付出行动，可以心无旁骛地为成长积蓄能量。可以发发呆，可以做做梦，可以犯犯错，可以冒冒险。不管开始干什么都还来得及，而且不管想干什么都可以马上付诸行动，没有任何拖累和牵绊。

人生到了这个阶段，父母不会再像读书时代那么严格管束了，恋爱的风雨和纠结还未降临，琐碎的家务也无须承担，最沉重的养育孩子的责任，还是缥缈的一个梦境——单身青年，让多少被婴儿折腾得焦头烂额的年轻父母，羡慕得只剩下恨了！

于是，这些过来人，微笑着晒幸福：夫妻的甜蜜旅行，幼儿的纯真笑容，或许还有豪华的家装、气派的越野车……他们掩饰掉了家庭生活里太多的蟑螂似的烦恼。

比如，他们只会晒出孩子的天使模样，而不会告诉你，母亲生孩子时遭受到的鬼门关般的考验，大人被婴儿的哭声惊醒后那疲惫不堪的夜起，还有一次次请假赶往医院儿科门诊时的心急如焚……

比如，他们只会晒出，生日时伴侣送的玫瑰花束和温馨蛋糕，而不会告诉你，夫妻间因各种小事引发的争吵、怄气、流泪、抱怨。还有，丈夫偷懒后的搪塞，妻子唠叨后的发泄，彼此看不顺眼的生活习惯，夹杂着公公婆婆、岳父岳母等各种矛盾的无解难题……

其实，以上种种婚姻烦恼，还属于那些风平浪静、白头偕老型的正常夫妻的。若是碰到什么酒鬼、赌鬼，或是家暴、出轨、包二奶、骗财之类的烂人烂事，那你就只能在十八层地狱里痛苦挣扎了，能不能爬上来，真得看自己的造化。

我猜想，单身狗这个词，或许就是这些掉进了婚姻泥潭的已婚人士发明的。他们自己上了老一辈的当，受了过来人的骗，发现无法回头之后，就想让那些未经世事的年轻人，都来上上当，尝尝苦。受苦的人越多，自己得到的安慰也越多，说服自己的理由也越充分，因此自己的苦，便不显得那么苦了。

还有一种可能：涉世未深、不通世故的单身青年，看到各种美好得像电影大片的婚纱照、洋娃娃似的可爱宝贝，无比羡慕，无限神往，将别人晒出来的瞬间幻象，当成了现实生活，从而在对比之下，觉出了单身的凄凉孤苦，自嘲为单身狗。

当然，还有更大的一种可能：人，普遍受不了孤独，学不会独处。

一个人度周末，一个人看电视，一个人逛街、吃饭——世上还有比这更难熬更悲惨的事情嘛？相比于家庭的烦恼、责任的捆绑、矛盾的纠缠，一个人宁愿选择沉重的负担，也不要独自的轻松。在他们眼里，自由虽好，独立虽好，但与孤独相伴，都一文不值了。单身狗，或许，只是对孤独的无法忍受。

由此看来，对于大多数人来说，这个世界上最难忍的，不是穷，不是苦，不是累，不是烦，甚至也不是平庸，而只是——一个人自己独处。

但是，作为一个爱说真话的人，我依然想讲述一个事实：如果，单身是狗，那么成家的人，只能是狗都不如！

哈哈，别喷我。公平来讲，我结婚多年，也受宠多年，我从不反对结婚成家。我想强调的只是：自由是人生的无价之宝。自由的单身青年们，毫无疑问是贵族。

命运仿佛早已注定

那是十几年前的事情了。大约在 2000 年前后吧,具体日子已记不起来。当时,我在珠海电视台做记者、编导,还兼着经济生活频道的副总监。金山公司是珠海的明星企业,只要谈到 IT,一定会提到金山,而只要提到金山,一定会提到求伯君。

求伯君,在我们这些电视编导的私下交谈中,都把他定位为"民族英雄"。一手创办 WPS,以极简陋的开发条件,抗衡巨无霸的微软。特别是他在软件开发最困难的时候,卖掉自家别墅,拒绝高薪收买,带着一个小团队,使 WPS 成为民族软件中的一枝独秀。

种种事迹,已然让求伯君成了一个带有光环的人物,堪比明星。一些对电脑、网络感兴趣的男记者们,都将他视为偶像,对他早年的"写码生涯"如数家珍。中国第一程序员的魅力,在他们的口口相传中,早已披上了大神的外衣。

而作为一个文科毕业生,一个严重的"技术恐",一个当时的电脑盲,我对这些故事虽怀有敬意,但缺乏了解。出于良好的职业素养,我查看了一些资料,准备了采访提纲。就这样,我带着摄像记者,来到金山办公大楼,采写拍摄一篇以求伯君为主题的报道。

见到求伯君时,他是金山公司的董事长,有着成功人士的气派与风度。高大俊朗的外形,亲和温暖的笑容,还有多次与媒体打交道的经验,使他在镜头前,挥洒自如,雍容大度,一点都看不出"理工男"惯常的拘谨和严肃。

求伯君简单介绍了一下自己创业的情形、公司的发展思路之后,就向我们引荐了一位年轻人。他说,关于公司的具体情况,你们还是问雷军吧,公司方方面面的事情,现在都由他具体负责。

然后,我就见到了三十岁左右的雷军。他比求伯君显得瘦小、精干,穿着正规的西服、衬衫，浑身上下一丝不苟，没有一点不修边幅的随意。他的脸上和眼睛里总是闪耀着一种兴奋的光芒，显得特别阳光和朝气。他精力充沛，动作快，脚步快，带着我们参观公司，跑上跑下，拍摄镜头，一点都没有做"领导"的样子，反而像一个起步不久、事无巨细都冲锋在前的上进青年。

雷军也是一个反应极其灵活的人，特别明白我们的采访意图。你还没问他什么，他似乎就知道你需要的到底是什么。说到公司发展时，他立刻强调无论多艰难，也要坚持打造民族品牌；说到公司的氛围时，马上介绍他们的程序员是如何顽强打拼，一天工作十几个小时都毫无怨言的。说到求伯君时，雷军的话语里充满了对他的尊敬，还有一种对他的知遇之恩的感激。

这么多年过去，具体的采访内容，已经记不分明。但雷军以他的热情、干练、勤奋、聪明，给我们留下了深刻印象。

通过采访下属员工，我们当时就已经知道，求伯君因为身体原因，也因为淡泊超然的性格，实际上已不太管理公司的具体事务。公司一应内外事务，大多由雷军负责打理。而雷军在员工的心里，就是个"拼命三郎"。他带头吃苦、加班，敬业到员工无话可说、不得不服的地步。

出于一个记者的敏感，我感到年轻的雷军身上，有那么一股绝不放弃、特别想赢的拼劲与韧劲。我想，这样一个整天像打着兴奋剂工作的人，一个对自己严格要求到苛刻的人，一定是怀有理想和激情的。这个年轻人的心里，一定深藏着一个属于自己的遥远但清晰的蓝图。

但雷军那时候并没有光环。那时，所有的光环都是属于明星人物求伯君的。我们的镜头也以求伯君为主，公司、雷军、员工的采访和镜头，都不过是他的陪衬。

等到十几年后，随着小米的崛起，雷军一跃成为闪闪发光的企业明星，而这时，求伯君似乎已经退出了大众的关注视线。我想，这中间发生的一切，既是个人的选择，更是性格的必然吧？

实际上，我并不以为，成为一个万众瞩目的明星，就是值得羡慕的事情。我以为，你能成为你自己想要成为的人，才是了不起的事。

对于大多数不爱过度曝光、不喜激烈竞争、不愿整日辛苦、不想尝试

第二部分 岁月如河

多变的人，成为聚光灯下的明星，也许反而是一条让人疲惫与痛苦的道路。

无论怎样，雷军和求伯君的故事，或许只是表明了，他们都忠实地遵从了自我，并且各得其所。

雷军的快速上升，惊人成长，给我一个最强烈的感受还是：天道酬勤——

这个勤，是充满能量、自觉自愿的勤。是智力与体力均衡付出的勤。是日复一日、年复一年、持之以恒的勤。是不断学习、敢于突破、求新求变的勤。

看过雷军干活的人，或许都有这样的感觉：这样的人不成功，恐怕天理难容。

所以，等我多年后，在媒体上看到雷军制造的各类新闻时，我没有一点意外的感觉。我心里想的是：就是金山公司的那个"劳模"小伙子吧？那么聪明，又那么努力。一定就是他。

这个世界真的公平啊，残酷无情的社会法则，其实遵循的也是能量守恒定律。有因，才有果；有果，必有因。因果分明，得失平衡。

这种因果分明的例证，在另一个人身上，也得到过充分体现。这个人，就是与雷军打过10亿元赌约的董明珠。

恰巧，董明珠也在珠海。格力电器，是珠海的另一家明星企业。多年前，我也采访过她。

那应该还是20世纪九十年代末期的事情。我记得那时，董明珠是格力电器分管销售的副总。我们采访时，她出去办事，还没有回到办公室。她的下属先接待了我们。一谈到董明珠，我就从他们的眼睛里捕捉到几许畏惧，不，应该是敬畏，又佩服又有些害怕的表情。

他们讲到董明珠特别严格的管理制度，讲到她如何身先士卒、自己做表率，讲到她傲人的销售业绩，也讲到她的不留情面。

当时，还有一个小插曲。我们采访前，一个熟人想买格力空调，他托我们向董明珠要张优惠的批条，说是优惠价比市场价能节省几百元。但听了董明珠下属的介绍后，我们谁也不敢把这个想法说出来了。据下属说，董明珠办事特别讲原则，曾拒绝过好多"关系户"的优惠请求。她不怕得罪人，一心为公，制定了规章制度后，一切都按制度办，很难通融。

等我们见到这位"铁娘子"时，她给我的感觉，正是想象中的能干利落、风风火火的女强人。她长得端庄大气，身材也比一般的江浙女性高大，身上的刚性比温柔的成分要明显很多。而且，她并不刻意隐藏自己的强势，更不刻意表现出亲和。

她所有的谈话，都围绕着格力的产品。说起产品来，她滔滔不绝，从内心发出自豪与珍爱的情感。她让我们明白，一个优秀的销售员，他们的爱都给了他们所要推销的产品。他们在产品上，倾注了真正的情感。

当时，董明珠给我最强烈的感觉，就是她太爱自己的公司、自己的产品了。那种爱，是将公司当成家、将产品当成孩子的爱。那种爱，天经地义，气场强大，仿佛带有一种护犊般的母性。这样的人，再加上铁面无私，毫无畏惧，执行严格，兢兢业业，你说，她能不变成现在的董明珠吗？

不，所有的一切，早在多年前就注定了。当我此后在媒体上看到董明珠的任何新闻时，我都会在心里莞尔一笑。这一切是多么熟悉，多么顺理成章啊。

这个世界上，有那么多的人，还在抱怨命运的不公平。也许，年轻时代的我，在遭受挫折的时候，也曾浮出过这样的感喟。但，随着年岁和阅历的增长，我越来越强烈地感受到命运的必然，那种不讲情面的公平性。

作为前资深记者，我有幸采访过各行各业的人。很多人在他们年轻时，就显出了他们今后所要呈现的人生轨迹。这种命运的端倪，跟当时你所处的位置、你扮演的角色关系并不大，而跟你具备的综合素质，你的性格、脾气，你的长板、短板，你的目标、追求，你的风格、气场，你处理事务的方式，你待人接物的态度等这些因素，密切相关。

比如，我曾采访过一名合资企业的技术人员，从她接洽媒体所做的准备、态度和访谈中，从她的工作作风上，我不止一次地在背后预言，她将来一定会走上从政的道路。十几年后，她果真跨越了多重障碍，做了一名正厅级女干部。

是啊，没有人可以随随便便成功，也没有人可以随随便便守住成功。

"欲达高峰，必忍其痛。欲戴王冠，必承其重。"

你要光,那就必须接受光芒之下的阴影。你讨厌阴影,那就只能躲在黑暗里。你想手握娇艳的玫瑰,那就备足不怕刺扎的勇气。如果害怕刺扎的疼痛,那就不要觊觎玫瑰的芳香与美丽。而不少人的纠结痛苦,其实源于活不明白。他们不知道,舍得舍得,必须有舍才有得。既然舍不了,必然得不到。

因为,世上所有的东西,都标注着代价。你付出什么,就会得到什么。当然,这个付出,并不仅仅是简单的时间付出、劳力付出这些硬性指标,它还包含有更复杂的内容:天赋、情感、个性、爱好、价值、判断、心态、取舍。

总之,这是一个化学反应。你投入的东西,随着时间发生着化学变化,最终得到的,就是你应该得到的东西。

当然,这并不是一蹴而就的转变,而是日积月累的结果。

同样是面对磨难,有人用良好的心态与坚韧的毅力,走出了困境,那磨难反而变成了人生的花环;而有人深陷磨难,怨天尤人,自暴自弃,那磨难就成了命运坎坷的佐证。

也就是说,在人生的牌桌上,拿到什么牌并不重要,重要的是,你的打法与心态。什么样的牌,都有赢有输,有苦有乐。

上天的牌理就是,童叟无欺,公平合理,而且,风水轮流转。谁想坐庄,谁就得拿出坐庄的实力与姿态,否则,很快便会被别人取代。

古人说,祸兮福之所倚,福兮祸之所伏。实际上,福祸在人,自有公平。

那些卑微的爱情，都换来了凉薄的一生

近来读到小说家严歌苓写的一篇散文《母亲与小鱼》。读后，有一种无法化解的悲凉与伤感，萦绕于心，久滞不去。

一个十八岁的姑娘，美貌，嗓子好，风头足，包揽了歌剧院的所有主角儿，却悄悄动了芳心，爱上了剧院多才多艺的副团长。她主动提出为他抄写书稿，然后在送还的书稿中，夹张纸条：我要嫁给你！果然，她嫁给了他。

这仿佛是个才子佳人的浪漫故事。可是，现实的逻辑并不会这样天真地演绎。在这场爱情里，妻子始终如个笨拙的女孩，全身心地爱着她的丈夫。能感觉到那种似烈火焚心的爱，一直在她的胸膛里，噼啪地爆裂。可惜那个被爱的丈夫，却始终进不了角色。他之所以娶她，或许只是感动于她的热烈，或许只是一种顺其自然的选择。他从来都是忽视她的。她千般万般的美好，都映不进他的眼，他的心。

在最艰苦的岁月中，丈夫去了乡下"劳动改造"。一贫如洗的家里，拿不出什么好食物。妻子只能一晚上剖了几百条小鱼，腌好，晒成柳叶大的小鱼干，然后，一条条地在锅里用油煎过，托人带给乡下的丈夫，改善伙食。

最让我感到痛心的是，对于这几百条香酥可口的油煎小鱼，两个幼小的孩子，却只能在一旁眼巴巴地吞咽着口水，吃不上一口。母亲的理由是：爸爸现在好瘦啊，孩子长大了有得吃呢……

看到此，我不禁在心里悲愤地呐喊：是什么样可怕的爱情，让一个母亲，连自己年幼的孩子都可以不再怜惜呢？母爱，不是这世上最本能最强烈的爱吗？可是，为什么，在这个盲目付出的母亲眼里，她那个永远不在乎自己的丈夫，比她的亲生孩子还要重要得多呢？

这样的爱情，有多么的愚蠢，又有多么的卑微啊。卑微到让人咬碎牙根。

当然，这样严重不对等的爱情，不可能有好结局。丈夫在走出患难之

第二部分 岁月如河

后,依然选择了与妻子离婚。他的理由只有一个,他一天也没有真正爱过她。他爱上了另一个更美的女子,并娶了她。

喜欢严歌苓的读者,恐怕对她父母的爱情故事,都会知晓一二。她在小说中,也几次写过类似的情节。或许是出于对父亲的庇护,从她的文字中,对辜负了母亲的父亲,我看不出一点责怪,反而透着一种深深的理解。

起初,我还有点为她的母亲愤愤不平。那么呕心沥血地爱了一辈子,却换来如此凉薄的结局。这样的辜负与背叛,并不是能够轻易放下和原谅的。况且,两个孩子也没有完全站到母亲这一边,竭力维护母亲的尊严和权益。可是,联想到,当幼小的孩子们,面对几百条被送去给父亲吃的小鱼,自己却吃不到一条小鱼的时候,我突然明白了一点什么。怎么能责怪长大后的孩子,并没有站出来竭力维护母亲呢?母子间的血缘亲情,从来在这个女人的心中,就比不上她那盲目的爱情。

当爱情变得如此扭曲,如此卑微,低到尘埃里,你能指望它在尘埃里开出花来?

我以为,尘埃里的爱情,从来开不出花来。它只会引起他人践踏它的潜在欲望。既然都卑微到尘埃里了,谁不想有意识无意识地去踩上一脚?

这就是最真实的人性。

当然,再卑微的爱情,都没有谢烨的爱情卑微。她的结局也最悲惨。

依然是个美貌如花的女子。能干,开朗,善良,爱好文学。在诗人顾城的疯狂追求下,她不仅做了他的妻子,还做了他的保姆、母亲、秘书、翻译、粉丝、外联。她视顾城为神,崇拜他,宠溺他。他是她的主宰,又是她的婴儿。

直到那时,我们看到的还是一个崇拜者与被崇拜者之间的爱情。虽然不平等,但对于一个天才诗人来说,似乎也有一定的合理性。从来才子都是任性、傲娇、奇特的,人们对此都预备了充分的包容和谅解。

然而,当他们的孩子小木耳出生后,这个做了父亲的人,因为嫉妒儿子分走了妻子一部分的爱与关照,无法给予自己全身心的关爱,居然厌恶儿子,并且极其自私残忍地让妻子把尚在襁褓中的幼子送走,交给一家当地人抚养,并禁止妻子与儿子多来往、多接触。

令人吃惊的是,他的妻子在如此无理如此违背人性的要求下,居然毫

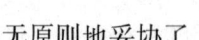

无原则地妥协了。

看谢烨写给小木耳的信，我有肝肠寸断的悲痛。

一方面，作为母亲，谢烨是那么热爱自己的孩子，思念自己的孩子，她多么想和自己的孩子待在一起啊，但另一方面，作为妻子，她又不得不屈服于丈夫的安排，因害怕丈夫伤害年幼的孩子，她无奈地接受了与孩子的分离。

这份以牺牲母子骨肉亲情为代价、自私到令人发指的爱情，让这个女人变得多么卑微啊。

至于后来，接李英上岛、两女共侍一夫的屈辱和荒唐，我都懒得提了。

毫无尊严的爱，卑微到至贱。这个曾经美好得像圣母似的女子，就这样被自己无原则无底线的爱情，毫无人性地践踏了。

零落成泥碾作尘，岂有香如故？

在这起悲剧里，每个人都有自己的责任。挥起斧头的人，固然残暴，但那斧头，不正是被害者，一直卑微地奉送上去的？

如果在爱情践踏了尊严底线的一开始，不管有多么痛苦，选择果断地掉头，决绝地离开，选择好好关爱自己、珍惜自己，以谢烨的美与善、才与能，她的人生，毫无疑问，将会迎来柳暗花明的第二春。

在爱情里，并不是你美、你好、你条件优越，你就顺理成章地能得到一切。

爱情，是两个人的心灵共振。你的心灵旋律哪怕比舒伯特的小夜曲更加动人，都不一定能遇上那个会产生共鸣的人。

人生的复杂曲折就在于，你爱的人，不一定能爱上你，而爱你的人，可能你并不爱。阴错阳差，从来都是世间故事的主题。

在爱情里，让两个人的爱，完全相等，旗鼓相当，恐怕并不多见。多见的情形都是，一个人的爱比另一个人的爱要浓烈一些。所以，问题出现了：你是选择你爱得多的那个人，还是选择爱你更多的那个人呢？

我想，每个人的答案，恐怕并不一样。但有一点，可以肯定，若想获得琴瑟和鸣的爱情，若想相伴相守走完一生，谁都不能一味迁就，无底线妥协，把自己的爱放在卑微的位置上。

为了爱，你放低自己，不断地放低，直到最终失去了自己。而一个失去了自己的人,你连自己都不爱了,凭什么还叫别人来爱你?

这个为了爱情,不断迁就、不断妥协、一味取悦、一味讨好的人,这个被虚幻的爱情冲昏了头脑、最终失去了自我的人,其实,他(她)在对着自己的爱人说着这样的潜台词:"我被不被你爱,被不被你尊重都是不重要的,只要让我好好地爱你就行了。"

既然你都把自己当成了爱的奴隶,那你爱的人,自然会拿出奴隶主的态度对待你。而一个奴隶,不都是召之即来挥之即去、随意被践踏被侮辱的命运吗?

越爱越卑微,越卑微越爱,这就是那些因爱成奴的人,极可悲的恶性循环。

这是人性天然的跷跷板。一个人的卑微,必然导致另一个人的跋扈。一边是忍辱负重,另一边必定是毫不在乎。

我爱你,可以与你无关。但我是否选择与你一起走下去,就与你是否也爱我密切相关了。

相爱的人,都不一定能浓情蜜意,共度一生,你还幻想一个不爱你的人,与自己冷暖相知,白头偕老?人世间会遇到那么多无法预测的波折、磨难、变迁,你怎能把自己的未来,如此不负责任、如此随意低贱地打发掉?

每一份卑微的爱情后面,都有一个卑微的自轻自贱的灵魂。

你想把自己托付给爱情,可是,爱情,也只青睐那些有分量有力度的灵魂啊。

无论有多么爱爱情,都要留一份充足的爱,给自己。

因为,卑微,从来不是爱情的面貌,而只是软弱和盲目的表现。

因为,低到尘埃里,也长不出爱情的花来,而只会冒出低贱的荒草,任人践踏。

爱情,原本是让我们容光焕发的灵药,是让我们积极进取的动力,是让我们抚慰身心的港湾,它,怎么可能会舍得让爱人小心翼翼,处处妥协,显出卑微的样子呢?!

爱情,真的爱情,就在于是否包含有这份对爱人的不舍和怜惜啊。

天难免雨，人难免丧

日本著名导演是枝裕和的电影，常常表现有关"丧"主题的人物。在失意失落的人生背后，有着怎样的人情冷暖？打动人心的，究竟是哪一种静水淡云般的平凡生活？

在《比海更深》这部影片里，就有一个彻头彻尾的"丧"主角。他是一个五十岁的中年大叔，落魄潦倒。年轻时曾以作家出道，但自从处女作获奖之后，就再也写不出什么作品了。后来他在一个小小的私人侦探社供职。他原本想借这个工作，收集小说素材，可是现在却成了自己唯一的收入来源。他的日子过得失意又拮据，常常为钱发愁，窘迫到在母亲家里翻箱倒柜地找钱偷钱。他与去世的父亲品性相似，好赌，眼高手低，逃避责任，一事无成。这导致妻子带着儿子与他离了婚，而他常常捉襟见肘得拿不出该付的抚养费。

这个全面失意的中年男人，由影星阿部宽扮演。高大俊朗的外形，若是春风得意的人设，那一定是迷死人不偿命的少女杀手。然而，在这部电影里，主人公邋遢，潦倒，胡子拉碴，衣着简陋，神情颓然，是个被生活彻底打败的人。他在一次与女雇主的会面后，用便条贴记下了她的感慨："我的生活究竟是从什么时候开始变坏的。"毫无疑问，这句话深深触动了他。

我想，所有经历着"丧"的人，或许都会拷问自己：我的生活怎么会变成这样？我究竟是如何变成现在的自己的？

其实，他们不知道，这就是大多数人的普遍状态啊。时间终会证明，除了少数幸运儿，我们都成不了年少时理想的自己。

追求梦想的人，多如牛毛，而实现了梦想的人，却寥若晨星。

在时光之轮的碾压之后，我们满头风霜，一身疲惫，无奈地接受了被理想抛弃的命运。这就是"丧"的内在缘由。

是枝裕和的电影，一般都没有曲折的情节，激烈的冲突，他呈现的大多是平常烦琐的日子本身。打动我的地方是，他表现出了生活里普遍存在的"丧"——

谁都没有偶像般的完美人生。谁都在生活中受着这样那样的伤害。谁都在独自吞咽着生活的艰辛与苦涩。可是他却给了这些在"丧"中翻滚、过活的普通人，以淡淡的暖意和坚韧的出路。

亲情、友情以及各种各样的人情，像清风拂面，淡然到几乎不露痕迹，却是我们人生最重的牵挂和不舍的依恋。

一句自嘲，一个玩笑，一张相片，一次回忆，乃至一饮一啄，一丝一缕，都是司空见惯的平常面目，可是细细品味，却透出了人间的点滴依恋与温馨，还有一股不乏心酸的暖意。

都知道人生艰难，所以才滋长出彼此间的体谅。都知道梦想遥远，所以才磨炼出好活歹活都要活的韧性。在那些局促、逼仄的生活空间里，充斥着太多的无奈与辛酸，自我安慰与自我消遣。就算对生活不再抱有任何奢望了，但还是会听一听优美的音乐，做一顿美味的面条，在阳台上养几盆朴素的绿植……

这就是生活的本来面目啊。不乏猥琐，缺陷满身，遗憾种种，却也闪烁着星星点点的光亮和温暖。

如果说，有一些字，天生属于暗黑系的话，那么"丧"一定算是其中之一。无论是读平音时的丧事、治丧，还是读去音的丧失、沮丧，丝丝缕缕全是人们避之不及的晦气啊。

然而，丧，竟然在当下渐渐成了热门话题。继"小确幸"之后，"小确丧"也流行起来。"葛优躺"是丧的经典形象代言人。"我好丧"被一些人像口香糖那么咀嚼着。

当"丧"成为一种时髦，原本的晦气，立刻沾上了一点赶潮的喜气——一种幽默的调侃，一种勇敢的自嘲，一种对不满现实的坦然接纳。

紧绷的神经放松下来，极力的抗争溃败下来，放弃挣扎，不再拼搏，与人世、与命运、与自己，终于达成了一时的和解。认清了徒劳的现实，承认了失败的沮丧。其实，在全然的缴械投降中，却蕴含有一种置之死地而后生的豁达与平和。

是啊，丧就丧吧，耸耸肩，摊摊手，生活又能奈我何？

在我看来，丧，一直是人类生活的主旋律。

原因古人已经讲明：人生不如意事十之八九。现实与理想之间，总是隔着十万八千里。

其实，喜与丧、兴与衰、生与死、强与弱、聚与散、明与灭，都是万物运行的自然规律。一波起，一波平，潮水涨，潮水落，起伏跌宕的曲线，才是生命的正常轨迹。

比如冬天来临，枝叶凋零，土地荒芜，动物冬眠，一切看上去都那么"丧"，但大自然并没有一蹶不振，而是暗暗积蓄力量，孕育生机。直到春回大地，万物在暖阳中渐渐复苏。一些腐朽的终被湮没，一切新生的正在萌发。

哪能天天像打了"鸡血"一样，神采奕奕，活力喷溅呢？哪能天天像被"洗脑"了一样，满血复活，冲锋陷阵呢？人有悲欢离合，月有阴晴圆缺。天会降雨，地会冰封，而人总有"丧"的时候。

只是，未来会发生什么，不在我们的预料中。

时光无时不在创造着奇迹。

年少时飞扬跋扈、到处惹是生非的少年，年老后变成了谦卑退让、处处柔声细语的好好先生；

年少时怯弱退缩、自卑封闭的丑小丫，年长后变成了独当一面、雷厉风行的果敢主妇；

年少时游手好闲、养尊处优的潇洒顽主，年老后变成了克勤克俭、低调简朴的乡野村夫；

年少时貌美如花、目空一切的傲娇公主，年老后变成了形单影只、封闭怪癖的独居老妪……

生活的奇妙与残忍，都体现在，我们不知道未来会发生什么，终其一生，我们的人生呈现的，究竟是一场悲剧还是喜剧。

我们只能预备足够的耐心和坚韧，来抵御这些伴随着日子而来的，无法回避的恐慌、无奈、失落、虚妄。

为什么"丧"能在今天成为一个话题？我想，这是因为现在的人，敢于公开承认自己"丧"、敢于直面和接受自己的"丧"了。而不像从前，再怎么丧，也不敢面对，反而强打精神，拼命掩饰，以为承认"丧"，就是承认失败，就是丢失脸面，因此非得强颜欢笑，故作振奋，摆出昂扬、奋发的假象，自欺欺人。

丧，看上去有点消极颓废，但承认丧、直面丧、接受丧，实际上，反而蕴藏着一种积极和力量。

对于命运，或许，我们不需要了解，只需要和解。

穷养富养都不如教养

很早就知道索菲亚·罗兰这个超级明星。她和葛丽泰·嘉宝、英格丽·褒曼、奥黛丽·赫本、伊丽莎白·泰勒这些名字一起，同属现象级的电影女神。但此前，我只知道她如雷贯耳的芳名，只熟悉她各种风格的明星照，对于她的电影作品和生平故事，了解甚少。

照片上的索菲亚·罗兰，是那种极具异域风情的意大利美女形象：高鼻、大嘴、短颌、方脸、丰乳肥臀、高大健硕——并不是我喜欢的类型。然而，好莱坞曾将第一个非美籍的奥斯卡影后授予她。多年后，她又获得了奥斯卡终身成就奖。她被誉为世界上最具自然美的女人。意大利将她视为国宝级明星。

想想，她到底是凭什么赢得了这些光环？她到底塑造过哪些流芳百年的角色？她拥有怎样的身世和经历？

在网上搜到《烽火母女泪》，这部让她得到过奥斯卡和戛纳双料影后的电影。一看，便大惊。

这是一部多年前的黑白老电影。影片中的索菲亚·罗兰扮演母亲，她将角色演绎得那么自然流畅，又那么真切生动。她的一言一行，一颦一笑，既摄人心魄，又发乎天性。她根本不是在扮演角色，她就是那个角色。那种蕴藏在生命最深处的爱、悲伤、快乐、坚韧、乐观、妥协、世故、绝望、风情，都带着一种扑面而来的生活气息，可触可感，立体丰满，似乎要从屏幕上走下来，走到观众的内心。

看完这部影片，我就明白了索菲亚·罗兰的魅力所在。她那不同凡响的领悟力。她那无与伦比的生命活力。她那蕴藏在身体与灵魂深处真切的激情。这是一个艺术家最根本的闪光之处。

世界并没有给她更多，她得到的都是她应该得到的。

电影上的索菲亚·罗兰，仪态万方，高贵大气。她拥有性感火辣的身材,却从不卖弄风情。不管是扮演贫穷底层妇女,还是雍容华贵的皇族贵妇,她的性感里,都散发出一种又娴静又优雅又自信的独特风韵,还充满了一种自然流淌的生命激情。透过荧幕,你能闻到一种来自灵魂深处的持久芳香。

这是一种真正的高贵,与出身、财富、地位、名利、境遇,毫无瓜葛。

我很好奇,什么样的家庭出身,才能培养出如此高贵优雅、光芒万丈的女子呢?

我在网上查看了索菲亚·罗兰的生平。

1934年,索菲亚·罗兰出生在意大利首都罗马的一个贫困家庭。由于是私生女,她没有见过父亲,从小便跟着母亲投奔到那不勒斯的娘家。她的童年便是在那不勒斯附近的贫民区里度过的。6岁时,世界大战的战火席卷了家乡,小小的索菲亚终日与恐惧、饥饿相伴。身形瘦小的她,曾被伙伴们嘲笑为"牙签菲亚"。直到14岁,索菲亚还是一个贫穷又辛苦的洗衣工。

贫困加上人们对私生女的歧视,曾让幼年的索菲亚非常不快活。但是,身世的坎坷,却磨炼出她倔强、乐观、敢闯的性格。在母亲的鼓励下,14岁的她,开始参加各种选美比赛,并渐渐崭露头角。后来,她得到了电影制片人卡洛·庞蒂的青睐与扶持,慢慢在电影屏幕上绽放光彩。卡洛称赞她:"索菲亚充满活力,具有在学校无法得到的韵律感。她不是明星,她是艺术家。"

原来,这个征服了世界的美人,她其实是一朵长在贫民窟里的野花。

关于家庭教育,我们喜欢重复这样一句话:男孩要穷养,女孩要富养。

男孩穷养,强调的是,要让他们从小养成吃苦耐劳、自我奋斗、顽强不屈的品格。女孩富养,强调的是,要让她们从小形成自尊高雅、淡定从容的气质,看轻物质,长大后不受物质诱惑。

这些虽然都有一定的道理,然而,在现实生活中,我看到越来越多的实例,并不乐观。不少穷养的孩子,因为自卑、褊狭、胆怯,往往显得畏首畏尾,保守封闭,而错失了很多发展的良机。而一些富养的孩子,因为娇惯、任性、脆弱，又容易形成目中无人、经不起挫折、不懂珍惜、不会感恩的性格。无论男孩女孩，穷养和富养，似乎都可能给一个人的成长，带来不利的影响。

那么，对于孩子，究竟该穷养还是富养呢？

我以为，穷养富养都不如教养。教育的着力点，不应放在穷或富上，而应放在胸怀、修养与品质上。

好的教养，就是无论穷困抑或富裕的家境，无论男孩抑或女孩，从小都要培养他们形成既自信自尊又谦逊宽容的好品格。

足够的自信自尊，才能在谦逊宽容的时候，不显得卑微怯弱，屡屡退缩；而足够的谦逊宽容，又能使那些自信自尊，成为一种内心的支柱，而不是唯我独尊、任性自私。

在实施教育的时候，富裕的家境，恐怕更应该侧重将谦让、礼貌、慈悲、责任、荣誉、分享这些品质灌输给孩子，以克服富裕容易带来的优越感和浅薄感；而贫穷的家庭，则应该更侧重向孩子灌输尊严、乐观、顽强、大气、平等、开放这些理念，以消解贫穷容易造成的自卑胆怯、讨好封闭、自怨自艾的性格。

当然，最好的教养，还是做父母的人，自己首先要成为一个真正有教养的人，给孩子树立榜样，以自己日常的点滴言行，让孩子耳濡目染，让他们在日复一日的生活中，自然形成美好的教养。

我想，这就是索菲亚·罗兰在贫穷的环境里，依然能长成一个内心有力量、灵魂有芳香的大美人的真正原因。她的离异母亲在困顿的环境中，却保持着乐观、坚韧、优雅、开朗的品格，如绽放在沙漠里的荆棘花一般，生命力极强。她从不怨天尤人，自暴自弃。她对生活怀有无法消磨的热情和梦想。她勇挑生活重担。她对自己的女儿始终抱有最坚定的信心。

索菲亚·罗兰刚开始出道时，对自己也有怀疑。是在母亲的极力鼓动和支持下，她才一步步走出了封闭的小环境，走上了展现自我的大舞台，发现了自己独特的魅力，焕发出生命的光彩。

在出演获奖影片《烽火母女泪》时，索菲亚说自己根本不在演戏，而是带着对母亲的敬意，把在战火中勇敢保护自己和妹妹的母亲，真实地再现出来。也就是说，索菲亚·罗兰的家境虽然是贫穷的，但她的家人、教养、内心，一切都是强大的。

这个世界上，人的穷和富，并不只有金钱这唯一的衡量标准。一个经济上的富翁，也可能成为精神上的乞丐；而一个物质困顿的穷人，也可能是精神上的巨富。

当然，要想超脱物质环境、出身地位、人生境遇的限制，绝非易事，实际上，很少有人能冲破这些藩篱。但如果一个人真的超越了这些限制，那他就能找到生命的意义，自我的价值。

教养到底是什么呢？

我想到了另一位著名美神奥黛丽·赫本。她的美丽和优雅，几乎成了岁月的标签，时代的符号。她曾经说过这样一段名言：

"如果你想红唇诱人，请说善意的话；如果你想明眸善睐，请看别人的优点；如果你想身材苗条，请与人分享食物；如果你想秀发飘飘，请让孩子每天用手指梳理一次；如果你想仪态优雅，走路时要时刻想着——你不是一个人，有一群朋友在关心着你。"

教养，就是一个人发自内心的真善美，一个人精神里既温柔又强大的力量。

无论身份、肤色、长幼、贫富、亲疏，态度温和、礼貌地对待任何人，这是教养。

诚实守信，不轻易承诺，但说出的承诺，不管多困难，都要兑现，这是教养。

既尊重自己，又尊重他人的差异，包容多元文化，和而不同，这是教养。

严于律己，宽以待人，这是教养。

对贫者、弱者以及遭遇不幸的人，表示同情，给予力所能及的帮助，但不居高临下，没有优越感，这是教养。

自信而不自傲，谦虚而不谄媚，这是教养。

活到老学到老，与时俱进，而不倚老卖老，故步自封，这是教养。

遇到挫折和逆境时，不怨天尤人，自暴自弃，也不向他人转移愤怒，发泄不满，而是保持自律、有序的生活态度，这是教养。

有耐心，有襟怀，懂行止，懂分寸，这是教养。

不在人前巧言令色，不在人后飞短流长，像顾惜自己的脸面一样，顾惜他人的脸面，这是教养。

恪守原则，坚守底线，保持尊严，这是教养。

可以被忽视，但不可以被侮辱，对于侮辱，严正予以反驳，这是教养。

在意外、冲突、灾难降临时，保持冷静、克制、谦让的态度，这是教养。

……一个人的教养，与外貌、出身、财富、头衔这些外在因素统统无关。一个有教养的人，他彰显的是人性的高贵与美丽。

万物都在温柔地老去

　　这些日子,天空高了,蓝了。空气凉了,爽了。阳光丝丝缕缕地映照在大地上,有了透明的质感,有了温煦的暖意。这是深秋,一个成熟大气的季节。大自然脉动的节律,舒缓了下来。尘埃仿佛正在落定,心绪似乎正在沉淀。万物啊,都在秋风中,轻轻地荡漾,温柔地变老。

　　秋阳的熏香,蟹黄的鲜香,菊花的冷香,茱萸的清香,山水的淡香,所有的一切构成了一个寒香四溢的重阳节。

　　重阳节距今已有两千多年的历史了。早在春秋战国时代,重阳已受到人们的关注。到唐朝时,重阳节被定为正式节日,并且有了多种庆祝方式。此后,历朝历代,过重阳节的习俗,都在各地盛行。这些习俗中,包括出游赏秋、登高望远、观赏秋菊、遍插茱萸、吃重阳糕、饮菊花酒等活动。

　　告别了盎然之春的勃勃生机,消散了骄阳之夏的澎湃激情,在这个季节,一切看似开阔而明朗,但人们也无法避免地闻到了冬的寒意。登高,赏菊,饮酒,踏秋,看似热闹的聚会,却隐含着丝丝萧索,淡淡哀伤。

　　正如唐代诗人卢照邻写的关于重阳的诗:"九月九日眺山川,归心归望积风烟。他乡共酌金花酒,万里同悲鸿雁天。"还有杜甫写的《登高》诗:"风急天高猿啸哀,渚清沙白鸟飞回。无边落木萧萧下,不尽长江滚滚来。万里悲秋常作客,百年多病独登台。艰难苦恨繁霜鬓,潦倒新停浊酒杯。"

　　所谓的"万里同悲"也好,"万里悲秋"也罢,总之,都逃不了一种逝者如斯、沉郁悲凉的气质。

　　其实,这与辛弃疾的"而今识尽愁滋味,欲说还休,欲说还休,却道天凉好个秋"的感慨,异曲同工。

　　这就是重阳给人的感觉。一边是万物的成熟收获,平静壮阔,一边是

成长是一生的功课

自然的萧条凋谢，无法挽回。生与死、哀与乐交织一起，可谓悲欣交集，复杂莫辨。

季节在重阳之后，将一步步坠入沉寂的严冬。这自然让人联想到，经历了青春洗礼和生活沧桑的老人，他们的目光在柔和的同时，也变得越来越浑浊。因此，九九重阳，还是一个关乎老人的节日。

一直以来，我并不十分在意过重阳节，原因就是与老人有关。我回避着一切与老人有关的话题，似乎在心理上依然还抓着青春的尾巴。

当然，这只是一个幻象。当眼睛开始发花、头发开始变白，再看看窗外在秋风中坠落的树叶，一种与万物一致的自然规律，如《命运》交响曲般在耳边回响。

我发现，随着年岁增长，自己越来越喜欢年轻的孩子了。从嗷嗷待哺的婴儿到喃喃学语的幼童，从活蹦乱跳的少年到玉树临风的学子，甚至是三十而立的80后。看着这些年轻人朝气蓬勃的脸，不乏幼稚的谈吐，蠢蠢欲动的生命力，我便会在心里情不自禁地涌出一股近乎宠溺的情感：人间最美是朝阳，毕竟豆蔻教人怜啊。

我想，只有一个经历过世事的人，才会懂得蕴藏在青春里的真正美好，怜惜年少时光中所有的笨拙与天真。

而几乎所有正在经历着青春的人，无不在梦想与现实的鸿沟中，纠结纷纷，压力重重。是啊，谁敢说自己的青春不迷茫不困顿呢？

这几乎是人生铁的定律。

年轻时，似乎人人都有过一段或长或短的雨季时光。抑郁、消沉、怀疑、焦虑，像一只被困在茧中、久久都飞不出来的毛毛虫。让青春化成灿烂的蝶，是每个年轻人的梦想，但"破茧"的过程，将是多么漫长而痛苦的自我成长啊。

可是，渐渐地，雨就停了，乌云就散了，阳光就洒下了，天空就开阔了，脚步越来越有力，内心越来越有力量。然而，到底是从什么时候开始，雨过天晴的呢？并不知道。一切似乎都是顺理成章、自然而然地发生着变化。直到有那么一天，阳光从云层中射下，身心透亮。这就是所谓的历练，所谓的成熟吧？

我看过一些有关电影女明星的采访。按道理讲，她们从事的是最应该

第二部分 岁月如河

看重青春、喜欢年轻的职业，况且，这些女明星正是在她们最美的青春年华，创造出属于自己的辉煌。但人到中年、在荧幕上只能偶尔充当绿叶或者完全息影的她们，却无一例外地在媒体上表示：不想回到从前，如今这个人生阶段，才是自己最喜欢的时光。

我完全懂得她们。我知道，她们面对记者说出这样的话，并不是矫情，也不是掩饰，而是实实在在的人生感悟。因为，年轻时的她们，为了获得耀眼的光彩，都曾经历过多少黑暗、焦虑、挣扎、痛苦的时光啊，都曾忍耐过多少无名时的等待、深夜里的悲泣、应酬中的强欢、诱惑下的屈从、竞争中的冷箭、起落中的炎凉啊。只有走到人生这个阶段，她们才能找到真正的自我，做一个自由自在、笃定从容的人。

美貌，是可以凋谢的，但优雅不会。青春，是可以流逝的，但积淀不会。

美玉之光，须在长久的雕琢之后显现。

往回看，青春像一场大雾，不知消失在何处。往前走，晚霞如一道帷幕，不知降落于何时。唯一可安慰的是，我过着自己选择的生活。

春天，难免伤春。秋天，难免悲秋。人生，总逃不了春的料峭、秋的寂寥。因为，成人的世界，都不会那么容易的。

作家周国平曾说："每个正常的人内心深处都有一点悲观主义，一生中有些时候难免会受人生虚无的飘忽感的侵袭。区别在于，有的人被悲观主义的阴影所笼罩住了，失却了行动的力量，有的人则以行动抵御悲观主义，为生命争得了或大或小的地盘。"

我想，永怀希望，积极行动，这是对抗人生之悲的不二途径吧。

光阴之河，刻刻不停。皱纹之痕，道道加深。每天，总要做点事情，总要进步一点，才能对得起来此星球一游、一过永过的际遇啊。

赋小诗一首留存：年华如水老将至，人生几回叹重阳？余晖尚暖映菊黄，乾坤更朗不畏霜。

还是来句通俗点的：岂能尽如人意，但求无愧我心。

青春就该飞扬

两年前,姐姐参加了一个著名的中老年合唱团。快到五十岁的她,成了合唱团里年龄最小的一位。没想到,那些已经退休的祖父祖母级人物,给她的生活带来了绚烂的色彩。特别是团里那些上了年龄的"资深"美女们,更是活力四射。她们穿着艳丽时髦的服装,烫着各式长发短发,拎着各种活泼别致的坤包,聚在一起的时候,仿佛一群叽叽喳喳的快乐春燕,拉家常,叙人生,或插科打诨,或幽默自嘲,比年轻人的聚会还要火爆。

她们会互相打趣:"某某,你快要做'二奶'了吧?"

"快了,快了,我媳妇下个月就生二胎了!"

"恭喜啊恭喜!我嘛,已经是做'三奶'的人了,最近,我小媳妇又怀孕了——"

"哇,那你这次是要当'四奶'了,好光荣啊!"

又或者是:"某某,你这个发型是在哪里做的?明星范哦!"

"那当然了,一分钱一分货,花了我好几百文呢。"

"怎么要这么贵?!"

"那是,一劳永逸嘛。"

"嗯?哇!原来你这是假发啊!"

闹归闹,练歌的时候,这些大叔大妈们可绝不含糊。中音,高音,节奏,呼吸,和声,他们一丝不苟,赶得上专业团队。他们的歌声饱含着对人生透彻的理解,仿佛大江大河,既雄浑壮阔,又深沉细腻。当然,他们的成绩也是不容小觑的。

戴玉强、莫华伦、魏松三大男高音来这座城市献唱的时候,这个合唱团受邀担任伴唱,赢得了满堂彩;作为5A级合唱团,他们经常奔赴各地,参加合唱比赛,在全国全省的各类合唱比赛中,都获过金奖。——不过,荣誉对于这些老年人而言,只是锦上添的那些花。他们在合唱团里收获最多的，是人生的自信与快乐。

我看过不少他们的演出照和生活照。舞台上，他们西装革履，长裙款款，男士个个好像民国时期的谦谦绅士，女士则如高贵典雅的名门闺秀；聚会中，他们争奇斗艳，新潮豁达，脸上总是洋溢着发自肺腑的笑容，无论是神态还是样貌，看上去比年轻人还要潇洒、明媚。

道是人生绚烂时，晚霞却比朝阳红。

二十出头的女儿，爱好广泛。工作之余，她经常会抽出时间，打网球、看画展、欣赏各类文艺演出、参观博物馆、参加读书会，等等。当初，她选择留在北京工作，很大一个原因，就是因为北京拥有全国最丰富的文化资源和最多彩的文化活动。对一个颇具艺术修养又深爱美与艺术的年轻人来说，留在文化底蕴深厚的北京，真可谓如鱼入海，如鸟投林。

然而，一个不期然的问题，始料不及地出现在她这个单身文艺女青年的生活中。因为，她发现，她参加的这些正当、正点、充满意趣的活动，却鲜少出现与她年龄相仿的年轻人的身影。

拿几次女儿参加读书会的情形来说，那些在书海中尽情徜徉、在讨论中交锋思想的书友们，大多是些三四十岁的沉稳中年。他们都有过沧桑的人生经历，喜爱在经典阅读中，沉淀自我，思考人生，并勇于敞开心扉，在与他人面对面的交流互动中，汲取生命的力量。女儿很遗憾地发现，没有一个与她年龄相仿的90后，能参加这样的深度阅读与讨论。

晚上去公园跑步，碰到的也多是上了年纪的大叔大妈们。在隆隆的大喇叭音乐下，一队队中老年妇女，整齐而笨拙地跳着广场舞。浩大的声势中，蕴藏着一种火山般的热情。变形的身躯里，跳动着一颗颗不服老的心。偌大的公园，只看见三三两两、玉树临风的青年，独自跑步或健身，仿佛稀缺的物种。

现在的年轻人，业余时间到底喜欢干什么呢？带着这样的疑问，我特意询问了众多亲友。

宅。游戏。手机。上网。睡觉。

有人这样说："现在的年轻人啊，都像七老八十了，不少人连谈恋爱都嫌麻烦，男孩子也懒得追女孩了，成天宅在房间里，想吃饭就叫外卖，想购物就上网，反正，网上什么没有啊？！"

成长是一生的功课

信息时代，资讯发达，物流便捷，人们即使足不出户，也能满足大部分的需求。这当然是一种时代的进步。然而，线上生活的丰富，却带来了线下生活的匮乏；虚拟世界的精彩，也反衬出真实世界的平淡。我能清晰地感觉到，那种属于年轻人特有的朝气与活力，那种蓬勃欲出的荷尔蒙的气息，正从一代人身上，渐渐地涣散、消退。

在王蒙的长篇小说《青春万岁》里，有一段著名的诗：

所有的日子，所有的日子都来吧／让我编织你们，用青春的金线／和幸福的璎珞，编织你们。／有那小船上的歌笑，月下校园的欢舞／细雨蒙蒙里踏青，初雪的早晨行军／还有热烈的争论，跃动的、温暖的心……

诗里所洋溢的那种四下喷溅的青春活力和昂扬向上的精神风貌，原本是一代代年轻人的普遍写照。然而，到了今天，这种充满理想和激情的年轻人，似乎已经定格在一张张发黄的相片上。而在我的记忆中，以吉他、诗歌、舞会、流浪、哲学书籍为标志的八十年代，骚动而浪漫的青春，也如缤纷的落红，随时光的长河，永远地流逝了。

观察周边的一些年轻人，他们往往世事洞明，人情练达，说起话来左右逢源，滴水不漏，办起事来，老成持重，圆滑取巧。厚黑学、潜规则，一套套的现实法则，被他们玩得骨碌碌地转。他们的眼睛里，很难看到那种对理想的憧憬、对他人的信任、对生活的热望，而是透出一种锐利又冷静的现实之光。有用无用，成了他们衡量人与事的区分标准。他们像一只只训练有素的警犬，朝着猎物，精准地抓扑上去，速战速决，理所应当，不避讳，也不掩饰。而利益和成功，就是最吸引他们的气味。跟他们打交道时，我这个中年人，常常感觉自己非常幼稚、傻气、懵懂。他们看我的眼神，有时就像看一个不通世故的孩童。我想，这恐怕就是一部部升职记、宫斗剧、成功宝典、实用手册，在年轻人中大受欢迎的心理背景吧。

这些年轻人，总是让我情不自禁地联想到张爱玲小说中的人物。无论是《倾城之恋》里的白流苏和范柳原，还是《金锁记》里的曹七巧和姜季泽，他们的情感、婚姻、抉择，不过是权衡利益之下的一次次交易。在敏锐又精细的算计中，在势利又自私的戒备下，他们的人生就像一盘冰冷的

第二部分 岁月如河

棋局，看似步步斩获，实则处处惊心，最终只剩下一种苍凉的残局。从他们身上，很难看到生命的温度、血脉的跳动、灵魂的坦诚、青春的阳光，一切对于他们，都不过是一粒粒划拨来划拨去的算盘珠。

我知道，现如今，金钱、商品、资本、财富、楼市、股市，这些诱惑而坚硬、华贵而冷酷的东西，前所未有地锻造了一代青年卓越的智商和情商，成就了一代青年空前的事业和辉煌，可是，与此同时，它们也无可避免地毁坏了一代青年美丽的浪漫梦和蠢动的荷尔蒙。

智利著名诗人、诺贝尔文学奖得主聂鲁达，曾为爱情写下过很多脍炙人口的诗歌，其中在《二十首情诗和一支绝望的歌》中，他这样写道：

很早以前，我就爱上了你那闪烁珍珠光泽的玉体。/ 我甚至相信你就是宇宙的女主人。/ 我要从群山中为你采来欢乐的花，那喇叭藤花，/ 那褐色的榛子，那装满了亲吻的野藤花篮。/ 我要在你身上去做/ 春天在樱桃树上做的事情。

是啊，春天就是春天，春天的樱桃树就会绽放出氤氲的花朵。这是自然的律动，不息的火种。

人，作为有血有肉有情有趣的万物之灵，难道不该跟随自然的召唤？不该听从灵魂的吟唱？荷尔蒙，这真切的冲动，这飞扬的激情，这灿烂的烟花，恰恰是我们生命里最本真最动人最自由的力量。它是生命之火，青春之根，人性之美，艺术之源。

这个世界上，你观察过自然万物壮美的运行吗？你体会过亲情爱情的无价珍贵吗？你尝试过为兴趣爱好不顾一切地追求奋斗吗？你忠实于自己的心灵去选择取舍吗？你真正明白爱我所爱无怨无悔吗？你在沧海桑田潮起潮落中感知到天地的脉搏吗？如果一朵花再如何艳丽却没有芳香，如果一个人再如何成功却失去活力，你以为，这是幸，还是哀？

有花堪折直须折，莫待无花空折枝。充满生机地活着，才叫生活。

一场人人必须参与的"饥饿游戏"

人到中年，难免喜欢回忆了。想起父母经常提起的一件往事，突然醒悟到，我的一生，原来都是劫后余生啊。然而，并不是那种"大难不死，必有后福"的自恋式庆幸，而是一种感叹人生不易、百转千回的伤感与温馨。

母亲总喜欢在一种愉快的家庭闲聊气氛下，插进我小时候的故事："那时，你才几个月大呢，那天晚上，我把你抱在手上，和你爸爸一起去看电影，迎面一辆自行车，骑得特别快，把我撞倒了，你从我手上一下子飞出去几米远。当时，我都吓昏了，从地上爬起来，也不管自己哪儿摔伤了，赶紧把你从地上抱起来。幸好天冷，你裹着厚厚的绒毯，只是擦破了头皮。一抱起你，你就冲我们笑了一下，这下我们才放了心。把那个年轻的冒失鬼骂了几句，就让他走了。电影也没看成。当时我也是有点当心的，怕你脑子摔坏了呗。"

对于这件往事，我毫无印象，大脑一片空白，就像听别人的故事。几个月大的婴儿，岂能有记忆？我笑嘻嘻地接道："你们那时候的人真好，被撞了，也就这样算了。若放到现在，总归要去医院检查一下的。如果有什么后遗症呢？"

"哎呀，人家小伙子也不是故意的，人家也吓得不轻。——什么后遗症？你看你现在不是很好？哈哈，也许没那小伙子一撞，你还没有现在聪明呢。"母亲有点敝帚自珍起来。

"难怪呢，我就是小时候被撞过，脑神经搭错了，所以才处处跟别人不一样，显得那么不合群。"我故意耍赖。

笑容挂在脸上，心却戚戚然。过往人生中另一些紧要关口，如镜头似的在眼前飘过，想，这一生，能活下来，多么不容易。

在系列电影大片《饥饿游戏》里，受管辖的十二个行政区，每年都要各选出一名少男、少女,参加残酷的真人游戏,进行激烈的生存竞争。无论是密林旷野,还是钢筋都市,到处危机四伏,步步惊心。所有的生死抉择、爱恨情仇,都显得那么极端、尖锐。这种以命相搏的游戏,看上去既夺目惊魂,又血腥残忍。

然而,这只是一种象征和隐喻。

现实社会,在我看来,也是一场人人都必须上场的"饥饿游戏"。不会有替身,也不会设观众,规则以法律形式公布,潜规则在世态人情中暗流涌动。没有剧本,不知人设,人人都得拿生命去相拼,应对命运,应对环境,应对他人,应对茫然。你不得不说,这是一场荒诞、诡谲的游戏,你弄不清楚它的意义所在,是谁在设计,谁在运行。不管你是成功还是失败,或早或晚,你都将以死结束,但游戏不会结束。

这场游戏虽然冷酷,却充满神奇,悬念密布。

你可能存活一分钟,也可能存活一百年。有时会无聊到令人厌倦,有时又刺激到血脉贲张。今天不知道明天会发生什么,好运和噩梦常常交替出现。命运像蒙了块红绸布,揭开来,或许是鲜花,或许是匕首。

幸运的是,你在这场游戏中,会遇到你喜欢的人,喜欢的事,还有永远支持你的家人给你温暖,永远不曾破灭的理想给你希望。无数的新奇和想象,在前方诱惑着你,使每个人都不甘心提前退场。

在如此大的尺度、范围,在如此长的时间、跨度,变换着如此多的道具和布景,进行着如此超乎想象力的真人游戏,全民参与,前仆后继,前不见古人,后不见来者。可以说,这是一场最精彩绝伦最激荡人心最考验人性的"饥饿游戏"!玩的就是心跳,拼的就是性命,输了的则淘汰出局,赢了的会笑到最后。

联想到身边的亲人、朋友,过往经历中遇到的所有人,还有那些在书中你方唱罢我登场的古人今人,我有一种醍醐灌顶的感觉:原来,不仅是我,每个活着的人,实际上都是劫后余生啊。

伴随着成长,所有的人,都会不期然地遇到一个个劫,一次次生死考验。区别只在于,考验的方式不同,年龄有别。不到死,任何人都不敢夸下海口,说自己的一生风平浪静,优哉乐哉,胜似闲庭信步。

有的人降临于黑云压城之时,命如草芥,脆薄不堪,比如那些遭遇战

成长是一生的功课

乱、瘟疫的人，活下来已属侥幸。

有的人出生时含着金钥匙，幼年锦衣玉食，含英咀华，可成年后却家道中落，落魄潦倒，凄惨离世。

有的人命运多舛，跌跌撞撞，霉运缠身，一辈子九死一生，像是受到了命运的诅咒。

有的人一生大起大落，大悲大喜，既享受过天堂似的荣华，又经历过地狱般的黑暗。

有的人命运蹊跷，来历不明，人生际遇充满了诡异色彩，比小说还要富有戏剧张力。

有的人早年出身寒微，备受煎熬，夹缝中成长，晚景却苦尽甘来，洪福无边。

有的人总能遇难呈祥，逢凶化吉，柳暗花明，心想事成，一路仿佛有天神护佑——不是没有遇到劫，只是劫奈何不了他……

是啊，对于每个人，母胎中的孕育、临盆时的苦难、成长中的意外，还有疾病、贫困、挫折、打击、欺侮、孤独、自卑、委屈……一部部成长史，虽剧情不同，但都免不了险象环生。劫难就如地雷，不知埋伏在何时何处。能活下来，必须具备从石缝里拔节开花的强大生命力。

我想，上天是否正是用这种残酷的方式，对人类进行着自然选择？从来天地不仁，以万物为刍狗。

诺奖作家纪德曾乐观地说：我的生命每一瞬间都有新鲜感，都是一种难以描摹的馈赠。

同样是这个人，又曾伤感地说：你永远也无法理解，为了让自己对生活发生兴趣，我们付出了多大的努力。

另一位诺奖作家加缪说得更为悲观：重要的不是治愈，而是带着病痛活下去。

这就是生活。复杂难言，百味俱全，悲欣交集。

在我的心里，所有的幸存者，所有在天灾人祸、波折考验之后，依然顽强生活的人，都是值得骄傲的。至少，他们在这场严峻的人生游戏中，一路闯关、过关，坚持抵达了他们自己力所能及的目的地，欣赏到了属于自己的一路风光。

带着这样的感悟，我走向平凡的生活。我想，那些在普通的城市和乡村、在普通的道路和田野上，行走着的每一个普通的人，包括普通的我在内，都值得受到尊重，都应该得到祝贺。

每个人，都不容轻视。因为我们，都是参加了这场残酷的人生游戏而幸存下来的人。

雨后牡丹更香艳，浴火凤凰得永生。

为了过往的一切，祝贺你，祝贺我，祝贺他。

为了未来的所有，祝福你，祝福我，祝福他。

第三部分　见信如晤

（2011年-2015年母女通信）

谈写作：千里之行始于动笔

女儿的信——

　　你总是希望我把经历过的事情写下来，而我一直在找着借口偷着懒。我一直不想写。虽然我还不到二十岁，但是感谢上天，我确实算得上是个有"经历的人"了。为了对得起我的那些经历，我决定从今天开始，硬着头皮尝试着写写了。我就从自己的身边写起吧。

　　上次，我因暑假返回北京参加"亚马逊杯"全国大学生英语辩论赛总决赛，居然遇到了"7·21"北京特大暴雨灾害！我在总决赛中获得了团体三等奖，还获得了"未来之星最佳辩手"的称号。（这次辩论赛，我遇到了不少高手，也遇到了一些好玩的事，下次再跟你详细地讲讲。）那天，我怀抱着鲜花，手捧着金光闪闪的大奖杯，来到了首都机场的候机楼，当时我的心情是闲适的，当然也夹杂着点小小的虚荣心——因为总有人带着好奇的眼光打量我。我没想到，就在这天，一场预料不到的灾难发生了。

　　下面，就是我写的回忆文章：《在首都机场亲历"7·21"》。妈咪，这件事你从头到尾都是知道的，我传给你看看，帮忙提提意见哦。

　　我就在那儿，在北京"7·21"特大暴雨灾害中。我就在那儿，困在首都机场2号航站楼的候机室里。我就在那儿。

　　见证了几百年王朝更迭风风雨雨的帝都，沉淀了几千年中华历史精萃

第三部分 见信如晤

的皇城，在这一刻突然苍老了。暴雨无情地打在它已经疲惫的躯体上，大水咆哮着横冲直撞，残暴地把它踩在脚底下。市区交通瘫痪，77人丧生（不知这个数字还会不会灾难性地扩大？）悲剧发生的时候，我一直坐在首都机场的候机室内，蜷缩在一张小小的沙发椅上，看着透明落地玻璃窗外灰色的天空，看着几道惨白的闪电，在天幕上撕开了大口，看着大水从天上倾泻下来，好像永远都无法停止了。

我就只能这样看着，这样无奈又无助地看着。

7月21号这天，从早上十点半到夜里十一点五十三分，我恰巧被困在首都机场，从一个别样的角度，亲历着这场灾难。

我原本以为会和往常一样，这是一次很平常的返家之旅。到机场，拿登机牌，托运行李，过安检，登机，回家。但是，这次的程序进行到登机之前就戛然停止了。然后是无期限的等待。

早上十一点，我迫不及待地走到远机位，准备从25号登机口上飞机，结果突然被告知，由于天气原因，航班延误了。虽然我坐过很多次飞机，但遇上这种正式通知的航班延误还是第一次。刚开始，我还有点小小的惊奇，给家人打电话时还很开心地说："看，我的经历又丰富啦，等飞机也是一种新体验啊。"

那时外面还没有开始下雨，只是灰蒙蒙的一片，很大的雾。我心想，最多再等上一两个小时，也就可以登机了吧？于是，很悠闲地拿了一本娱乐杂志，漫不经心地等通知。

慵懒的中午，然后是下午，时间走得真快，一回过神来，已是下午四点多了。这时窗外开始下雨，我终于有了一些疑虑，跑去问机场的工作人员。他们的答复，反而更增加了我的焦虑："你的航班没有取消，天气问题，谁也说不准，最好的办法就是等着。"

这时候，大部分航班都无法按时起飞了。一部分是延误，有的航班就直接被取消了。不安和躁动开始在人群中传播开来。

身旁同样在等待的旅客告诉我，这场大雨得下整整一晚呢，恐怕飞机要等到明天早上才能起飞了。我有些担忧地想，看来这次难得的经历，也许真的会变成一次"历史事件"呢。

在我周围，形形色色的旅客。大人们，有的不放心地盯着行李，时刻保持着警觉；有的东奔西走，辗转于各个服务柜台之间，希望得到补偿或办理改签之类的手续；有的把工作人员里三层外三层地围着，要讨个说法；有的在打电话抱怨；有的直接倒在地上睡着了。不知是不是因为我的不安，我从他们的脸上看到了不安；不知是不是我的焦虑，我从他们的脸上读出了焦虑。而孩子们，则好像处于另一个平行时空似的，与机场里漂浮的负面情绪毫无关联。他们互相追逐着，跳着，跑着，笑着，感觉候机厅也是一处合格的游乐场。

嘈杂的空气中，有时能听到机场工作人员用不标准的普通话，对着喇叭喊一些航班的信息。这样的声音一次次划过我紧绷的神经，使它们发出不舒服的反抗，增添了我的焦躁不安。这越发地让人怀念正常时期那个优美动听的"女声通知"了。

要是这时候能在候机厅里架一台电视摄像机，你一定会误以为，这是在转播某年春运火车站的实况呢。

到处都是人啊！楼梯算得上是"头等舱"的位置了。坐在楼梯上，倚靠着墙或扶手，可以舒服地看看报纸，玩玩手机，发发呆。一个人可以奢侈地横跨三级台阶，选择各种坐姿、躺姿。铺着地毯的地板也数得上是"商务舱"，毕竟地毯是柔软，温暖的。朋友们围坐在地毯上，用扑克牌打发时间。如果累了，就直接躺在上面睡觉，若把它想象成阿拉丁神毯，梦境还能浪漫不少呢。等到这两个地方都坐满了人，推行李的小车和托运行李时用的黄色筐子，便成了炙手可热的位置。大人坐靠在小车上，身边的小孩躺在黄色的大筐子里睡觉，像个不错的"摇篮"，这场面也不乏温馨。

后来看新闻，才知道，那天滞留在北京首都机场的总人数达到了八万人。这也难怪中国人那无处不在的灵活机智，在任何时候，都可以得到淋漓尽致地现场发挥了。

很快就到了傍晚6点钟，肚子十分负责任地提醒我要吃晚饭了。这时，我得知机场有免费的盒饭。于是，我开始很努力地搜寻盒饭的踪迹。很快，我发现有工作人员推着装盒饭的车子出现了。但是他立刻又被从各个方向冲来的旅客团团围住，再也看不见了。有一刻我甚至怀疑这些旅客是不是空降而来的。前后也就十分钟的时间，所有的盒饭都消失了。除了地下有几只不幸被挤撞掉下来的盒饭残骸，还在证明着几分钟前这里发生过

第三部分 见信如晤

的骚乱。

舌尖上的中国。食物。我很理解眼前发生的一切。食物，温热的，散发着香味的食物，在这时已经超越了它本身的意义。它还象征着一种安全感，一种满足感。

这时，窗外，北京的雨越下越起劲，仿佛没有一丝懈怠，拼尽全力地倾注着。身边的旅客说，整个北京城都被淹了，现在就连从机场回城区的路都很难走了。通过电视直播，我看到了北京城区被淹的画面，一片汪洋。电视里正在直播各路人士在大水中救助被困在汽车里的受害者的现场情况，万众一心。我的心也被卷入其中，紧张极了。

但是，身困机场，我能做的也只有等待了。此时，我感到一种深深的疲惫和无奈，为自己，为同胞。

终于，到了深夜十一点多钟的时候，我幸运地等到了一架可以起飞的航班。身体已经极度倦怠，但我还是十分激动，便以最快的速度登上了飞机。

坐上飞机以后，我才发现这是一班不寻常的航班。

飞机上坐的几乎全是老人、妇女和孩子。

看电影《Titanic》时，觉得那一句"妇女和儿童先上！"喊得惊天动地，充满了人道主义的力量。没想到自己竟然在现实生活中也有幸遇到。在灾难中，这种不能用金钱去衡量的关怀，被航空公司很好地诠释了。

那一刻，我看见了人性中闪闪的光芒。

飞机起飞之前，漂亮的乘务员端着热水一路走来，分发给旅客以御寒。有的孩子还是经受不了飞机上的冷气，而毯子已经发完了，乘务员就一次又一次到头等舱为他们借来毛毯。虽然，我也很冷，很需要毛毯，但我克制住了。这一刻，我心中升起的温暖，已经足以让我的身体抵御寒冷了。

可能是太累的缘故，飞机起飞后，我很快就睡着了。一觉醒来已是第二天凌晨。我很无奈地发现，自己的脖子睡扭了。到广州，飞机落地的一刹那，回家的感觉真好。

这就是我的记录。写的时候还挺顺的，写完后，也激动了半天，毕竟是"开门大吉"嘛。可是,文章放了几天后,我自己再读读,又发现,自己的笔力似乎不够,原本充满了焦虑、疲惫、担忧的一天,不知为什么写下来,却显得有些平淡?你以为呢?

妈妈的信——

首先,热烈祝贺你,又动手写作了。你好学,好思,喜欢阅读,有很多想法。平时,你跟我打电话交流思想时,我总是为你那不断冒出来的连珠妙语和真知洞见而惊叹,我总是不停地催促你,要你把自己的想法,还有一些有意思的生活记录下来。可你总是"有答应,无行动"。你对自己的才华太过随意,漫不经心,你以为它们是一条源源不绝的青春的河流。有什么呢?似水流年,你已经收获了精彩和快乐,你从没有想过要给它们拍张照,留个影,让它们在纸上定格下来,给自己一个纪念,也给他人一次分享。而我,是个以文字为生的专业作家,我早已形成了要把生活和思想随时化为文字的习惯。所以,对于你的不爱动笔,以往,我是多么感觉浪费和遗憾啊。水,流过去了,流过去了,流的可都是让我艳羡不已的青春和才华啊!

好了,你终于肯动笔了。你不知道,我的激动泛滥成什么样子。真的,似乎比我自己从前在杂志上发表第一篇小说时还要激动。

所以,从我的嘴里,我不会说出那些苛求的话。只要你开始动手了,愿意写了,写成什么样子,我都喜欢。对于写作,我只有两个经验可以告诉你,第一是,经常写,越写会越好,第二是,保持真诚的态度,写自己真实的感受,不做作,不虚伪。以你的思想和才华,我从不担心你文章的水准。

当然,你刚开始写,一定还有不少提高的空间。比如,在这篇文章中,你通过自己的眼睛,认真地观察,诚实地记录,语言比较新颖、优美,不过,文章还是有些"软",缺乏特别感人的情节或特殊的细节,给人的震撼力和感染力还显不够。——这有待于今后你在生活中,不断地提高自己的观察力(此处可参考莫泊桑在福楼拜那里学习写作的故事),另外一点,就得基于你阅历的增长,对人性和社会有更深入的洞悉了。这些都是细水长流的努力,不用着急的。

第三部分 见信如晤

因为你的肯动笔，今天晚饭后，我与你爸爸的"例行散步"也变得非常开心。我们一路上都回忆着你小时候可爱的样子，还有你的那些让我们百谈不厌的有趣的往事，为你的成长、进步，感到无比的骄傲和欣慰。你是我们的"小蜜糖"。

今晚，月亮特别大，特别美。真是千江有水千江月，万里无云万里天啊。这美好的月光，也在美好地笼罩着你吧？

谈死亡：生命就是最高的道德

女儿的信——

今天，我在电脑上看了一天"哈佛公开课"。你知道，我已经看过一系列关于正义、幸福感的那些课程了，今天，我看的是，介绍德国大哲学家康德哲学思想的课。康德的哲学对于我来说，太过抽象了，连介绍他的老师似乎也没能阐释清楚。（也许是因为他的哲学体系比较庞大，而这位老师的介绍只想做个简单概述）不过，康德对于"道德"的论述，还是激起了我的联想和认同。

道德是什么呢？他在《道德形而上学》这本书中是这样论证的：人是目的而不是手段。我们不能把他人当作是实现某一目的的一种手段，我们不能利用别人来实现自己自私的目的，因为这样就是不道德的。道德就是尊重"人"本身，这里包括了唯物（身体）、唯心（绝对意识）两个范畴。我们要把自己和他人一同当作目的而非手段。康德用他那极其形而上的论证，劝阻世间凡人不要误入歧途而选择自杀。他说，自杀的人是不道德的。按照他的说法，就连受人称赞的苏格拉底之死都是不道德的。因为苏格拉底想利用自己的死亡，来实现维护法规至高无上的目的。

说到这里，我就情不自禁地回想起发生在自己身上的那些"糗事"了。因为我特别怕死而引发的那些"糗事"。

其实，世界上大部分人都是怕死的，可是，我觉得自己的怕死程度，绝对是登峰造极，因为这种害怕，已经扩展到盲目地害怕生病，可能用"豌豆公主症"来形容，会挺合适的。我每时每刻都在关注着自己的身体发出的各种信号，对于哪儿有一点不舒服，我都极度敏感。只要一生病，我就恐惧得如大期已至，只想呈挺尸状躺在床上，马上失去知觉。话说回来，从小到大，我生病的次数并不多，平时也几乎没有感冒发烧。可能也正因为我经历的病痛比较少，所以我不能像说"我的职业是生病，业余是写作"的作家史铁生一样,有一颗淡然的平常心。

你还记得,我因过度敏感而闹出的那些笑话吗?

是我读高二的时候吧?一天晚上,你叫我喝了一大碗益母草冲剂,我喝完之后马上感觉不妙,肚子胀得不行,十分难受。我立马把自己诊断为中药中毒,吵吵嚷嚷非要你带我到医院去洗胃。我也不知是从哪儿听说过洗胃这个词的,情急之下有一种想尝试的冲动。当时,你被我的一惊一乍弄得不知所措,只好急急忙忙地带我跑到医院挂急诊。可笑的是,医院的医生也被我呼天喊地的架势弄懵了,给我量体温的时候,居然发现我有发烧的迹象。于是我被安置在一张担架床上,一躺半个小时,说是要观察症状。然后——然后当然是什么事也没有了。肚子胀,是因为晚饭时吃多了豆子;再喝一大碗水,当然会觉得更胀了。回到家之后,你和我对这一乌龙事件,都保持闭口不谈的态度。

这样的例子还有好多。腿撞肿了一块,我以为是长了肿瘤;普通的肚子痛,我当成是得了阑尾炎;脖子酸痛,我就以为是骨质增生……这样数来,我都不好意思说我学过高中生物,连个基本的生理常识都没有。但是换个表扬自己的笑脸:我是多么珍惜自己的生命啊。人活着,不就是追求健康幸福吗?

人总是害怕自己不了解的东西。我如此害怕死亡,恐怕也因为我从未和它有过交集,直到高中二年级。那个学期,我们班有一位同学开学时没来报到,听说是生病住院了。过了一段时间,那位同学便回来上课了,一切正常。但是几个星期以后,他的病情突然加重,只好又停止上课。又过了一段时间,我们收到了有关他的最后一个消息,他已经去世了。我还清楚地记得,那天,班主任缓缓地告诉了我们这个不幸的消息。想到不久前我还和他简短地聊过天,我突然很无助地哭了起来。那时我的大脑一片空白,只是默默地浮现出两个字:恐惧。多么可怕的现实,一个人从地球上消失以后,就再也回不来了。

受到这一巨大的冲击之后,我特别想不通,为什么还会有人选择自杀。活着就是最好的,生命存在就有意义,而死亡则是一切的结束。

其实,我相信,谁都有可能因为走投无路或是极度烦躁,而生出自杀的念头。我在高考之前,特别喜欢看一本叫《找死的兔子》的漫画书。书

成长是一生的功课

里画着各种有创意又好笑的自杀方法，一只只可爱的小兔子纷纷以身试法，前赴后继地自杀。看完之后，我熟练地运用人类强大的移情功力，想象自己比猫的命还多，可以死了一次又一次。这种感觉真的很奇特。我觉得这种想象方法，对于排解各种负能量很有用，而且也不需要自己真的尝试自杀了。

我曾经还很认真地上网查找过各种可行的自杀方法，上吊，跳楼，割脉，用煤气，吃安眠药，卧轨等等。看完之后，只感觉每种死法都无比痛苦，实在超过了正常人可以承受的疼痛范围。

是的，我十分认同康德的观点，人本身就是目的。因为生命是目的，不是手段，所以生命本身就是它存在的意义和价值。生命就是最高的道德！

我又进一步想到，我们能不能把这个理论再向前推进一步呢？既然人是如此，那么动物能不能涵盖进来？毕竟我们都是生命啊。但很可惜的是，从道德的角度来说，动物还不在这个美好的范围里。如果每一个动物都被附上了与人类相同的目的，那么我们就不能杀害任何一个动物了。因为根据康德的理论，我们利用动物来生存这件事本身就是不道德的。但是，从另一方面来说，我们也不应该将人类的道德，自作多情地加到动物身上。因为道德是具有一定的普世性的，如果动物要享受人类的权利，那么它们也需要有同等认识的高度，对人类履行同样的义务，很显然，动物们是无法做到的。我们不能给动物们强加它们无法完成的义务，因而，也就不能给予它们相同的权利了。

对于动物，我想，我们人类还是应该出于一种人道主义的精神，施以尊重和怜悯，珍惜它们的生命，让它们和人类和平共处，共享地球繁盛的生物圈。

好了，以上就是一个"怕死者"的告白。因为康德，我终于能为自己那些可笑的"糗事"，找到一个体面的台阶了。我终于可以说，不是我最怕死，而是我最讲道德！

妈妈的信——

你的信让我大笑了一场，又让我沉思了很久。

是啊，作为一个母亲，我怎能忘记，你曾经给我带来的那些惊吓和恐怖呢？从小到大，你都不是一个省心的孩子，而我又是一个特别"焦心"的母亲，你的一点点风吹草动，都能引起我的惊涛骇浪。你现在知道了吧？你的"草木皆兵"，曾让我受到了多大的折磨？真是"往事不堪回首"啊。说实话，我的神经至今还没能彻底放松下来，你的一个电话，瞬间就可以让我飘上天堂，又能轻易地把我打进十八层地狱。你身体和精神上的一点点波动，时刻牵动着我的每一个神经细胞。你笑的时候，我会比你更高兴，你哭的时候，我会比你更难过。虽然，我总是不断地劝慰自己：你已经年满18岁了，已经是个成年人了，你有足够的能力照顾自己，独立生活了，然而，我那一颗可怜的为人父母的心啊，哪一刻能够放松下来？发生在你身上的病痛或委屈，我都恨不能发生在自己身上；降临到你身上的幸运或成绩，都比降临在我自己身上，还要让我开心。

这就是我，那个痴情不改的妈妈，那个牵肠挂肚的妈妈。不过，我并没有把它看成一种负担，一种累赘，相反，我认为，正是这些牵挂和操心，才使我们的纽带更加紧密长久，也使我们的人生更加充实丰满。

这个世界上，所有的爱，都是沉重的，束缚的，纠缠的。甜酸苦辣，悲欢离合，正是生命的分量所在。毫无羁绊的轻松，像气球飘在天空中，反而成了生命中无法承受的茫然和危险。

所以，我非常认同你对生命的看法。生命的意义就是生命本身。爱的意义就是爱本身。把人看成是"目的"，而不是"手段"，这就是最透彻的人道主义，也就是最高的道德。

不过，仔细探究起来，情况似乎会变得复杂一些。因为人本身包括了身体和意识这两种不同的方面。涉及身体时，无论对人对己，死亡当然都是对生命意义的最大否定，因而也就是最大的不道德。而涉及精神、情感和灵魂时，有时情况恰恰相反。精神已经剿灭，情感已经破灭，灵魂已经消灭，也就是说，心已彻死，这时候，我们还要不要为了身体的活而活呢？我觉得，这时候，已经超出把人当作手段还是目的这一问题了，这时候的问题已经变成：作为人而言，到底身体是我们的最终目的，还是精神是我们的最终目的？也就是说，所谓的生命，到底是身体的生命，还是精神的生命？我想，苏格拉底，还有古往今来那么多杀身成仁、舍生取义的人，都是为了这个更深层次的纠结，而选择了放弃自身的生命。他们追求的是精神的生命，灵魂的永恒。

我不曾看过康德的这部原文著作，因此无法与你进行深入探讨。不过，依我的理解，康德的意思显而易见，他把身体的生命看成了最终的目的，而精神是身体的附属物，身体死亡了，精神也谈不上意义。身体不能作为精神的支配物，不能成为精神为实现某种目标而利用的手段。在他这里，生命似乎与"身体的活着"对等起来。

对此，我持怀疑态度。

我以为，他的理论彰显了一种人本主义的光芒，包涵着对生命的尊重和敬畏，洋溢着一种"生为大"的悲悯情怀，并将道德根植于一种人本关怀的最深土壤中。在大多数正常情况下，他的理论对人生具有积极的指导意义。然而，在少数特殊情况下，他的理论会显得有些捉襟见肘。在大善、大义、大道面前，当一个人不得不在一己的生命，与真理的捍卫、众人的福祉、理想的坚守、做人的底线之间，进行非此不可的残酷抉择时，我认为，这个人有处置他自己身体的权力——也就是说，这时候，身体成了他生命的手段，而精神才是他生命的目的。

我知道，我这样说，就给自杀者留下了一个松动的"缺口"。

但是，这里有一个明显的分界线。我想，道德的自杀，只在一种情况下成立，那就是，这个人为了公众利益而不得不采取这样的行为——而这种情况，一般也只在战争、革命、社会大变革等极端情况下才会出现。

所以，一般情况下，我还是认同康德的理论的。也就是说，我也认为，自杀是对生命的否定，因此是不道德的。我的这个不道德，还不仅仅是从人本身的价值出发的，也包含着社会层面的意义：一个人活在世上，他不是一个孤立的人，他还消耗了那么多的社会资源，他还牵涉到那么多亲人朋友的情感，他处在一个社会关系的"大网"中，用物质和情感连接着四面八方。他的生命，除了要对他自己负责之外，也还必须对社会负责。佛家所说，一个人活着要报四重恩——父母恩、众生恩、国土恩、三宝恩，也就是这个意思。

第三部分 见信如晤

我没想到,你也曾看过自杀方面的书。当然,你一定出于一种好奇、好玩的心理。不过,这种书还是少看为好。那里面恐怕存在不少的"负能量"。人生在世,我们还是要多多从外界汲取"正能量",也要多多把"正能量"辐射出去。

你回忆自己在高中时,曾亲历一位同学的病逝,因而对死亡感觉恐惧。这是你第一次目睹真正的死亡,当然会引起极大的心灵震动。在我五六岁光景的时候,我的外公因病去世,我也曾模糊地记得,当时那些令人害怕的场景。那时,外婆家里设了灵堂,到处都挂着彩色的绸缎,还放着白色的花圈,房间里整天弥漫着一股浓重的香火味,而身边的亲人们,都在撕心裂肺的号啕大哭中。那时候,我还不懂,一个生命的消失,将真正意味着什么,但我已经从那种肃穆又悲怆的气氛中,感觉到一种锥心刺骨的寒冷和恐惧了。这个世界上的很多东西都是循环的,春走了,会再来,太阳走了,会再升起,而生命走了,就是最决绝地走了,他再也不会回来。我想,死亡的恐怖正在于此。无法回头,不容后悔,斩钉截铁,一失永失!

在我上小学的时候,我的一位刘姓同学,他爸爸是大客车司机,在一次长途行驶中出了车祸,不幸去世。刘同学突然从班上消失了几天,等他再次出现的时候,他的手臂上多了一条黑纱圈,人也瘦了不少。他是一个聪明好动、成绩又极好的男生,他并没有和同学们谈过此事,但从此之后,一个活泼的男孩,就变成了一个孤寂的少年,带着一种不属于他年龄的沉重的阴影。这就是死亡在他的心灵上投下的影子。而我,也因为这件事,第一次,对背负着死亡阴影的人,而心怀戚戚,深深怜悯。

后来,我听过或见识过的死亡故事,就越来越多了。我渐渐意识到,死亡,其实每分每秒都在这个世界上发生着,而那些承受的人,也都在默默无声地承受着,稀疏平常。我们活着,只是因为我们幸运,只是因为有那些不幸的人,帮我们承载了那些不幸的概率,从而使我们侥幸地躲过了死亡那扶摇而下的强劲的黑翅。

这就是死亡。以它的决绝,冷酷,教会我们懂得生活的美好,生命的珍贵,真情的难得,人生的短暂。教会我们学会珍惜,再珍惜。惜福,再惜福。感恩,再感恩。死亡,就是一个最严酷的人生导师,它开的课程,

成长是一生的功课

名曰：珍惜生命！

信中，你说到自己"极端怕死"，以你的年龄，这种现象非常正常，也非常普遍。我想，这是因为你生活幸福，对生命也格外珍惜与看重。其次，也是因为你年龄不大，经历不丰，对生死还没有达到一种"花开花落，云卷云舒"的洒脱境界。而这种洒脱，是需要漫长的阅历积累和深刻的人生感悟的。

小时候，我也曾和你一样，是个极端怕死的女孩，但是，随着岁月的递增，生活的积累，特别是见识了一些大喜大悲的变故，看过了一些大起大落的境遇，领悟了一些人生无常的道理之后，我已经变得从容很多，看淡生死，随遇而安，乐天知命。这是一种"秋高气爽"般的心境。而你还处在"万物萌动"的人生的春天，我无法要求春天的你，听懂秋天苍凉而开阔的潮声。

所以，春天，就要有属于春天的桃红柳绿，莺飞草长，喜雨惊雷，盎然生机！

你这封信，最出乎我意料的还是，你想把康德的这一理论，推广到动物身上，希望以此彻底解决动物保护的伦理基础。后来，你用理性的分析推断出，很遗憾，动物们还无法包含在这个道德的范围里。你的这个想法，让我多年以来耿耿于怀的问题，得到了释然。我有一种恍然大悟、豁然开朗的感觉。

作为动物保护者，无论我们对动物们怀有多么深的同情和怜悯，我们也无法抹平人与动物之间的真正沟壑。那是一条造物主的沟壑，所以，没有谁可以跨越。

这是大自然的残酷法则所在，却恰是人类的美好心灵所在。——我们可以剥夺它们的生命，我们有这样的能力，可是，因为文明，我们最终选择了与它们共生共荣。

我以为，所谓的高贵，所谓的文明，所谓的人道，实际上，都体现在强者对弱者的尊重和体恤上。

谈品位：香水是一种生活态度

女儿的信——

外面是呼啸着的狂风，吹起满地堆积的黄色银杏叶，里面是过于温暖的令人昏睡的暖气片。我待在屋里，看着窗外。这时候我需要做出一个决定：是冒着狂风，步行到图书馆去看书，还是继续缩在我温暖的小被窝里再睡上一觉。当我的大脑与我的身体进行斗争的时候，我突然闻到了一丝柔柔的花香，飘忽不定又沁入心脾，就是那样一种甜甜的香味。而当我意识到，这是昨天我擦在手腕上试用的香水味道时，我已经完全清醒过来。于是我爬出被窝穿好衣服，决定奔赴图书馆了。

要说是那香味给了我起床的动力，似乎有点夸张。但不可否认的是，当我的身体被这种香味给包围住的时候，我心中确实有一个正能量的种子冒出芽来，生活态度马上从颓废变得积极起来。我不能明白为什么一个对嗅觉的刺激，就有这么大的功效。

我也好奇到底是哪一种奇特的花香。看着香水瓶子上的法文，我自感文盲，只好乖乖到谷歌上搜索找答案。原来，这种花中文名叫"四时花"，是一种只在下午开花的神奇植物。当它开花时就会释放出浓郁的花香。这种香味能帮助人提升自信和活力。在看完介绍后，我顿时觉得自己的生活质量，似乎也有了质的飞跃。

最近我读到了一个冒险家的故事。亨利·斯坦尼（Henry Morton Stanley），这个 19 世纪在非洲大陆无畏探索的英国人，他一次一次深入到非洲了无人烟的雨林中，在超过一半的队员都因为饥饿和疾病而丧生时，他能坚持不断地前进，不到达目的地就绝不放弃。他超人般的意志力，让人难以望其项背，让人无法企及。

某一天早上，当你在雨林中醒来，身边是各种长相狰狞的爬虫，衣物上沾满了污渍和泥泞，散发着恶臭。你明白帐篷里什么吃的也没有了，而

成长是一生的功课

昨天夜里，你还被肚子饿得发出的咕咕声和同伴的打鼾声，吵得无法入眠。但是这一天早上你还是醒来了，然后发现自己仍旧活着，这时，你想做的第一件事会是什么呢？

这是亨利·斯坦尼在雨林中的每个早晨，都要思考的问题。但是他不需要纠结。他会做的第一件事一定是：刮胡子。他会拿出自己那把心爱的剃须刀，仔仔细细地把脸弄干净了。是的，不管在什么环境下，一位英国绅士都要保持外貌整洁，穿着得体。这不是一种教条主义，而正是这种对外表的重视，使得他能在异常艰苦的环境中，奇迹般地存活下来。

"Order is contagious."（规矩是有传染性的。）这是文中一句经典的总结。对于斯坦尼来说，每天早上刮胡子的这个过程，更像是一种神圣的仪式。这个简单的动作，在每天清晨都为他敲醒了生命的节律。而生活的齿轮一旦开始转动，它就很难停止下来。

在这时，形式决定了内容。体面的外表，要求拥有有质量的生活。受到这样的启发，我决定以后每天起来要做的第一件事就是擦香水，好让那种四时花的正能量，散播到我生活的每一分每一秒。

一直以来，我特别不能理解日本女人——她们不化妆就不能见人的过分要求。怎么能素面朝天地出街呢？这是对所有人的大不尊重啊。日本女人的逻辑就是这样的。化妆不是为了让自己好看，而是为了取悦和表示对他人的尊重。仅仅因为这一点，日本这个国家对我来说，就不可能成为生活地了——在日本做女人着实太辛苦了！

相反，我比较认同西方人的思维。在使用化妆品和香水时，他们会用"穿"（wear）这个词，感觉化妆就和穿了一件漂亮的衣服一样，首要目的当然是取悦本尊大人。每个人都活在自己的世界里，如人饮水，冷暖自知。美，当然首先应该为自己而美！

说到生活态度，我脑海里第一个浮现出来的，是一位极优雅、懂生活的女士：林徽因。我读过她的传记，非常崇拜她。在抗战的年代，一位大家闺秀，也抓不住贵族生活的镜中月水中花，她只能和所有人一样，迁徙，逃难，奔波，徘徊在温饱线的边缘。让我大为感动的是，当她和梁思成在几间陋屋之中挣扎着活下去的时候，她还会用心地把简陋的客厅，布置得漂漂亮亮的：花瓶里得插上几朵新鲜的小花，沙发上得铺上编织精细、纹路繁复的坐垫。

一个人的生活质量，并不是物质或金钱就能决定的。人活着，关键就看一个状态。在京剧里，那些演员不就只是端个架子，往前往后地迈了几步，举下把式，就能把居室、花园、战场、皇宫那么多的舞台场景，给凭空展现出来了吗？

不过，我并不否认，高品质的生活，的确也需要一定的物质积累。马斯洛的需求层次金字塔（Maslow's hierarchy of needs），是一个在西方运用特别广的理论，我对他的观点也很认同。马斯洛理论把人的需求分成生理需求、安全需求、归属与爱的需求、尊重需求和自我实现需求这五大类，依次由较低层次到较高层次排列。如果低层次的需求还没有得到满足，那么人是没有能力去寻求高层次的愉悦的。

就我的理解，层次需求的金字塔，只能一级一级地往上攀登，而且通向金字塔顶端的道路是一条单行道：只能上，不能下。如果你已经爬到了高需求的层次，而突然间，下面基础的物质积累变得荡然无存的话，那就极有可能出现"朱自清宁可饿死也不领美国救济粮"那样的情况了。这恐怕也是林徽因在困难时期，还那么重视生活品质的另一原因吧？

19世纪功利主义的倡导者边沁（Jeremy Bentham）也同样赞同任何人都有能够区分高级趣味和低级趣味的能力。他指出，任何一个人，如果在分别尝试了高雅和低俗两种兴趣之后，他一定能和其他所有人一样，更趋向于选择高雅的乐趣。比如陶渊明，他之所以写出了"衣沾不足惜，但使愿无违"的呼唤，正是因为他聆听到了来自内心的声音，明白高雅的气节和低俗的苟活之间，那种无法相容的高下不同，于是他选择了隐世归田，不为五斗米折腰。

在这样寒风凛冽、令人昏昏欲睡的日子里，来自手腕上的那一点点香味，不时地提醒着我：要过一种有质量有品位的生活。香水的味道是甜的，用香水的人是美的，香水人生便也是甜美的了。

我想，就算我们能活到100岁，那我们也才拥有36500天，倏忽而过的光阴，过一天便少一天。不管是认真还是不认真，生活都没有后悔的时间。短短的人生，我们没有时间在需求金字塔的底层徘徊，我们要赶紧往金字塔的顶层拾级而上。

妈妈的信——

特别喜爱的一封信！特别特别喜爱的一种人生态度！没想到一瓶小香水，竟让你感悟到一种大智慧。

前一向，我在杂志上看到一篇短文，是一个儿子写的回忆自己母亲的文章。他母亲幼年时也是锦衣玉食，可是婚后的生活却过得非常艰苦。不过，就算是在最贫穷最艰难的日子里，他母亲也能让一家人的生活与众不同。没有钱买水果，他母亲就会去买一小段藕，切成薄薄的圆片，漂亮地码在盘子上，媲美于任何一种昂贵的水果。再穷，一家人在他母亲的安排下，也要过得精精细细的，自爱自重，心态平和。这种贫困生活之下的美感和尊严，经受住了生活的磨砺和考验，实在让人动容。

我中学时有个女友，她家也是一个特别重视生活品位的人家。她父母都是中学语文老师，家里住的是学校分配的很陈旧的平房。房子不大，陈设简陋，但她的家，总给人一种浪漫温馨的艺术气息。不过就是插在普通陶罐里的几枝野花，不过就是贴在墙上的几张别致的风景画，不过就是铺在桌子上、柜子上一块块手工的白色勾花纱巾……就连穿在她身上千人一面的校服，她母亲也会为她收紧腰身和裤腿，改得板正合身，穿起来也有种不凡的气质。

那时候，我特别喜欢到她家去玩儿。有一次，我看到她在家里把用过的牙刷，拿开水去浸泡，就问她为什么。她说，这是她妈妈教的办法，为的是把牙刷毛烫软了，再用夹子夹直，这样，一把牙刷就可用很长的时间了。这真的让我大吃一惊。如果没有一种对生活的热爱，一种对生活质量的追求，谁会对一把牙刷下这么大的功夫呢？从那时候起，我就知道，生活的品位，确实是跟金钱没多大关系的。

我在生活中经常会看到这样两种截然不同的人生态度。一种是，得过且过，无所用心，今朝有酒今朝醉。吃饭，什么垃圾食品、野生动物都敢往嘴里送；穿衣，要么邋遢随意，不修边幅，要么一味赶时髦，什么昂贵就买什么，流行什么就跟风什么；似乎永远都在忙碌中，却不知到底忙了什么；似乎永远都在抱怨中，仿佛全世界都欠了他什么；有了点空闲时间，不是去搓麻，就是去 K 歌，好不容易出门旅游一次，那也不过是走马看花，到此一游，疯狂大采购……除了吃喝玩乐，或者牢骚抱怨，他们似乎再没有其他的爱好了，更谈不上什么精神追求，感觉他们的生活，就是为了这么潦草又无聊地活着。

可是，还有另一些人，他们活着，是为了好好品味生活，享受人生，体验生命的意义所在。他们把生活当成事业一样去精雕细琢，勤奋耕耘，用心体会。每天也不过是吃饭、穿衣、上班、下班、家务、睡眠——可是同样的琐事，到了他们手上，你就能感觉到一种春风迎面的优雅和欢乐。他们不对付，不敷衍，不粗糙，不随大流。不过是几盘小菜，他们会做得色香味俱全，连盛菜的碗碟也要讲究色彩的搭配；不过是几件平常的衣服，他们会洗得清爽，熨得妥帖，再配上画龙点睛的围巾或饰物，朴素中也要穿出飘逸的神采；不过是些日常的生活对话，他们也会俏皮地说出，随时幽它一默；他们的家居不一定豪华耀眼，却一定整洁淡雅，清新脱俗，一排排的书籍会是最醒目的装修；不用出远门，一个小区的花园就能让他们体察到大自然的神奇，聆听到季节跳动的韵律；而外出旅游对于他们，定会是一次心灵的放飞，阅历的丰富，眼界的开阔……

这前后两种生活，为什么会有那么大的差别呢？这里的差别，真的与物质或金钱的因素，关系不大。一个人在解决了温饱，过上了衣食无忧的生活之后，金钱就起不了决定性的作用了。我以为，这里的差别，主要体现在一个人心灵世界的丰富程度上。心灵丰富高雅，生活品位自然就高；心灵单薄空虚，自然也就谈不上追求什么品位了。而一个人的心灵，是和他的精神、文化、修养、情趣、境界、理想这些务虚的东西紧密相关的。那些不注重生活品质的人，一般也就是那些不注重精神生活的人。

除了精神修养，我以为，生活品质还跟一个人的生活态度密不可分。一个人如果乐观、感恩、自信、从容、大度、自律，那么他就很容易在生活中保持一种优雅精致的品位。他们一般不会让抱怨、仇恨、嫉妒、焦虑、消沉这些负面情绪主宰自己，而是尽可能地在平凡的生活中，去努力发现人世的温暖和生活的美好。对于上天赋予的一切，他们都能知足平和地去接受，去体验。在任何环境下，他们都能学会像魔术师一样，随时变出无数的小趣味小快乐。就算上天发给了他们一手的坏牌，他们也能笑呵呵地保持风度，然后用一生的时间努力去打好这场牌，赢要赢得漂亮，输也要输得洒脱。他们知道，任何一场牌，不管输赢，都可以打得妙趣横生，尽情尽兴的。

你在信中谈到的马斯洛的"需求金字塔"理论，我也非常认同。温饱还没有满足时，人是没有条件去追求精神需要的。我不赞成那些"自命清高"的观点，将物质视为铜臭。毋庸置疑，物质是基础，是第一位的，仓廪实才能知礼节。但是仓廪实了，就一定会知礼节吗？不，"仓廪实"只是个必要条件，并非充分条件。要想"知礼节"，还需要对礼节的认识、学习和践行。

物质毕竟只是需求的低层次，人们在追求物质时，应该适可而止，到了一定的程度后，就应向更高的层次迈进。不过，很多人都迷失在对物质的追求之路上，忘了生而为人，应该还有更高的目标。他们把金钱当成了全部的人生目标，像贪婪的蜂皇一样，永不餍足，最后成了金钱的奴隶。就像同样是富人，有的人发财之后，就开始广做善事，"兼济天下"，给有需要的人提供慷慨的帮助，财富虽散去不少，却因此赢得了社会的赞誉和他人的敬重；而有的人却为富不仁，唯利是图，不仅对社会没有一点责任心，还到处钻社会的空子，连"独善其身"都没能做到，结果"钱到多时眼闭了"，曲终人散，轻如鸿毛。这两种人的生活品位，如云泥之别，一目了然。

你说，在这个需求的金字塔上，是只能上，不能下的，就是说，人若上到了一个高层次，就不会轻易降低自己的需求了。不过，我对这一观点有些异议。你只看到了林徽因的脱俗高雅、朱自清的铮铮铁骨、陶渊明的离尘不染，他们在困境中保持住了气节，不愧为人中龙凤。但你还没有看到那些在大起大落的境遇面前，丧失节操、背叛信念、卑躬屈膝、苟延残喘的人。

不，人性是很复杂的，没有你想象的那么美好、简单。在这一点上，你显得有些理想化了。其实，不少人，面对顺境时，恐怕还有洁身自好的品格，也能追求精神的清明和生活的品位，可是，一旦落入困境或险途，他们就会轻易背弃自己的初衷，放弃对精神和品质的追求，要么自暴自弃，一败涂地，要么混吃等死，随波逐流。更有甚者，为虎作伥，丧失良知，成了灵魂的叛徒。苦难，像是一个炼狱，跨过去了，就能进入天堂，但陷进去了，也会变成地狱。

任何时候，向上难，向下易。人有一种与生俱来的向下的惰性。要想克服这种重力般的惰性，我们就要随时焕发正能量，每时每刻都要鼓励自己：向上，向上！而真、善、美，就是人性中这种向上的力量。

涂在你手腕上的香水，不仅是一种芳香的味道，而正是代表着这样一种向上的力量。它时刻提醒我们：不苟且，不懒惰，不颓废，不粗糙，不抱怨。精致地活着，有趣地活着，勤奋地活着，美丽地活着，让我们的灵魂和身体，像香水一样，散发出美妙而持久的香味。

纪伯伦说："我们活着只为的是去发现美，其他一切都是等待的种种形式。"按照他的这个说法，我们一生只在做两件事：发现美，或者，等待美的发现。如果人人都持这样的态度去生活，那么生活对于我们，不就是一天连着一天的"寻美游戏"吗？而且人人都会是赢家，因为美总是无处不在的。

从明天起，我早起要做的第一事，也将与你一样：涂香水。

我们要将它变成一种生活的仪式，好吗？

谈室友：众人拾柴火焰高

女儿的信——

我在一个月内长胖了三公斤，这对我来说是前所未有的。我伤心地从体重计上走下来，然后又怀着沉痛的心情踩上去，希望第二次会有个小一点的数字对我微笑。然而，悲剧性的是，我看到的还是那个沉重的数字。——看来，一切都是确定无疑的了。

为什么会长胖呢？我坚持每天一小时的运动量，从不偷工减料，三餐也安排得颇为均衡，按理说，卡路里的消耗，也应该没有改变。那些多出来的重量，是怎么回事？我整整一个星期都为这事纠结着。

某天，我在图书馆自习的时候，一边看书，一边伸手到旁边的塑料包装袋中，取出牛肉干来吃。拿着拿着，我突然发现袋里空了，这才惊呼，怎么这么快就吃完了整整一包的牛肉干？直到那时，我才瞬间领悟到我一下子变胖的原因：吃太多零食了！

一边看书一边吃零食的习惯，是我在中学时就养成的。因在中学读书的时候，学业的压力很大，我特别喜欢啃手指头，但是这样一来，指甲就变得惨不忍睹了。为了改掉这个坏毛病，我就买来很多零食。想咬手指的时候，就马上打开一包零食，来让我的咬合肌得到满足。渐渐地，吃零食变成了我写作业集中注意力的独家秘诀。不管多累，大脑有多想休息，只要吃上零食，我就能坚持与书山题海继续搏斗下去。

我最近看了一本叫《Willpower》（意志力）的书。这本书是一位美国社会心理学家写的。书中提到，人的意志力其实像肌肉一样，需要葡萄糖来提供能量，因此有疲惫感的时候，也能通过锻炼来增强意志力。我觉得，这个理论特别适合解释我一边看书一边吃零食这件事。看书和思考，是一件很耗费意志力的事，所以吃零食也就成了补充能量的快捷方法了。但是一边看书一边吃是没有节制的，因为我完全意识不到自己到底吃了多

第三部分 见信如晤

少。这就和"couch potato"（指电视迷）们一样，大脑的注意力全被目光吸引，剩下的只是下意识、停不住的咀嚼和吞咽动作了。结果当然就悲剧了：零食提供的能量，远远超出了大脑需要的能量，卡路里都变成脂肪，在身体的各种角落堆积起来了。

可怜的我，要怎样才能改掉这个吃零食的坏习惯呢？要知道养成一个习惯挺容易，21天便可实现，但是要戒掉一个习惯，是何等的困难。看看那些在痛苦中反复戒烟戒酒的人们吧。我好像独自蹒跚在黑暗的山谷里，看不到出路啊。

偶然间，我发现一位同样在图书馆自习的学生，似乎拥有解决我苦恼的方法。我发现他在思考问题的时候，总会去咬笔头。我想起自己吃零食的最初原因，不也是为了戒掉咬手指的坏习惯吗？如果换成咬笔头，不就完全解决了吗？虽说咬笔头这事的确有点不卫生，但是为了不要吃太多垃圾食品而导致自己亚健康，我相信，我强大的免疫系统，是完全可以经受得起这一小小的挑战的。

其实，在《Willpower》这本书中，作者还强调了休息也是保持意志力的好方法。意志力用完了，就不要再强迫自己继续工作了，好好打个盹儿，一会儿意志力也就恢复过来了。所以说，睡眠不愧是一个比咬笔头要好得多的方法啊。

可悲的是，在大学的集体宿舍里生活，想要获得充足的睡眠，这可比考试得第一还要困难呢。所谓"睡眠的好坏全得看室友"这句话真是精辟。我们宿舍六个女生中，除了我，其他人都是属"猫头鹰"的。

我特别羡慕那些一天只睡五个小时、却能保持一年365天天天都精力充沛的人。我很清楚，他们那种状态对我来说，是可望而不可即的。我似乎是一个永远都处于缺觉状态的人。到了大学之后，不再像中学住校时那样，有严格的作息时间，每晚十点半钟必须准时熄灯。大学宿舍的灯，可以保持24小时通明。这样自由放松的作息安排，导致我们宿舍的熄灯时间一直在往后推，也不知道要推到什么时辰——反正，那时我早已沉醉梦乡了。

有一次，我睡了一觉醒来，发现宿舍的灯，仍刺眼地亮着，其他人都保持着最最清醒的状态在玩电脑。我睡眼蒙眬地问了一句："你们不觉得困吗?"得到的回答十分有深度,把我说得内疚极了:"你不知道被窝是青春的坟墓吗?"

我顿时佩服得五体投地,无言以对。但是在默默地倒回床上时,我只想到了一句回答:"熬夜是睡眠的坟墓。"

下面来一组数据说明。如果我晚上10∶30躺到床上,那么我11∶00就能完全睡着。如果我11∶00躺到床上,那么我可能要到12∶00才能睡着。如果我12∶00才睡,那么这一夜就算是彻底毁了。一晚睡不好,直接导致第二天很疲倦,第二天睡太多,第三天又睡不好,那么就像多米诺骨牌似的,情形会一直恶性循环下去。

对此,我的策略特别无奈。当室友们还没休息时,我就已经早早躺到床上了。明亮的灯光直射入眼,我拉上帘子,戴上眼罩;嘈杂的声音冲进耳朵,我就闭目养神,进入瑜伽冥想状态。总之兵来将挡,水来土掩,坚持让自己获得充足的睡眠。——当然了,集体宿舍嘛,不受影响是不可能的。

要想日子过得好,人就不能和自己过不去,爱自己恐怕永远是第一位的。所以,我把这封信的快捷方式,放在我的电脑桌面黄金分割点的位置上,以便我一打开电脑,它就能最先跳出来,给我一个甜蜜蜜的kiss,用最醒目的方式提醒我:要少吃多睡啊!

妈妈的信——

为什么要少吃多睡呢?应该是多吃多睡啊!

长胖了三公斤,不是最好吗?以你一米六六的身材,五十公斤的体重,向来符合少女最标准的尺度。从前,我一直觉得你还稍显瘦(见过你的人,也都说你太苗条),现在长胖了一点,不正符合既窈窕又丰腴的美人标准了吗?我真的搞不懂你们现在女孩子的审美观,以瘦为美,以那种T型台上芦柴棒似的模特为指南,将可怕的骨感当成了时髦的美感。你见过电视上的主持人鲁豫吧?她的主持可圈可点,可她一味地减肥,把自己越搞越瘦,瘦成了一个比例令人吃惊的大头娃娃。难道这就是时尚?这就是美?反正我现在都不太敢看她主持的节目了!

唉,还是算了。在这个问题上,我们也斗争过无数回了,每次你回家来，我让你多吃一点，你都拿出"拒腐蚀永不沾"的姿态来，怎么威逼利诱都没用。这是到目前为止，我们之间存在的唯一的"代沟"了，谁也说服不了谁。好在，与你的那些吃得像小鸟一样少的女同学相比（听你介绍的），你确实算得上是个地道的"吃货"了。所以，在这个问题上，我弃权。

你以吃零食的习惯来代替咬指甲的习惯，就好比人家用酒瘾来取代烟瘾，到底哪一种危害更大呢？这可不好说。当然，以你正餐比较少的进食量，加上比别人更多的运动量，我倒觉得吃些零食，未尝不是一种营养的补充。所以，关键还看零食的品质。垃圾食品千万不要吃。有过多添加物、看上去太漂亮、闻上去太诱人的加工食品不要吃。尽量买名牌大牌、出品有保障的。这方面，你可上网搜一搜，有很多关于食品安全和保健常识这方面的文章。在这里我就不啰唆了。

来说说你的"大学女生宿舍"吧。这可是个有趣的话题。我就多谈一点了。

想起我自己读大学时，被分到一个住八人的大宿舍。这八个女生来自天南海北，最北的是哈尔滨，最南的来自云南，既有人间天堂里的苏州美眉，又有偏僻旮旯里的乡村俏姑，既有成熟老练得如铁娘子的学生干部，又有像我这样单纯如幼儿园大班的无知少女。在整个新闻系里，我们这个宿舍都是鼎鼎大名的。原因很简单，我们宿舍里的美女最多（那些阿姨的照片，我从前都拿给你看过的）。当年，报到不久，还没等我们把学校的大路小路摸清楚呢，本系外系的一些男生，闻着味儿就倾巢出动地追来了，又是建什么"联谊寝室"，又是认干哥哥干妹妹。反正住在我们宿舍的女孩子，想没有故事都难的。大家都花团锦簇着，青春因此格外地多花多雪多朦胧！

你不会以为，我们那时候都很保守、古板、无趣吧？哈哈，这是年轻人对前辈们最容易发生的误解之一了。好像青春只属于你们现在的年轻人似的。其实，谁没有年轻过？不，所有人的青春都是差不多的。那些幼稚的冲动，盲目的激情，可笑的雄心，傻气的较真，愚蠢的狭隘，还有，时晴时雨忽高忽低的心绪，捉摸不定无从告白的苦闷，无边无际不合实际的向往——青春的剧本都是一样的，只不过登台的演员、舞台的背景和道具，换了一茬又一茬。

不知你注意过没有？一间宿舍会有一间宿舍的气场。有些宿舍一进去，感觉阵阵冷风扑面，仿佛进了个地下洞穴；有些宿舍门一开，一屋子暖洋洋热腾腾的喜气就包围着你，让你禁不住想起过年时的欢腾。当然，前者并不意味着，那个宿舍里的人，全是自私冷漠的；后者也不意味着，那里都是活雷锋，在一起不会有摩擦有计较。总之，集体生活也像夫妻过日子，也需要彼此气味相投，需要大家迁就、磨合。哪怕都是好人，聚在一起，也免不了会有不对眼的时候，勺碰勺碗碰碗的事情，也都难免。

以我的观察，但凡气氛好的宿舍，总少不了一两个热心人，他们肯带头，肯付出，少嫉妒，少计较，性格开朗，为人大方，乐于助人，其他同学在他们的影响下，也能积极参与，投桃报李，形成一个"众人拾柴火焰高"的良性互动氛围。

这里面当然有一个运气的问题。"韩信点兵"式的宿舍分配，有点像拉郎配，真的是配到谁就是谁，没得挑的。万一碰到个别"极品人物"，那也只能硬着头皮，将错就错了。不过，这种人既然是极品，那也不大容易碰到的。大多数人还是平常的面目：有点小个性小脾气小癖好小计较小自私，所以，矛盾在所难免，就看大家平日的相处方式，还有彼此的心胸和肚量了。

我记得，有一次你跟我在电话中聊起过这个话题，你提到的原则是：和而不同。

对的，就是这四个字。和，和谐，和平，和气。不同，则是指保持和尊重各自的独立与个性。

由此可以看出，在人际交往方面，你比我成熟多了。想当年，我在这方面可没少郁闷过。我对人不是一片赤胆忠心，就是在被伤害之后的割席断交，要么过热，要么过冷，分寸从来都没把握好过。

这也没办法，人情世故这一点，向来是我的软肋。我似乎天生就缺乏这样的神经，永远搞不懂人与人之间那些勾勾回回的小心思，也不愿意为了应酬而让自己受委屈，戴上那些累人的面具。我向来是胡同里抬竹杠——直来直去惯了的！因此教训不可谓不深刻啊！

小时候看《红楼梦》，一直看不下去，就是不喜欢那里面充斥的种种势利人际。现在知道了,世事洞明,人情练达,虽然俗,但确实是大文章,大学问。在俗里练就的雅,才是真雅;在浓里熬出的淡,才是真淡;在繁里滚过的简,才是真简。而以我那种简单直白的个性,对人对事,都有点理想化,就不太适应社会了。

所以我希望你,既能看透世事,在俗世里浓墨重彩,活色生香,又能保持本色,在内心中静水深流,淡云轻风。(当然,这只是一种理论上的完美标准,实际上,我对你没什么要求,你只要做你自己就好了,怎么开心就怎么做!)

一个宿舍的风气,除了跟人有关外,实际上还跟城市和学校的风气有关。比如,当年我在上海念大学。上海这座城市既有海派、洋气、眼界宽、遵守规则这些优点,又带着精明、势利、自顾自、歧视外地人等等缺点。而文科生多的学校,一般校风会自由浪漫一点;理科生为主的学校,校风往往会严谨刻板一些。大学的宿舍风气,一般都少不了受市风和校风的综合影响。

那时,我们同宿舍的姐妹们,相处得都非常和气,大家平时在一起,也没少插科打诨,晚上也经常开个"卧谈会",聊到深夜。但我总觉得,似乎缺少了一点什么。等我到了我姐姐、也就是你大姨的学校,上她的大学寝室玩过几次之后,我这才在鲜明的对比之下,幡然醒悟到了两个宿舍的不同——如果把我们宿舍比喻成宾馆里的西式自助餐,那么大姨的宿舍,就是大排档里的中式家宴。那种带着点土气的亲近和热闹,那种发自真心的淳朴和热情,让我至今回想起来,仍备感温暖。这倒不是因为两个宿舍的人有多大的差距,我以为,在南为橘,在北为枳。宿舍的风气不同,多半还是因为所处的地方不同。你知道的,大姨读大学的那座城市,是民风朴厚的合肥,而那所学校也是所理工科大学。

所以,你上大学,我就特别看重大学所在的城市,还有学校的风气。你们学校当然也是校风端正的,又地处北京这座大气兼容的城市,每一个学生都经过了严格的面试,还以理工科为主,这些都是我特别喜欢的地方。况且,你对宿舍里的集体生活,早就习以为常了。从小,我就让你住校,学会与人相处。小学时,你就在学校吃午餐,睡午觉,初中、高中,整整六年,你都是住校生。我也把人际交往的注意事项,早早交代于你

成长是一生的功课

了。所以,你的大学住校生活,应该不会有太多的不适应吧?

读了你的信,知道你与室友们因作息习惯上的不同,造成了睡眠上的困扰,这是你在中学住校时从未遇到过的新问题。我起先还有点担心,但看到后来发现,你都以包容、幽默、大度的心态,快快乐乐地处理好了,真的很为你骄傲。你灵活中有坚持,坚持中有宽容,友善中有分寸,分寸中有妥协,实在是小事情见大本领。在人际关系方面,你可以做我的老师了,我要向你虚心学习。

我也非常同意你对睡眠的看法。我一直以为,没有哪一种化妆品比睡眠更有效,没有哪一种休闲比睡眠更彻底。想来,你需要的睡眠时间比别人多,恐怕也与我的遗传有关系。我是一个一半时间都在床上度过的超级懒人(包括在床上看书、打电脑哦),我对睡眠的爱好,那是历史悠久,颇有名气的。哈哈,谁让你给我起个"大白熊"的外号呢。大白熊可都是要冬眠的,我比大白熊可要勤劳得多了,我一个冬天还能看不少的书,写不少的文章呢。

原来啊,我算得上是一只极品大白熊了!

谢谢你把大学宿舍的生活与我分享。我也回了趟属于自己的校园,宿舍,大学,青春……百感交集,眼眶潮润。真的,没有永远,过去就是永远!

希望你珍惜青春,珍惜大学,珍惜与同学们的友情,珍惜这难得的缘分。很快的,一切都会很快地如水流去……

第三部分　见信如晤

谈母爱：世代相传的遮掩和误区

女儿的信——

还记得那本书吗？淡蓝色的封面上，印着红色黑色没有装饰的名字：《最初的爱情，最后的仪式》。这本书是我从你床头旁那摞厚厚的书中"扫"来的。我打开目录，发现这是本短篇小说集，想想自己前段时间一直淹没在死板的学术著作里，我突然想把头搁进轻松的小说空间喘口气。当然，吸引我的，恐怕还有封面上的"爱情"这两个字吧。爱情，把我心中还在蠢蠢欲动的少女情怀给勾引了出来。读读吧！

一口气读完八篇，也不过花了一早上的时间。读完之后，我的第一感觉是，这是一种青春期少年荷尔蒙分泌过剩且不均衡所造成的宣泄。其中包括的"奇葩故事"有：一位研究数学的丈夫，用立体几何变形的方法杀死了妻子；一个自闭症患者，谋杀了一位他喜欢却得不到的小女孩；哥哥和妹妹借用过家家的形式乱伦……总之，八个故事的主人公，都或多或少有一些心理问题。

读的时候，我有一种在偷偷翻阅弗洛伊德病人记录的错觉。作者用平淡又冷静的语言，写出了这些惊世骇俗的故事，有的甚至突破了道德底线，实在是拥有直面人生黑暗面的无畏勇气，这点让我十分钦佩。看完他的小说，我还真的不得不承认，在我心中的确存在一个最黑暗、最潮湿的小角落，在那里，青春期多余的好像永远也用不完的冲动和荷尔蒙混合纠缠，只想酝酿出一场震惊全宇宙的革命来。

不同的是，大部分人的荷尔蒙，在臆想的准备时期就消耗完毕，而本书作者似乎拥有一个源源不断的加油站，使青春的多余激素顺利变为铅字，在纸上留下了青春的一声声炮响。

我对书中的两篇小说有比较多的感触，而其他的故事，可能因为我和作者的性别差异，难以引起太多的共鸣，只能顺着他犀利又新颖的文字比喻，一直读到了结局。

第一篇《与橱中人的对话》，写的是有关自私的母爱的故事。

他有一个母爱过于泛滥的妈妈，她一直用对待婴儿的方式照料他。虽然已经十七岁了，他还不会正常地与人沟通，不会自己吃饭，不会系鞋带，喜欢哭鼻子。在妈妈抛弃他之后，他过着一种毫无尊严的生活。为了生存，他受尽欺辱，最后藏进一只衣橱里，不愿出来。

这是一篇可怜人的独白。他的外壳被迫走进社会，但他的内核却还一直存放在母亲的子宫中。这让我想起了另一个故事：几年前，我在国家地理频道看到的一部纪录片，里面也记录着类似的悲剧。

一只黑猩猩妈妈特别宠爱它的第一个孩子，从早到晚都和这个孩子待在一起，抱着它，帮它理毛，走路的时候把它放在背上。小猩猩每天沐浴在母爱的温泉中，极端幸福。在妈妈生了其他猩猩兄弟之后，照顾它的时间变少了，小猩猩便吃起醋来，表现得十分愤怒。它会把妈妈手中抱着的兄弟抢走，扔在地下要求妈妈去抱它。如果妈妈不同意，它就会疯狂地打她。猩猩妈妈没有办法，只好一直迁就它。就这样，小猩猩一天天长大，母猩猩一天天老去。直到某一天，摄影师在河边发现了母猩猩的尸体。几天之后，小猩猩不吃不喝，得重病也死去了。

看完那部纪录片，我的心情挺沉重的。在最美好、最崇高、最能闪耀人性光辉的母爱里，也暗藏着致命的危险。从这个角度来看，真正的母爱还是放手，勇敢地把孩子推进社会里浮沉。因为作为一个过来人，母亲应该知道，这个世界上再没有另一人会像自己一样，能给予孩子无限且无私的爱了，其他的各种爱，多少都是有条件、有交换的。而作为一个独立的个体，孩子绝大部分的时间，是游荡在远离妈妈的其他圈子里。一个从蜜罐里爬出来的人，喝到橙汁都会觉得是苦的。被绑上太多母爱氢气球的孩子，只会因为升得太高而导致气球爆掉，最后急速从空中掉下来。

但是另一方面，妈妈也很无奈。她什么也没有，也什么都不曾拥有。朋友似乎只是互相需要而暂时的存在，爱情的多巴胺或许最多只能存在三十个月。但是一旦拥有了自己的孩子，生命就好像被一根绳子固定住了，她有了一个回归的原点。她拥有这个孩子。成为母亲这件事，不是简单的需要和原始的冲动，而是一个很神圣的仪式。泛滥的母爱是圣坛上熊熊燃

第三部分 见信如晤

烧的圣火，永不熄灭。

第二篇小说同书名：《最初的爱情，最后的仪式》，讲述了一对情侣杀死一只怀孕老鼠的故事。在杀死老鼠之后，故事中的男孩表现很正常，杀老鼠是为民除害嘛。然而当他们发现装着小老鼠的子宫，从大老鼠的肚子里掉出来时，文中的女孩表现出了一种特殊的怜悯。她不顾血腥的恶臭，把那些还在蠕动的粉红色小肉体，细心地放回到老鼠妈妈的肚子里。这样奇怪的举动，仿佛是死去的老鼠妈妈的灵魂，在女孩子的身上附体了一样，而她们的的确确拥有一个共同的媒介——母性。

其实这篇小说还包涵了其他的内容，但是在我读来，却只剩下老鼠妈妈和女孩子的灵魂交流了。这一点的光芒太耀眼，以至于其他的内容都像正午十二点的星星，虽然存在却不再重要。正是这篇小说，促使我在"婚姻到底是什么"这个问题上深入思考了一番，并留下自己独有的注脚。

我以为，婚姻的本质，就是母亲为了提高自己孩子的存活率，让孩子能得到更多的资源和保护，以便他们能更好发展的一种契约捆绑手段。

要想更清楚地阐述我的观点，首先我将把视角放到生物学进化论的方面。按照某一种分类方法，我们可以把动物分成两类，一类可以叫竞争式物种，另一类叫对偶联合式物种。区分两类物种最直观的方法，就是比较同一物种雄性和雌性体型的大小差异。竞争式的动物，雄性的体型要比雌性的体型大很多且寿命比较短，这样一来，在繁殖后代这件事上，雄性只提供精子，而雌性则要承担养育孩子的全部责任。对偶联合式物种的情况则是：雄性和雌性的体型不相上下且寿命也相似，雄性雌性共同养育后代，两者分别承担一半的责任。

只要我们观察一下男性和女性的体型就会发现，人类是夹在这两种分类之间的中间派。男人的体型，大体上来说要比女人强壮一些，而且男人的寿命稍微要比女人的短一些。这就造成了在人类社会历史上，我们既存在一夫多妻制，也存在一夫一妻制。但是我们能看到婚姻制度的发展趋势，是朝一夫一妻制发展的。现存的一夫多妻制毕竟是少数，那些可以享受一夫多妻特权的人，往往不是因为他们的体型，而是因为权力或金钱，所以现存的人类一夫多妻，可以说是文明的副产品。

女性很聪明。为了让她们的孩子能享受到父亲的照顾，女性发明出了婚姻这种签订契约的方法，用一种法律的约束力，来要求父亲对自己的孩子负责。

然而，随着生产力越来越不看重体力活，男性在获得资源方面的优势也所剩无存。现在，虽然还存在着职场对女性一定的歧视，但是人类文明前进的浪潮还是向男女平等的方向奔去。如今在发达的欧美，单亲妈妈越来越普遍。撇开存在明显上升的离婚率不说，有很多女性决定选择不结婚而借用他人的精子来拥有孩子，这样的现实，很好地证明了我前面的假设。女性已经完全有能力给孩子提供一个很好的成长环境，为什么还要套上婚姻的枷锁，牺牲掉本来的自由呢？我相信，今后如果一对男女生活在一起，那一定仅仅是因为互相吸引，而不是为了后代的存活，所以也不需要传统的婚姻来作为约束了。

说实话，我十分敬佩这些单亲妈妈。这些不凡的女性，她们接收到了来自远古的母性的呼唤，她们宁愿忍受巨大的疼痛也要完成做母亲的使命，好让人类种群延续下去。不管她们这样做是不是为了满足自私的母爱，至少我从她们身上看到了女性的最终解放。

《最初的爱情，最后的仪式》这本书引起了我这么丰富的联想。无论如何，我是十分喜欢它的。凭借简单新颖的语言，有些猥琐又十分大胆的情景，作者麦克尤恩对人性的本质进行了敏锐、细腻的探讨。我想，爱情，性，母亲，或许这就是文学作品能和人类种群一起传递下来的三大主题吧。

我想听听你的看法。

妈妈的信——

无话不谈的我们，终于聊到了这么敏感、这么有趣的女性话题！这会儿，我觉得你一下子长大了，不再是那个稚气未脱的小女生，而是一个精神独立、充满智慧的知识女性。你像是我的闺蜜兼知音。由一本书，你谈起了母爱、婚姻，你的观点新颖又犀利，分析也比较理性成熟——当然，我也有些惊讶，我惊讶于你在这些对于你的年龄来说还显超前的问题上，会思考得如此深刻而冷静。看来，二十岁的你，早已不是什么"小荷才露尖尖角"了，你的思想已经绿叶青青，蔚然成荫了。

第三部分　见信如晤

先来谈谈母爱吧。古往今来，人们总是不吝把最美好的词汇奉献给母爱，把母爱放在圣坛上加以膜拜，而你在这封信里，对蕴藏在母爱里的危险，是警觉的，防范的。你害怕母爱的泛滥、自私，害怕因为母爱的过于温暖而使孩子无法长大，这些观点说明你有强烈的独立自主的意识。你知道，孩子最终都是要离开母亲，独立地走上社会的，如果孩子无法从温暖的母爱中摆脱出来，学会自强自立的本领，那他最终会成为母爱的牺牲品——母爱由"圣坛"变成了孩子的"祭坛"。

我对你的观点十分认同，也深感欣慰。一直以来，作为母亲，我都在两个方面尽心尽力着：一方面给你全力以赴、不求回报的爱，一方面，把"人生是单飞的旅程"这个道理不断地灌输给你，让你从小就拥有独立自主、对自己负责的精神。从父母的角度来看，这种爱，需要高超的平衡能力和极难把握的分寸——既要给予孩子充分的爱，为他的健康成长，及时周到地提供帮助和关怀，给他最可靠的亲情和安全感，让他的心灵和情感，没有一丝因疏忽而造成的人格缺憾；同时，还要学会放手，不断地把他推出家庭，推向社会，教会他自立自强的本领和精神。这里的困难在于，爱是一种向内的力，而放手是一种向外的力，父母必须学会同时使用好这两种方向相反的力。

你信中的分析，似乎隐藏着这一潜在的推定：母爱时常会泛滥到淹没孩子的程度。仿佛，母亲给予孩子的爱，都是出自本能，无边无际，理所当然。在文学作品中，更是普遍所见的对母爱一种想象性的美化。实际上，现实情况并非如此。以我的观察，有不少的父母，他们把孩子带到世上来，是糊涂盲目的，他们对孩子的爱和责任，也是十分吝啬和狭隘的，不仅如此，他们还把孩子当成自己的私有财产，并在孩子身上寄托了"养儿防老"、"光宗耀祖"等等功利目的，可以说，他们把养孩子当成了一种"投资——回报"式的利己行为。我以为，这个世界上，不会放手的父母，与不会爱的父母，是一样多的。

"没有父母不爱自己的孩子"，这只是一种善意的假设，一种似是而非的老话，冠冕堂皇的借口。母爱，更不是像一些雷同又平庸的文学作品中所描写的那样，有着不容置疑的崇高和美好。实际上，亲子之间的伤害，司空见惯，无处不在。媒体上不是曝光过那么多遗弃、虐待自己亲生孩子的案件吗？我们的身边不是发生着那么多亲子反目、严重伤害甚至因私利而闹上法庭、断绝关系的故事吗？不是有太多的家庭在干涉与剥夺、在眼泪与争吵中度日如年、苦苦挣扎吗？一直以来，我们总有将家庭、亲情特别是母爱，简单化理想化浪漫化崇高化的倾向。我们不愿意正视和反省人性的真实面目。

在这个问题上，我以为，动物母亲对孩子的情感和反应，带着它们的动物属性和血缘本能，以繁衍生存为目的，反而显得自然、简单和纯粹一些；而人类因为他们强大的社会属性、复杂的思维能力和情感需求，人类的亲子关系，反而表现得更为纠结、混杂和功利，自然属性中充斥着更多的社会属性，寄托了更多物质和精神方面的动机和因素。

我想，你观点上的这一"疏漏"，恐怕与你非常甜蜜近乎完美的母爱体验有关（这可不是自吹自擂，我只是在以理性的态度分析问题）。你从自己的体验出发，以为天下所有的母爱，都是天然的强大，天然的神圣，天然的无法遏制，天然的会去泛滥，天然的长久永恒，都是"圣坛上熊熊燃烧的圣火，永不熄灭"，这恐怕只是你的一厢情愿吧？

我想，这里面恐怕也存在着人们代代相传的一个认识误区！（似乎一谈起母爱，人们就习惯把它放到"圣坛"上。）不！太多的母爱，就算出于本能，也还是一种"讲条件，求回报"的自私之爱。真正懂得爱，真正一心只为孩子而忘我无私、不求回报、不抱怨、不计较的父母，真正能设身处地、将心比心、自省负责的父母，也就是说，真正无私伟大的父爱、母爱，还是比较稀少的。

在这个问题上，我不想将人类的父母之爱，来一番夸大其词、不合实际的浪漫抒情。不少父母爱孩子，其实都还夹杂着自私的动机和目的，他们的爱离"圣坛"很远。孩子不是他们的养老依赖，就是他们的情感依赖，再或是他们的面子虚荣心，抑或是他们的权威感和控制欲所在。当然，这些心理都是非常微妙而隐秘的，也与天性中的血缘之爱混杂在一起，因此，不会有多少父母愿意直面自己的内心，剖析自己的动机。对孩子，他们往往用一句："我一切还不都是为了你好吗？"以此含糊地遮掩自己那不愿意反省和深究的复杂心理。

是的，说到底，就连在母爱这个问题上，我也觉得，人类是很难做到真正的无私无求、无怨无悔的。母爱的话题，正如奉献、牺牲、理想等一切崇高的话题一样，披挂着不少虚幻的蒙蔽的面纱。而一个好的小说家，是能用自己的笔，毫不留情地揭开这些面纱的。

你对泛滥的母爱提出警觉，对此我表示认同。但依我的看法，狭隘的母爱更需要警惕。因为母爱的贫乏狭隘，孩子所遭受的那种孤独、担忧、不信任、不安全感，那种情感的扭曲和冷漠，那种因缺乏关怀和教养而导致的无知无识、人格缺陷，那种因粗暴干涉而造成的自信和尊严的丧失，同样是触目惊心，令人痛心的。

所以，完美的母爱实际上包含着两个部分：懂得爱并且会爱（从孩子的角度出发，真正的无私无求无怨之爱，还要具备按照不同年龄对孩子及时指导和帮助的条件、知识、能力）；懂得放手并且会放手（教会孩子独立自主的精神和本领，并且让孩子在立足社会的同时，依然感觉到家庭的温暖与爱，不会因为独立而产生孤独感无助感）。

瞧瞧，真正的母爱，是多么高超、伟大的艺术啊！世上有几人能真正胜任呢？好了，再来谈谈婚姻的话题。

从强烈的母爱出发，你认为，婚姻不过是母亲为了增强父亲对孩子的责任感而发明的一种契约模式。这种说法倒不失为一种别致稀有的"一家之言"。我觉得，有一定的道理，也有不少的偏颇。

你这完全是从女性的心理分析出发的，缺乏对历史、对社会的全面客观的把握。按照人类发展的历程来说，婚姻的诞生，是伴随着私有财产的出现和父系社会的确立而产生的。婚姻制度，从根本上说，是一种财产和宗族制度，是为了确保父亲的财产不会旁移而能传承下去，确保父亲的血脉得以代代延续的契约。当然，你的观点，也为此做了个补充：也许，这种制度同样也符合母亲的利益，因为母亲可以借此更好地保护和培养自己的孩子。

你逻辑上的矛盾在于，一方面承认女性在两性关系上的弱势，一方面又说婚姻制度——这种保护母亲和孩子利益的契约是女性发明的。按你的逻辑，是弱者给强者套了个"圈套"，弱者让强者上了条"贼船"。哈哈，你想得真是太天真了。这个世界上，哪有弱者制定规则，迫使强者"请君入瓮"的事实呢？所有的制度实际上只会是强者制定和推动的，弱者在服从的同时，也许会有反抗，会有斗争，而只有当弱者变成强者的时候，他们才能制定新的规则。

讨论人类社会进程，请不要离开"物质决定意识，经济基础决定上层建筑"这个基本规律。忽略物质、财产、经济对人类社会的决定性影响，所有的关于社会制度的讨论，恐怕都会舍本求末。婚姻制度与社会其他制度一样，一定也是历史条件下的强者，为了巩固和发展自己的利益而确定的。当时的婚姻制度就是为了巩固父权，确保男性对妻子和孩子的绝对占有。女性像私有财产一样，在家属父，出嫁属夫，一辈子都走不出家庭的桎梏，完全没有自己独立的尊严和人格，更谈不上实现自己的人生价值和理想。而男性只要条件允许，三妻四妾理所当然。

不过，婚姻制度也和其他制度一样，随着时代和社会的发展，发生了必然的变革和进步。从夫为妻纲到男女平等，从包办婚姻到自由恋爱，从一夫多妻到一夫一妻，从女性的足不出户到妇女能顶半边天，现代社会里，文明程度与女性地位是密不可分、水涨船高的。而女性地位的不断提高，正是因妇女走出家庭，更多地承担社会角色，获得工作权、发展权之后，带来经济地位的提高，然后再弥漫到政治、文化、精神等各个层面的。

我非常赞同你对现代男女日趋平等、男性的优势地位在未来终将荡然无存的判断。虽然每个国家、地区在这个问题上的表现和进度是不一样的，传统势力的阻挠也不尽相同，但基于生产力和生产关系的深刻变革而带来的现代化、信息化、全球化的历史进程，是谁也无法阻挡的时代潮流。而这种现代文明进程，必然会引发人们思想观念和生活方式的巨大转变，因而在婚姻和家庭方面，造成不可逆转的变动趋势。

在全球范围内，离婚现象的频繁、单亲妈妈的出现和社会对此的逐渐宽容，同性婚姻的合法化努力，终生选择单身或不育的人增多……种种现象都在表明，传统的婚姻制度，受到了越来越大的冲击。这是生产力和科技文化的高速发展、人们的物质生活不断丰富、社会保障日益完善、精神日益自由、观念更加多元、特别是女性不断自强自立的必然结果。

揭开婚姻的面纱，我们似乎越来越感到，这种延续了无数代的家庭制度，这种以保障父系财产和血统为初衷的制度设计，这种将人类的爱情、尊严与利益、血缘等等捆绑起来的契约方式，面对现代人日渐纷繁的情感需要和更加自由的人生追求，开始呈现出捉襟见肘般的尴尬和局限了。更深刻的变革已经在暗自发生。虽然家庭至今仍是人类社会里最普遍的细胞，但这种细胞正以一种无法阻挡的趋势，悄然裂变。在一些发达国家，单身加上离婚后不婚的人数，已经接近或超过选择家庭的人数了。

据媒体报道，2010 年美国的离婚率非常高，27% 的孩子来自单亲家庭，也就是说，每 4 个孩子就有超过 1 个是来自单亲家庭的。而另一组数字则表明，人们对传统婚姻的认同程度越来越低：美国自 1960 年以来，同居情侣数量已经增长了 10 倍；近 25 年来，美国民众结婚率下降了近 30%。2010 年加拿大某研究所发布的一份调查报告也显示，单亲家庭、再婚家庭、同性家庭、同居家庭等的大量涌现，已经改变了加拿大的传统家庭观念。报告指出，2006 年，仅 48% 的加拿大人是正式结过婚的，同居家庭占家庭总数的比例也由 1981 年的 5.6%，增长至 2006 年的 15.5%。而据联合国的统计，近年来，世界许多国家的离婚率都有迅速上升的趋势。美国和欧洲许多国家的离婚率，长期居高不下，亚洲许多国家的离婚率，已有接近美欧国家的趋势。

我无意分析这些趋势背后的利弊得失，以及带来的诸多社会问题。我想说的是，痛则变，变则通，这是一条社会发展的必然规律。人类正是在变化和动荡中，在痛苦和抗争中摸索前进的。毫无疑问，随着现代文明的推进，我们已经踏上了一条更合乎人性、更灵活多样的情感追寻之路。当然，这种追寻和变化之路，还是极其漫长，也是极其艰难的。

对于女性而言，这似乎是一个最好的时代：进可在社会上独当一面，叱咤风云；退可在家庭里相夫教子，小鸟依人，可谓进退自如，收放由己，能屈能伸；同时，这似乎又是一个最坏的时代：女性既要与男性在社会上同等竞争，挣钱养家，实现自己的人生梦想；又要在家庭里承担繁重的家务，养育子女，孝敬父母和公婆。双重负担下，故而有所谓的"女性新标准"诞生：上得了厅堂，下得了厨房，杀得了木马，翻得了围墙，开得起好车，买得起好房，斗得过小三，打得过流氓。内外一肩挑的"女汉子"更是一词当红，响遏行云。女性的成长和担当，似乎与男性的退缩和软弱，相辅相成，几成定势。这年头，"女汉子"见惯不怪，此起彼伏；

"好男儿"却寥若晨星，形同珍稀。巾帼们在豪勇之下，透出了多少无奈和辛酸！

你说，单亲妈妈身上体现了女性的最终解放，对此，我有些怀疑。我觉得，女性也好，男性也罢，他们的解放，首先都要从人的角度去考虑，然后才能考虑到他们的性别特点。也就是说，他们首先要成为一个自强、独立、自由、尊严的人。

一个合格的社会人，应该在履行好自己的社会职责和义务的基础上，又能充分遵从自己的内心需求，做真实的自己。最终的解放，就是找到真正的自我，然后回归自我。无论未来社会有多么宽容，单亲妈妈只会是女性的多样选择之一，女性还能有更多更自由更开阔的选择。一夫一妻、同居不婚、同性婚姻、丁克家庭、独身不育、结婚独居、未婚生育等等形式，恐怕会根据个人的自由选择和不同的人生境遇，多元并存——而这些不同的选择彼此间无须认同，只需尊重。

值得一提的是，一个人不管选择什么样的人生道路，选择什么样的爱情和婚姻模式，选择什么样的育子方式，他作为一个社会成员，必须首先保证能独立解决自己的生存，承担起自己的社会责任，同时，还应遵守法律和道德，不损害他人的利益。在此基础上，才谈得上行使自己的权利。——诚然，自由是一种权利，解放是一种权利，我不反对这样的权利，但我反对因此而剥夺他者的权利，忽视做人的义务。在承担义务和不侵犯他人权利的基础上，一个合格的社会人，才能谈到追求自己的自由。

比如说，做单亲妈妈，不需要婚姻的束缚，也许对于母亲来说，是权利的解放，是自由的体现，但对于孩子而言，是否意味着另一种权利的侵犯和剥夺？是否，对孩子来说，一个稳定完整的家庭，一个朝夕相伴的父亲，是他成长中不可或缺的温暖，是他健康心态中必不可少的影响呢？再比如，单亲妈妈只是一种选择的方式，女性是否还能选择一辈子不生育孩子？不生育，是否意味着比单亲妈妈享有更大的解放呢？要承担人类艰巨又重要的繁衍、教养任务，除了家庭、单亲这些形式，未来是否还存在更理想更科学的其他模式呢？比如社会化集约化养育？——细究起来，很多问题都不像表面看上去的那么简单，种种利弊的纠葛，也不会那么轻易地泾渭分明。

第三部分 见信如晤

我以为，选择什么样的生活方式并不重要，重要的是，在纷繁芜杂的现实中，我们要始终保证自己能做一个有尊严、有爱心、有担当、有胸怀的人，做一个健康快乐、乐观向上的人，做一个对自己负责、对社会负责的人。自由，以我的理解，不过意味着自己独立选择，自己承担后果。越自由，越解放，也就越需要拥有分辨是非、驾驭自我、完善自我的能力。这就好比开车，车速越快，那么车子本身的性能就要越好，驾驶人的车技也要越高，否则就容易造成车毁人亡的惨剧。

在这样一个新旧混杂的时代，许多人的观念其实是自相矛盾的。比如有些女性，在性问题上，既希望与男子一样充分享受性的快乐，却又有"性即吃亏"的陈旧观点，似乎把性变成了一种受男子侵犯、进而可以要挟男性的道德武器。更有女性以性或婚姻为媒介，期望从男人那里交换利益，得到保障，名为献身，实与出卖无异。我以为，这是一种自轻自贱式的弱者思维方式。性的平等是人格平等的表现之一，性的美必须建立在人格的尊严和独立之上。因此，在没有暴力强迫的前提下，只有不和谐的性，没有谁吃亏的性。

婚姻的情形也是如此。少数女性既有"嫁汉嫁汉穿衣吃饭"的严重依赖心理，却又寄希望于丈夫的充分尊重与爱惜。这几乎是一厢情愿的贪婪。与这句话对应的，大多会是男性的"娶妻娶妻做饭洗衣"式的陈腐观念，将依赖他生存的妻子看成了他豢养的奴仆，轻视是必然的结果。男女双方若需保证人格和精神上的平等，则在权利和义务上必须是完全对等的。

还有一些女性，以强烈的反叛姿态，挑战男性权威和传统观念。她们的出发点是争取女权，然而她们的武器却是那么的原始、脆弱。男人抽烟喝酒，她们就抽烟喝酒，男人袒胸裸露，她们就袒胸裸露，男人能干什么，她们就干什么。男人以身体歧视女性，她们就以身体对抗男性。其实，活得像男人一样，难道不是另一种方式的中毒？以男性的方式反叛男性，难道不是另一种方式的价值认同？我以为，真正的解放，还是要唤醒女性自身的灵性，让灵魂舒展自在，让本性自然流动，让身心普照到愈来愈多的光明。

从你这封信上，我感到你似乎对爱情和婚姻持一定的否定态度。以你的年龄，我有些吃惊。按你的观点，爱情，是只能持续多少个月的荷尔蒙；婚姻，是母亲因为孩子对父亲实施的一次契约绑架——我不否认，你的分析有某些道理，但你的观点确实有点消极。这个世界上的爱情和婚姻有成千上万种，如果，我跟你说，依然存在那种浪漫甜蜜、童话故事般的恒久爱情呢？依然存在那种琴瑟和谐、幸福美满、天荒地老般的婚姻呢？你信吗？

这样的几率不会多，但肯定存在。我相信。

我更希望，你能遇到这样的几率，享受这样的甜蜜。

回到麦克尤恩的小说上，他对人性的幽暗，总是有着极为敏锐的洞察力，他的文笔也颇为奇丽和妖娆，但小说就是小说，是一种显微镜下的人性艺术，是创造力和想象力的驰骋，它离真实的混沌的复杂的人生，到底存在着不少的距离。我以为，真实的生活，不会像小说中的那样美，也不会像小说中的那样丑，再复杂的小说，与生活比起来，都还是简单的，有逻辑的。而生活，它没有逻辑，驳杂浑浊，有好有坏，不美不丑。它就像自然一样包罗万象，育化万千，平淡无奇，不动声色。

所以，亲爱的孩子，妈妈说了这么多，最想说的一句话还是：在任何时候任何情况下，请学会听从自己内心的声音。顺其自然，真诚于心，就是我们最好的选择。

谈阅读：跟随心灵去读书

女儿的信——

我居然花了一个星期的时间，读完了美国作家安·兰德的小说《阿特拉斯耸耸肩》（杨格译，以下简称《阿》）。当初我买下这部分上下两册1000多页的厚厚的小说，是因为我在读很多美国作者的作品时发现，这本书总是被不断地引用。我既好奇，又困惑，这是一本什么样的书呢，它为什么能影响几代美国人的思想？

在没有真正阅读之前，书封皮的介绍，记录了它辉煌的销量——8000多万册，在美国仅次于《圣经》的销量。我开始疑惑，这本书的魅力究竟在哪里。在从前我读过的别人的引用文字中，我原本以为《阿》是一本哲学或社会学的理论性著作，因为那些引用文字全都是极为抽象、浓缩的论述性语言，但是，当我发现它竟然是一部长篇小说后，我的诧异和惊奇，促使我一口气啃下了这本大部头小说。

你知道的，比起小说，实际上我更喜欢读哲学、历史、艺术、传记、思想性随笔等其他类型的文字。我读过的最长的中国小说是《红楼梦》，外国小说是《哈利·波特》。对于篇幅过长的虚构类小说我一向是有些不耐烦的。但还好啦，这部小说我还是坚持一鼓作气读完了。（哈哈，奖自己一个笑脸！）

故事发生的具体年份虽然有些模糊，但从内容上可以推测，应该是20世纪前期或中期的美国。小说出版年份为1957年，由此可以看出，作者讲述的故事虽然是虚构的，但那是一个"现在进行时"的现实故事，具有强烈的现实感。小说描写的故事背景是：大资本家控制着国会，工业迅速发展，美国人认为他们生活在世界上最富裕最发达最民主的国家。作者在文中毫无保留地赞美着自由的资本主义市场经济，而把政府调控和共产主义批驳得体无完肤。这样偏激的"一边倒"的态度，放在全球金融危机、西方经济衰退、新兴经济体全面崛起的今天，会让人很容易就感觉到蕴藏在其中的肤浅和片面，但是，放在当时的国际大背景下分析，又让人有合乎意料和情理的感觉。

"理性的个人主义是道德"、"我不为任何人活着，也不需要别人为我而活"，这两个句子在书中不断重现，作者的价值观和哲学思想，便这样浅显而简洁地表达了出来。五六十年代，美苏冷战进入白热化状态。而这本书的作者安·兰德，正是一个青年时代就从苏联流亡到美国的"叛逃者"。她对集权的仇恨和对自由的向往，都带着她的切身体会和生命感受。

在她的描写下，原本蓬勃发展的20世纪发动机制造厂，因为实行生产资料公有制和按需分配的政策，而在一年之内破产。勤劳善良的工人，全部变成了懒惰、邪恶的人民公害。政府无知的宏观调控，不仅不能帮助全国经济好转，反而让一些原本有能力的企业不得不破产倒闭。作者甚至对怜悯和施舍，也报以否定态度。她毫不留情地讽刺着那些缺乏创造力而靠别人的同情生存的人，主张让他们在残酷的竞争下自生自灭。

对于如此偏激的观点，我无法认同。我以为，人类种群作为一个整体，若想在这个优胜劣汰的世界上长存，其内部必须有扶穷助弱的机制，这是道德和理性的诉求。个人主义若走上一意孤行的道路，往往也不利于其自身发展壮大。适当的群体观念，在某种程度上也可以看成一种更长效的可持续的个人主义。拿通俗一点的话说，穷人、弱者若无法过下去，那么富人、强者也不可能过得长久。而必要的社会福利和政府调控，在社会这部庞大复杂的机器运转中，则显得必不可少。

不过，联想到作者的人生经历和当时的国际背景，我对于作者在文中的态度，也能表示理解。我想，早年在苏联的生活，一定让作者看清了种种集权的弊端，受到了某种深入骨髓的伤害，于是作者有了"矫枉过正"的立场。而只身投奔到祖国的"敌方"，如果自己没有坚决表明对自由资本主义的信念，恐怕也很难被美国主流社会认可和接纳。于是，我推断出本书畅销的一个重要原因，它是迎合了当时美国社会的需要。美国政府和一些有影响力的大资本家，一定会大肆宣扬和极力推广，而当时的美国人民也要靠它树立和坚定对自由资本主义的狂热信心，对自己国家的强烈自豪。这是一种价值观趋同的胜利。彼此需要，彼此呼应，彼此证明。

第三部分 见信如晤

当然，作为一本小说，主旨的迎合潮流，只是其畅销的基础。毕竟小说作为一种文学艺术，其情节构思和表现手法，更能发挥其吸引人的关键作用。在《阿》中，作者运用了很多现代艺术中的象征和解构手法。书中人物关系复杂，情节层层深入，在逻辑和思辨上都表现出一个女性作者的巅峰。其中有两处细节处理，让我记忆犹新，颇有感触。

作者在本书的开头便问："谁是约翰·高尔特？"这句话成了书中所有人物的口头禅。这样一个看似无厘头的问题，刚刚在文中出现的时候，读者会觉得有些荒唐而摸不着头脑，等出现了几次后，读者会产生一种好奇：约翰·高尔特这个人到底是谁？于是这句话成了故事推进下去的线索，读者渴望知道真相。等到这句话出现了若干次之后，它的效果便有了戏剧性的转变，读者在看到它时，脑袋里的神经元似乎在重复运动下，形成了稳定的联接：到底谁是约翰·高尔特呢？读者也在脑袋里发问，仿佛与书中的人物一拍即合，心有灵犀一点通。在人们无助、绝望之时，一问"谁是约翰·高尔特？"便能让读者和书中的故事达到理解和共鸣。于是，作者的目的达到了，读者已经完全融入故事之中无法自拔。这种大部头的难啃之书，也变得有力量推着读者阅读到最后一页了。

我还欣赏作者在书中运用的一个符号性的标志物，那就是美元符号。这个大众符号最初出现在一根神秘的香烟上。没有人知道这种印着美元符号的香烟来自哪里，就连书中一个专门收集香烟品牌的老人也不了解，于是这个美元符号变得神秘起来。而最终书中所有的重要角色，手中都出现过它。它就像一盏黑暗里的指明灯，把读者引向最终的答案——一个巨大的黄金制成的美元符号，高高地耸立在思想者隐居的山谷之中。美元符号，象征着对美国梦的追求，凝聚着作者的价值观，体现着故事的主旨，以这样一种引人入胜的象征方式，连贯着故事，让情节层层展开和揭秘。

所以，作者在写故事时，看准了几点最重要的因素，让它们不断重复在字里行间，成为推进情节和吸引读者的"绝杀秘笈"。

在这本小说的创作上，让我感到最有难度的是，作者在现实生活中构建了一个完整的思想体系，通过书中的人物和情节，来阐明自己的哲学观点。现实和思想那么有机地联系在一起。我以为，这是一个不那么容易完成的任务。大部分的小说，都很难把讲现实故事和讲哲学道理合二为一，

成长是一生的功课

因为很容易给人留下"图解政治"式的机械刻板和牵强附会的印象。一般描写现实的小说,它的目的都是为了揭示现实生活以及人性在现实中的复杂真相,是以写人或写事为主;而一般阐述哲学观点的小说,都会选择一个服务于自己观点的虚拟世界,比如《小王子》和《苏菲的世界》等。而《阿》的作者却能将现实和哲学统一起来。这一点给我的感触最深。

作者将故事中虚拟的理想化的人物放入现实,通过对现实社会具体入微的刻画描写,比如作者对美国各州的地理、人文、社会和经济发展情况都非常了解,她将这些真实情况融入故事中,让小说人物在真实的背景下活动,让读者感觉逼真,身临其境。而人格上升华了的理想化人物,因为被作者赋予了超能力,所以从他们的口中说出种种大道理,读者也不会觉得唐突。这是一种聪明的表现手法。

本书的主角,也就是 TT 铁路公司的副总裁塔格特小姐,我以为是作者自身的幻想。她理性、成熟、聪慧、美丽,迷倒了书中所有的男子。而书中还构建了一个类似于世外桃源的小山谷,也寄托了作者理想化的设想。这种既像现实又超越现实的理想化安排,正是一种吸引读者从平庸的现实中逃离出来的诱惑力。安·兰德将她自己的艺术描述为"浪漫现实主义"。她说:"我是个浪漫派,因为我所呈现的是人们本该有的样子。我是一个现实派,因为我将他们安排在了此时此刻的这个地球上。"(语出《阿》后记。)

安·兰德认为艺术是一种"艺术家按照自己纯粹的哲学价值观而对现实的再创造"(语出里奥那多·佩克夫《三十五周年再版序言》),她的小说《阿》正是她自己这一艺术理念的最好践行。完整而坚定的哲学观点,层层推进、逻辑严密的情节设置,浪漫升华、性格鲜明的理想化人物,不断重复、引人入胜的象征性符号,这一切构成了这部畅销小说背后的力量。

我们以前曾讨论过关于畅销书的话题。在我看来,所有的畅销都有必然,但更有偶然。对于《阿》,我总结了这么多它畅销背后的因素,但实际上,我并不清楚,这就是一本畅销书真正的"秘诀"。(潜意识里,我反而觉得,一切的畅销都是不可复制的,无道理可讲的。)那么,这些文字就算是我的一篇读书笔记好了。总之,我读了,想了,写了,然后,我困了——我要睡觉了。

晚安。

妈妈的信——

知道吗？当我读到你的信后，我最强烈的感受，就是惊讶。真是"士别三日，刮目相看"啊！当然，你给我的惊讶，已经数不胜数了，你以往取得的那些成绩，已经让我一次又一次不得不有一种"分裂"的感觉了——一方面，在我的内心里，你依然还是那个"BB仔"似的天真可爱的乖宝宝；另一方面，你的学识和思想，越来越让我有一种肃然起敬的感觉。是的，这两个方面都是你，你既可以天真如稚子，又可以智慧如尊者。不简单哦。

非常惭愧地告诉你，你读的这部小说，我从没有读过，甚至也没有听说过。看了你的这篇读书笔记后，我对这本书有了大概的了解。我也上网搜索了一些相关的资料。够了，我觉得，从你这篇读书笔记中，我已经吸收到了这部小说大部分的精华了。所以，我不想再去读它了。人与人之间是讲缘分的，而我以为，人与书之间也是如此。

有些书，让我们一见钟情，我们一口气读完，惊艳，感慨，唏嘘，共鸣。这些书像情人，能让我们坠入热烈的爱恋，但时间长了，情感也就淡了，我们不想再去重读一遍，即使偶然再去翻阅，我们也会有一种事过境迁的感觉，丧失了当初读它的激情。于是，这些书就成了书架上的陈列，昭示着一种"曾经拥有"的充实，还有淡淡的岁月的沧桑。

有些书，则像温厚的亲人、故知。起先读的时候，是一种沁入心脾、润物无声的感觉，彼此倾心，却又包含许多难言的复杂情感。它们让我们沉思，反省，回味。读完后，我们总喜欢把它们放置在床头，案前，那些随手可取的地方，没事就拿出来翻翻，汲取一种精神上的温暖和默契。它们不热烈，但恒久；不绚丽，但厚实；不聒噪，但娓娓；不媚俗，但雅洁。它们伴随着我们的生命成长，岁月沉淀，常变常新，意味无穷。我们能理解多少，它们似乎就能呈现多少。这些书是我们的经典。

还有一些书，就是快餐、零食、消遣。这没得说，我们都读过，打发一时的无聊、寂寞，增添一时的欢快，娱乐。放松一下，就像有人去K个歌，沐个足，搓个麻，打场球。

可是，也有那么一类书，无论它们多有名，来头多大，我们就是看不进去。它们与我们的"气场"天生不合。我们无数次拿起又放下，放下又拿起，可过了一年半载，我们还是无奈地发现，我们把书签依然夹在了一百页之前，它们成了我们永远的"烂尾工程"！（这里面甚至包括一些世界名著和一些名家的作品。）

比如，同样是列夫·托尔斯泰的书，《安娜·卡列尼娜》我一下子就读完了，而《战争与和平》，我至今未能认真地精读一遍，一到某些段落，我就有些水土不服似的翻过去了。同样是大部头，《悲惨世界》我看了好几遍，仍爱不释手，而《基督山伯爵》我兴致勃勃地一口气读完，却不想再翻了。不少名著，我都看不下去，比如帕慕克的《我的名字叫红》，我记得自己只从头到尾翻了一遍，沐浴了一下文字的气息（还是翻译文字的气息），而你，却又熟练又准确地精读了一遍，还写了一篇读后感，你喜欢那个充满异国神秘气息的故事。还有一些作家，我只喜欢他们的一部分作品，对其他作品却无法相契，比如萨特、卡佛、纳博科夫等等。而对有些作家，我则喜欢他们的一切作品，比如卡夫卡、库切、托尼·莫里森、加西亚·马尔克斯等等。

当然，你曾经说过，这与我的外文底子差有极大的关系。我只会中文，英文虽能勉强达到六级水平（现在恐怕已退化到四级了），却无法熟练地看英文原版书。而你现在，更喜欢看英文原版书籍。你的电脑上，下载了一百多部英文书籍。你说，自从看了原版书后，你才真正体会到看翻译书的别扭。特别是一些哲学书，比如柏拉图的《理想国》，你曾经看过中文版，觉得不少地方都有些含糊、生涩，而看了英文版之后，你大呼"过瘾"。你认为，拉丁文、英文这些表音文字，与我们汉语这样的表意文字，有着天然的隔阂，还有一些思维方式的不同，因此，翻译书读起来实在是隔靴搔痒，有时候简直就是词不达意。对此，我深表赞同，也有深切体会。

比如，歌德是我非常喜爱和敬佩的作家，我读过他的《谈话录》、《少年维特之烦恼》，还有一些散文、随笔，感觉情投意合，共鸣不已。可是，他最著名的诗作《浮士德》，我却至今未能完整通读。就是因为它们的翻

第三部分　见信如晤

译，是那么笨拙、别扭、局促，我能感觉到歌德这位文化巨人，他那飞溢着的辉煌的才思，让那些翻译文字给弄得缩手反脚，狼狈不堪，真有让大师跑堂之感！（读但丁的《神曲》也是如此，诗歌是最不能翻译的！）

翻译文字就像是套在鲜活植物上的橡胶，散发着一股令人隔膜的化学气味。所以，你主张尽量去读原文书籍。刚上大二的你，居然有这样的切身体会，当然让我惊叹，也让我汗颜。没办法喽，你老妈人到中年，脑细胞生长有限，恐怕此生都只能读那些散发着"橡胶气息"的翻译文字了。

当然，我的狭窄的阅读量，也与自己童年、少年时期严重贫乏的阅读经历有关。我小时候，家里只有区区几本文学书，鲁迅的，还有几本高尔基的，再就是一些革命题材的书，《红岩》《钢铁是怎样炼成的》之类。还好，你的外婆经常会从单位的图书馆为我借书，因此，中学时，我也读过《德伯家的苔丝》《无名的裘德》《莫泊桑中短篇小说选》《契诃夫短篇小说选》等书，还有一些《十月》《钟山》《收获》《清明》这样的文学杂志，这些就是我全部的文学启蒙。一直到上了大学，我才读到《红楼梦》《古文观止》《简·爱》《巴黎圣母院》《约翰·克利斯朵夫》等中外名著。我的文学的"童子功"实在是太过残薄了，几乎属于先天性发育不良。哪像你，人还不识字，就已经拥有一面墙的书了！书籍对于你，就像大海对于渔民，是见惯为常的。只有你不想读的书，没有你读不到的书。

这就是我们之间的真正差别。我早已过了读书学习的最佳时期，而你好比是能量无限的知识的"黑洞"，无论什么都能吸收进去。

曾几何时，我强迫自己读那些不喜欢的书。我告诉自己：你是作家，你要博览群书，一本这么鼎鼎大名的书，居然都是你的阅读"盲点"，这要说起来，实在是丢人的事情。我为读硬读，却依然无法读下去！后来，我意识到了，在阅读方面，我是个"挑食"的人。"挑食"并不是指阅读范围和类型的狭窄（相反，你知道的，我喜欢读的书五花八门，涉猎庞杂），而是意味着我的阅读品位有些挑剔。我的鼻腔太过敏锐，对于一切气味不合的书籍，我都像猎狗似的，有一种条件反射式的抗拒。

现在，我想通了，我只读那些自己喜欢读的书。阅读的经历，首先是放松、享受，起码不应该像完成一项指标似的，强迫自己硬读吧，更不应该像打一场阵地战那样，坚苦卓绝吧？你曾经不屑于我的阅读量之小，总

成长是一生的功课

是嘲笑我:"你这也没读过,那也没读过,你这个作家是怎么当的?"好吧,我承认自己的孤陋寡闻,自己的书墨之少,但我不认为自己的学识浅陋。古人说,半本《论语》可以治天下,读书的关键还要取决于"会读"。所谓的"会读",就是要思考地读,质疑地读,把书中的知识,与自己的观察、体验、见识、生活结合起来,化为自己知识体系中的某个有机成分,然后再学以致用,不断推陈出新。我以前跟你简短地讲过,我读《金刚经》时有些神奇的经历。《金刚经》是我的最爱,每读一遍感觉就会新生一次。我想等你再长大一点,生活阅历再丰富一点的时候,再跟你详细地探讨这本书。

扯远了,回到你的信上吧。我觉得,你的这篇读书笔记,写得非常到位。以你的年龄,写出这样的文字,我只能佩服。而且,这本书我也没读过,没有发言权,所以,我也不能给你提出更多的交流意见。但以我的一般认识,我会把这本书归类于流行小说,而与充满了歧义和复杂感受、给人带来丰富艺术享受的文艺小说,区别开来。前者属大众,后者属小众,前者像业余运动员,后者是专业运动员,两者的要求不同。我认同你对畅销书的看法,畅销实际上没有多少规律可循,畅销更不是书籍品质的保证,所以,我们读书,大可不必追着"畅销"而去。读书,就是要听从自己内心的声音,我们的灵魂需要什么,契合什么,追慕什么,我们就读什么样的书。

另外,我再补充一点文学之外的话题。我特别同意你文中提到的对"群体"和"个体"的辨证看法,我也认为,在这个问题上,应秉持中道,而不要非此即彼地偏执狭隘。

最后,我想告诉你的是:你能把读书笔记写下来,写得这么详细完整,这是一件非常有意义的事情。希望你坚持下去,保持一颗敏感的心灵,多看,多思,最关键,还是要多写。"不积跬步,无以至千里;不积小流,无以成江海。"所谓的收获,就是在不断流逝的岁月中,那一点一滴的不懈的积累。

谢谢你的分享。

谈心理病：现代人的生活陷阱

女儿的信——

今早起床赫然发现，额头上两颗原本很小的痘痘，一夜间暴长。想起昨晚临睡前，我又忍不住对着镜子，将它们挤压了一番。唉，真是有心杀贼，无力回天啊！我已经无数次下定决心，对脸上的痘痘听之任之了，但这次又没能管住自己的两只"贱手"。联想到我的其他一些行为习惯，我断定自己是患了某种强迫症了。于是，我一整天都在思考这个问题，以便从思想的根源一举捣毁它的顽固"老巢"。下面就是我的分析结果，向你做个思想汇报（我知道，你对我的挤痘痘行为也曾软硬兼施，但都束手无策）。这也算是我的一种自我解剖和检讨吧。

我以为，人类很容易迷上一样东西，换句话说，就是会对很多事情上瘾，最常见的便是抽烟、酗酒和吸毒了。这三种顽疾已经长期被人们解剖得"体无完肤"了——生物学家、心理医生、社会学家、经济学家等各类学者，连普通人都能在这样的"盲人摸象"中，摸出个大概来。

在我看来，做一些事会上瘾，终究是因为它们会对大脑的特定位置，产生一种刺激，而这种刺激会让我们在那段时间里感觉特好。于是，我们理所当然地想要不停地重复。我把上瘾看作是强迫症（OCD）的一种世俗理解，因为如此分析，能让上瘾的人更趋向于抛开社会、传统和他人的影响，而努力用一种更理性、更科学的态度对待自己。

细究起来，现代人由于生活节奏快、压力大等诸多原因，或多或少都会带有一点强迫症的印记。就我自己而言，我在三件事上有强迫症的初期表现：运动、挤痘痘和对多样性的过分要求。

拿运动来说，我每天一定要把固定的时间，花在跑步或打球上。运动的时间最好是在下午4点之后，如果不行，在晚上7点左右也可以接受。如果有哪一天我因为特殊情况而不能完成，我会出现特别烦躁、坐立不

成长是一生的功课

安、无法集中注意力等各种状况。运动对我来说,已经成为和吃饭、睡觉一样重要、每天必须完成的使命了,有时候吃饭也可以为运动让步。本来,运动是一种良好的生活习惯,但到了像我这样"非此不可"的地步,也就有点忧喜参半了。因为我感到,没有运动,我的生命将不再完整。

第二种强迫症则比较有趣,我自己将其归纳称为"多样性强迫症"。这种强迫症主要表现在吃饭和穿衣这两件最最普通的事情上。多样性的吃饭要求,在于每顿饭吃的东西,必须和前一餐没有重复,一个星期之内,每餐饭吃的内容都要有所不同。多样性的穿衣,则表现在每天要换不同的衣服,至少衣服要有不同的搭配。这种强迫性愿望,对于一个每天在食堂里就餐的人而言,真是举步维艰啊。有时一走到食堂门口,一闻到那股熟悉的味道,我似乎就已经吃饱了。

而第三种强迫症就是我前面提到的、让我深恶痛绝的:挤痘痘。每当发现自己的脸上冒出了一颗痘,我就会下意识地伸出两只邪恶的手指,想要把它挤掉。我明明知道使用这种方法是恶性循环,只会让事情越变越坏,但是自己却永远都抑制不住内心的邪念,屡屡犯贱。

现在地球上有差不多70亿人了,所以不管上述三种强迫意愿有多么奇特,我相信一定有不少人和我一样,也在为这些碎如纸屑又难以摆脱的烦恼而纠结。

我想先来分析一下"运动强迫症",因为这是最容易分析的一个。科学家已经发现了,人在运动的时候,大脑会分泌一种叫多巴胺的化学物质。只要偶尔看看科普书的人,都会觉得这个词特别熟悉,因为在大脑的"奖励机制"中,多巴胺是一种很常见的小礼品。就我的理解,多巴胺就好像是上幼儿园时,老师在我们额头上贴的小红花。我们也不知道小红花具体有什么好,但是如果在额头正中贴着一朵,那么顿时感觉生活变得美好起来。这样就很容易解释,为什么我每天都至少要运动一个小时了。但如果我们继续追问下去呢?为什么运动时大脑就会分泌多巴胺呢?在这个问题上,我是一个彻彻底底的进化论者。

首先我想把两个重要的事实当作推论的前提。第一,对于人类发展而言,运动是极为重要、不可或缺的元素。与现代在办公室工作的状态不同,在人类发展的初期,我们经历了漫长的狩猎—采集生活。在原始的生活状态下,运动能力强的部落一定比不爱运动的部落更有竞争力。第二,多巴胺能让我们有愉快的感觉,如果做一件事能大量分泌多巴胺,那么我们一定会更频繁地去做。根据达尔文的进化论,物竞天择,优胜劣汰,适者生存,大脑正是通过分泌"幸福因子"来告诉我们什么是应该做的。

我能给出的关于多样性强迫症的解释,就是现代人受到外界频繁的变化干扰,会将各种信息转变成教条,而长时间的变化教条,则不幸发展成为大脑的机械运动。

看看下面我写的经历,你一定也有过和我同样的感觉。今天报纸上写着某某食品有助于身体健康,正在你大吃特吃之际,隔了没多久,一本杂志上又赫然出现了,过度食用那种食物,存在着某些患病的风险。在看了太多这样的"拉锯文章"之后,我得出了一个中庸之道:健康的饮食方法,就是什么东西都不能多吃,但什么东西都得吃一点儿。在这种理论指导下,我就走上了过度要求食物多样性的不归之路。这种"多样性强迫症",可谓最灵活却又最呆板,会让自己强迫性地寻找新刺激,以便强迫性地让自己单调的生活显得有情趣,也就是"为变硬变"了。

"挤痘痘强迫症"是最令我纠结的问题了。谁都知道,皮肤的好坏是颜值判断的重要标志之一。我对自己的这种自残行为,真是恨得咬牙切齿,但是意志力的"泰坦尼克号",始终都敌不过潜意识里坚不可摧的冰山。每次挤完痘痘,懊悔感就像冷酷的海水一样涌进心中,让我只想把两只邪恶的手砍掉。为了从源头上戒掉这个恶习,我开始思考形成这个强迫症的缘由了。

首先,挤痘痘可能是从模仿和学习开始的。和任何事情一样,我不可能一出生就会做,往往是我身边的人潜移默化地影响了我。(哼哼,在这一点上,你的责任也不小!)小孩子的皮肤很好,不会长痘痘。我开始生痘痘,是在初中青春期的时候。那时我急于摆脱这个烦恼,又在偶然间发现你有挤痘痘的"秘诀",不时地对着镜子操作一下,于是便模仿并学会了这种方法。

但是,随着时间的推移,一个行为最原始的目的会随之改变。我发现,挤痘痘似乎是一种很好的释放焦虑的途径。可能我在偶尔几次的挤痘痘经历中,发现了它的"副作用"。由于挤痘痘是一项技术活,必须要有十分集中的注意力,要运用敏锐的观察和细致的手法才能完成。所以,在挤痘痘的过程中,我的精力是十分集中的,大脑的其他一些功能,都让步于它了。而注意力在短暂的高强度集中后,必定会有一种放松和释放。这就和在解压治疗中,先紧张再放松的方法相似。在我发现了挤痘痘的这一功效之后,每当我感到焦虑和紧张时,可能就会选择挤痘痘这个方法来缓解了。

当然,关于这个问题,我还从心理上思考了原因。我觉得挤痘痘也许是我不自信甚至自卑的表现。我是一个自我反省能力很强的人,而且我特别喜欢拿自己的不足和别人的优点比较。这样一来,我经常会觉得自己很失败。另一方面,在自我反省之后,我还会产生强烈的自我完善的愿望。当自己遇到解决不了的问题时,我就容易产生一种无用之感。看着脸上冒出的几颗痘痘,我便十分敏感地讨厌起自己,特别想快点改变现状,没想到反而陷入一个恶性循环的圈子里。

最近我在《第三种黑猩猩》这本书里,看到了"残障原理"这个理论。这个理论是用来解释为什么人会主动做一些对自己有害的事情。作者用它来解释有人吸毒的原因。我觉得挤痘痘这件事,绝对属于"主动做对自己有害的事"的范畴。如果这个理论是科学的,那我应该也能套用过来解释一下了。"残障原理"的大意是:为了证明自己的基因比别人更加优秀,动物会完成一些对自己有害或有危险的行为。因为只有强者才能经受得住挑战,而弱者则会被淘汰。那么,从这种理论来讲,难道是我太自信了吗?挤痘痘是因为我相信就算我的皮肤比别人差,我也能很好地活着?这个推理和上面的解释相互矛盾啊。或许,我就是一个矛盾体,一直都在自卑和自负的阴阳两极上游荡,找不到一个适中的平衡点。

其实,挤痘痘的心理动机,还可以用一个类似管理学里面的"破窗原理"来解释。一个已经破了的窗户,往往会吸引更多小石块的进攻。好吧,其实我只是想披着"有文化"的外衣,来说破罐子破摔这句话的。谁看到自己脸上冒出痘痘都会心急如焚的,挤挤它也许是心里抱着些许的侥幸心态,希望它快点消失吧。

这又让我联想起在《怪诞心理学》这本书中看到的有关加入邪教组织的心理推力。一般在加入邪教组织以前,准会员们都要接受严酷的考验,通过考验才能正式加入。通过这样的方法，加入组织的成员会特别忠于组织，就算知道自己将掉入深渊也会奋不顾身。因为，我们的大脑会欺骗自己，我们不愿意承认自己的错误，所以我们选择一错再错。停止犯错的前提是承认错误，而这需要我们拥有极大的勇气。

分析来，分析去，我对自己挤痘痘的这种行为，真的已经忍无可忍了。和运动及多样性那两种强迫症比起来，挤痘痘的代价最为惨痛。所以，此时此刻，我只想找到一种能够停止它的方法，好让我不要再内疚地写上这样一封几千字的信来批判自己。

顺便提一下，这封信花了我两个晚上的时间，等我写完后，我欣喜地发现脸上的痘痘，已经奇迹般地消失了。这是不是因为我做了勇敢的自我批判，以至于上天都要嘉奖我一下呢？

妈妈的信——

哇！一个小小的"挤痘痘"行为，都被你抽筋剥皮，分析得这么千疮百孔！你是要卖弄自己的学问高深，知识渊博，还是真的想痛改前非，重新做人呢？不管怎样，首先我要向你做深刻的自我检讨——因为你的"挤痘痘"的恶习，竟是从我无意间的举动上去模仿的，哈，果真是上梁不正下梁歪，近朱者赤近墨者黑，老鼠的孩子天生就会打洞啊。不过，我可要跟你说清楚，我早就不挤痘痘了（因为已无痘痘可挤），也早就把挤痘痘的危害，苦口婆心地向你唠叨 N 遍了；更从后勤保障上，为你提供了无数种抗痘痘的化妆品了。所以，你现在的一切恶果都由你自行承担，我可是一概不负责任的哦。

认真分析起来，实际上，我们每个人都存在或多或少的心理毛病。正如人的身体会感冒，心理有时也会"感冒"，比如会有焦虑、急躁、抑郁、怀疑、偏执、封闭等等表现。这没什么，只要学会自我调适，放松心情，人很快就能走出一时的心理"感冒"，不值得大惊小怪的。

不过，以我对你的了解，你的那些行为习惯，纯属正常状态，你不要上纲上线，自己给自己戴大帽子，自己判自己"有病"。在我看来，你的身心，就像热带阳光那么晴朗健康，你就算模仿病西施，捧个胸、蹙个眉，弄点小强迫、小郁闷、小纠结什么的，那都属于给自己的人生加点色

成长是一生的功课

彩，添点滋味——所以，我把你的这篇文章，只会当成自嘲和幽默。

我来给你点评一下：爱运动，这是好事啊，说明你已养成每天运动的习惯，别人羡慕你还来不及呢；吃饭穿衣注重变化，这也没什么啊，说明你讲究生活品位，喜欢求新求变，对生活情趣的要求比较高。至于挤痘痘嘛，你左一个"残障原理"，右一个"破窗原理"，还抬出什么"邪教组织"的分析，想吓唬谁呢？欺负我没有你学问大，是不？还是自己给自己找台阶下？嘿嘿，我可不上你的当。你说一千，道一万，而我只用一句简单的话，就给你总结了，说到底，你还是自制力不够，通俗一点说，就是管不住自己。我说得对不？

当然，我不能对你苛求。自制力这玩意儿，谁都有不够的时候。人嘛，真要是把自己完全管住了，所谓的"降住了心魔"，那也就成了佛了。我们是普通人，当然会有动摇，有软弱，有懈怠，有任性，有低标准宽要求，有得过且过，有图一时痛快。这些心理都很正常，不过，要想有所进步，有所成就，那就必须不断地向这些弱点发出挑战，不断地增强自己的自制力，让自己不断地接近心中理想的那个人。——这不是一时的发奋，而是一辈子的修炼。"身如菩提树，心似明镜台，时时勤拂拭，勿使惹尘埃"。这种"渐修式"的自我成长之路，特别适合我们这样的自制力薄弱的凡夫俗子。

说到自制力，坦白地说，在这方面，我自己的表现就很差劲。我的懒惰，怕吃苦，那都是由来已久的"恶名"了。一直以来，我爱睡懒觉，贪床，晚上睡得再早，早上也不爱起床。我下了很多次决心，定了无数次作息时间表，最后，都顽固地以失败收场。如果按你的逻辑，我是不是患了"懒觉强迫症"呢？是不是也该套套什么原理解剖一下，在睡懒觉的背后，我有哪些隐秘的心理动机呢？不，就算那些心理分析都是真实的，准确的，那也构不成充足的理由和原因。因为我知道，真正的原因就是一个：我懒，又没有克服它的自制力。

所以，不要什么都拿心理说事，为自己的意志薄弱找借口。

不过，你信里提到的心理问题，倒的确是个不容忽视的话题。

当今社会，变化快，竞争强，压力大，诱惑多。如果一个人没有一颗强大的心脏，没有一种开阔的心态，是很容易产生各种心理困惑的。尤其

第三部分 见信如晤

对年轻人来说,情绪本身就晴雨不定,再加上成长带来的诸多问题,学业、恋爱、事业、人际,种种方面都要承受严峻的挑战,所以,心理上确实容易出现这样那样的烦恼。

拿我自己来说,多年前,我读大学的时候,就曾被社交问题深深困扰过。因为性格单纯,天性敏感,缺乏与人相处的经验和技巧,我在一个新环境里,很难跟周围的同学打成一片,加上是第一次身处异地,远离亲人,孤独感非常强烈。而我所在的大学地处上海,上海的民风里普遍存在一种歧视外地人的习气,还夹杂着一点势利、精明、计较等市井作风,让我比较反感,觉得自己跟环境格格不入,所以内心更加压抑。(当然,现在的上海,由于外地高端人才大量涌进、浦东开发等多种因素,以前的那种风气已经大为改观了)。有一段日子,我觉得自己似乎有了自闭倾向,越来越喜欢像蚕茧一样,把自己裹得紧紧的,情绪低落到极点,青春也为此灰暗了不少。后来,我费了很大的力气,自己摸索出各种心理调节的办法,才走出了那段阴霾的岁月。

与你分享这段不愉快的往事,是想告诉你,青春期的成长不是一帆风顺的,会遇到各种各样的问题,特别是心理问题。以我的观察,我还没有发现谁能够轻松愉快地度过青春期的。不是学业压力,就是恋爱坎坷;不是朋友欺骗,就是工作无着;不是囊中羞涩,就是上司压制;不是形影相吊,就是父母干涉;不是前途渺茫,就是境遇不公;不是梦想破灭,就是怀才不遇。总之,陷阱一个接一个,总有一个能让你落进去。

所以,我们事先要做好这样的心理准备,"人生多风波"本就是常态。不管遇到什么情况,都不要慌张、害怕,相信任何问题都没有什么大不了的,任何风浪都有平息的时刻。只要我们能用积极的心态对待一切,先心平气和地接受它,然后再慢慢地调适它,改变它,不陷入一时一事的泥潭,着眼于未来长久的希望。总有一天,我们的心境会变得海阔天空,所有的阴云都会消失得无影无踪。

我建议你,没事的时候,可以看一些有关心理调节、修身养性的书。现在这样的书很多,比如灵修、瑜伽、人物传记之类。还要多培养一些积极健康的兴趣爱好,不以功利为目的,只为提升修养,丰富生活。

在这一点上,我是特别为你庆幸的。从小到大,你一直都在不停地学习着各种才艺,小提琴、钢琴、声乐、书法、舞蹈、魔术、跑步、网球、滑板、舞剑、游泳、养花、做手工……虽然你打一枪,就换一个地方,任何东西都只掌握了点皮毛,但我非常看重你的这些"不务正业"。你的生活也因为这些广泛的爱好,在同龄人当中,显得多姿多彩,别具一格。我只希望你,能把这些孙悟空七十二变般的五花八门的兴趣爱好,一直坚持下去,无论什么时候,都对生活保持着一种取之不竭用之不尽的好奇心和求知欲。是啊,不做无为之事,何遣有涯人生呢!

当然了,你还有一个最独特的优势——那就是,你拥有一个集妈妈、姐姐、情人、知己、闺蜜为一身的妈咪啊!有什么事情,你都要记着在第一时间告诉我哦。我这个万能药方,随时为你提供全天候24小时超五星级服务,不仅终身免费,还倒贴一切通信费用呢。

既然说到这里,我不妨先透露一个小小的"秘籍",那就是:每天,我们都要留出一点单独的时间,极其真诚地面对自己。哪怕是在夜晚入睡之前的片刻,反省一下自身,叩问一下心灵。忠实地跟随自己的灵魂,让它引领我们做出正确的选择。

发乎本心,顺其自然,这两个药方,恐怕就能包治百病。

哈哈,一只小痘痘的烦恼,也可以成就人生的菩提呢。

谈弱点：没有对错，只有分寸

女儿的信——

作为一名写了入党申请书的学生，我要向党组织递交自己的思想汇报。一份正常的思想汇报，一般涵盖两大方面：一是为了成为一名合格的党员，你已经做了哪些努力；二是离成为一名合格的党员，你还有哪些不足。回答这些严肃的问题，你的态度必须百分百认真。然而，不管我如何认真地解剖自我，对于后一个问题的回答总是一模一样："本人吃苦不足，缺乏坚持不懈的精神。"

这句话从小学入少先队写到中学入共青团，现在想要入党，它还是挡在我的路前闪出一道寒光。为什么坚持做一件事情，对于我来说就这么难呢？我找遍各大科学家的励志故事来激励自己，我找遍像"21天养成好习惯"这样的畅销书籍来冲刷自己，我写下了几千字、无数张雄心勃勃的做事计划，但结果是，十年之后，在入党思想汇报中，"坚持困难"还是生机勃勃地绽放在稿纸上。

这就是所谓人性的弱点吗？我开始不知不觉思索起这个缺点难以改正背后的心理因素。

我最先想到的就是没有责任感。责任感这个词，如果用英语来戏说一下就很容易。responsibility，前面的词根是 response，可以当作"回答，回应"来解释。有责任感在这儿就等同于接受行为的回应，也就是承担自己所作所为的后果。这样说来，没有责任感就是，一看事情不妙就赶紧转身逃跑，不想承担后果的表现了。

顺着这种做坏了事就逃跑的逻辑，我对一件事很容易就失去兴趣，可能归结于这样的原因：刚开始我对做这件事，抱着很大的希望和期待，做着，做着，便渐渐发现理想和现实的差距，是一条不可跨越的鸿沟，自己完成的效果，远没有达到预期。这时，一个带着尾巴的小恶魔，出现在我

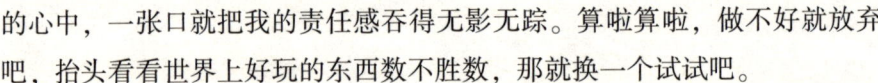

的心中，一张口就把我的责任感吞得无影无踪。算啦算啦，做不好就放弃吧，抬头看看世界上好玩的东西数不胜数，那就换一个试试吧。

面对这样的心理分析，我的面子可不知要往哪儿放了。（难为情啊！）等等，还有没有一个正面的解释呢？

于是，很会给自己安慰、给自己找借口的我，终于想出了另一套逻辑来。什么叫筋疲力尽啊，什么叫尽人力听天命啊，这就是典型的例子呗。我一开始做事，喜欢猛吸一口气往里扎，百分之二百地尽力去做，这样奋不顾身地做一件事，总有一天会把精力用完。这时候的放手，可不叫放弃，而是一种顺其自然、豁达明智的表现。没劲了，做不下去了，难道还要死磕吗？难道死磕的结果，就是柳暗花明吗？会不会死磕的下场，反而是死得更惨更难看呢？这就好比是打游戏冲关，刚开始下载一个游戏的时候，每天都废寝忘食地拿在手里玩不停，这样总有一天会把游戏打爆。打爆游戏的结果，只能是删掉它，然后再下载其他的游戏了。

那么，我真的是尽力在做每一件事了吗？我又这样叩问自己的灵魂。你能在上帝面前，坦白地呈现自己透明的心灵吗？起先我自己也不敢确定。怎样才能判断自己是否已经尽了全力呢？终于，我想到了一个可以当作评判标准的问题：回想做这件事情的全过程，你有后悔的地方吗？如果再给你一次机会，你还愿意重来一遍吗？而对于这个问题的回答，不管是做什么事情，我的答案都是十分肯定的：没有后悔，一次足够！

好了，这样一番思考下来，我对于自己坚持困难这个"缺点"，便有了某种底气了。

这几天，正拿一本尼采的随笔在读，看到其中一篇文章的标题是：《短期习惯乃无价之宝》，心便顿时怦怦跳起来。在文中，尼采这样写道："既是短期习惯，就常有终止的时候，美好的事物届时与我分手，但它不同于使我反感的东西，分手时显得异常平静，对我很满意，我也对它满意，仿佛我们必须互相致谢，握手道别似的。相反，我憎恶长期的习惯，它在我身边就像暴君，使我的生活空气凝固。"

我读得大有英雄所见略同之感。哈哈，有时候不坚持也有不坚持的好处，能够东方不亮西方亮，四处撒网，处处收获，而过分坚持反而是自己给自己上套子，故步自封，一事无成。

看到尼采这样肯定的态度,我那一颗因为自责而躁动的心,也最终平稳地跳动起来。把老朋友永远珍藏在我的记忆中,而对新朋友总是用百分百的热情对待——这就是我,一个新时代的"女陈世美",喜新不厌旧,拥抱新生活。

奇怪了,从什么时候开始,一份自我批评变成了自我表扬了?我的"坚持困难"到底是缺点乎?优点乎?

我想听听你的看法。

妈妈的信——

首先表扬一下,不错嘛,积极要求进步嘛,但我更欣赏的是,你这份对灵魂的认真。人可以自欺、欺人,但从来都欺不了天。而你,既不想自欺,也不想欺人,更不想对上天欺骗。这份真诚、干净、勇气,就是人格之所以高贵的体现。

好吧,来分析一下你的这个"坚持困难"之特点。

你做一件事,喜欢凭热情,凭兴趣,先是全力以赴,但随后发现精力用完,还达不到预定目标,在感到无能为力的情况下,你选择了放弃,然后重新找到一个新的兴趣。

这情景,像极了一幅漫画。一个人扛着一把铁锹去挖井。他挖了一处地方,没挖到水,又换了一个地方,再挖,又没挖到水,于是他又换了一个地方。而水呢,与他半途而废的那些井,只有两三尺的距离了。也就是说,当初只要他再坚持一下,他就能挖到水了,而像他现在这样,力气花得比只挖一口井要大得多,而水却并没有挖到。

这就是那些老生常谈中,奉劝人们做事情要持之以恒的原因。所谓的坚持才能胜利。我不否认它有一定的道理。在某些情况下,事情就是这样,不坚持,前功尽弃,坚持,守得云开雾散。特别是人在低谷、在厄运面前,真的需要这股咬紧牙关坚持一会儿再坚持一会儿的劲头。超越了忍耐的极限,就是完成了对自我的挑战,经受住了严峻的考验,人才能攀登上一个新的台阶,从此新天新地新境界,"换了人间"。

你喜欢长跑,参加过那么多的长跑比赛。你一定还记得,每次长跑到一定的距离后,人会有一段时间感觉特别难受,很想打退堂鼓。而这时,只要拿出克服困难的勇气和毅力，再坚持跑一段路，那种特别难受的感觉反而会减轻，最终，你就会取得比赛的胜利。

所以，那么多人都喜欢唱"真心英雄"这支歌：不经历风雨怎么能见彩虹，没有人能够随随便便成功。是啊，成功，既需要外界的机遇，但更需要内心的坚持。

然而，我这样说，并不是叫你非得一条道走到黑。我再讲一个故事：有两个人，看到了一则广告，说是有一种新型材料能将普通的水转化成汽油，这两个人于是买来这种材料仔细研究。过了一段时间后，一个人说，依我的判断，这种事情是不可能发生的，他毅然放弃，转而从商。而另一个人说，我相信只要坚持，一定会成功的。很多年过去了，当初离开的那个人已经变成了大富豪，而这个坚持研究的人，因为一次次的失败，最终精神失常，被送进了医院。瞧！这个故事又把一条相反的人生道理告诉给我们：坚持是失败，而放弃才能成功。

所以说，人生的道理都不是刻板僵化的。实际上，人生从来都没有对错，而只有分寸。比如，老话讲，事在人为；又讲，随遇而安，那么到底该"为"还是该"安"？老话说，好事多磨；又说，夜长梦多，那么好事到底是该磨不该磨？像这样互相矛盾的老话，比比皆是。既讲"兔子不吃窝边草"，又讲"近水楼台先得月"；既讲"善有善报，恶有恶报"，又讲"人善被人欺，马善被人骑"；既讲"男子汉大丈夫，宁死不屈"，又讲"男子汉大丈夫，能屈能伸"；既讲"瘦死的骆驼比马大"，又讲"拔了毛的凤凰不如鸡"；既讲"宁为玉碎，不为瓦全"，又讲"留得青山在，不怕没柴烧"；既讲"一个好汉三个帮"，又讲"靠人不如靠己"；既讲"退一步海阔天空"，又讲"狭路相逢勇者胜"……所谓的老话，都是一些千锤百炼的人生经验，它们的矛盾正好说明了，做任何事，没有绝对的正确和错误，而只有相对的具体问题具体分析，根据不同的情况因势利导，掌握分寸。

在"坚持"这件事上也是如此。当坚持意味着执着的努力、顽强的毅力时，它便是正确的选择；而当坚持变成了执迷不悟、顽固不化时，它又成了罪魁祸首。这里面存在一个"判断力"的问题，也就是说，在坚持之前，你要学会判断，这件事到底该不该坚持，值不值得坚持。不该坚持，不值得坚持的，那就要果断地放弃。坚持该坚持的，放弃该放弃的，真正发挥作用的还是根据实际情况分析判断的能力。这是一种大智慧，也是人与人之间最根本的差别。

因此，认清自己，审时度势；该守则守，当断即断；既有定力，又有活力；既持之以恒，又灵活机智；既有不屈不挠的上进心，又有从容不迫的平常心——这就是我对你"坚持困难"的回答。

我特别欣赏你把"有没有可以后悔的地方"、"愿不愿意重来一遍"，当成衡量一件事该不该坚持下去的评判标准。能做到让自己无怨无悔的程度，也就是尽心尽力了。人生在世，遗憾和局限在所难免，而问心无愧，就是我们做人做事所能达到的最终目标了。

不过，在这里，我还想强调一点，在价值观、人生观、做人的原则以及法律底线上，是不存在这些灵活度的。所谓"任尔东西南北风，我自岿然不动"，不管潮流如何变幻，我们都要坚守住内心的信念、道义、是非，遵纪守法，在对真、善、美的追求上，坚持不懈，永不放弃。这绝不是什么唱高调，而是一个人做人的根基所在。

最后，我想把一句祈祷词送给你："请上天赐予我平静，以接受我不能改变的事物；请上天赐予我勇气，以改变我能够改变的一切；并请上天赐予我智慧，以区别两者。"

谈音乐：美就是将心灵唤醒

女儿的信——

这学期，我在学校的广播站当上了一名音乐 DJ。每周一的下午，都有我主持的音乐节目。为此，我恶补了一些音乐知识，又下载了许多经典歌曲。幸亏小时候还有点"童子功"：我毕竟学过几年小提琴和钢琴，又参加过声乐兴趣班，还是一个"音乐会迷"，欣赏了那么多高雅的音乐会。从前这些漫不经心的熏陶，三天打鱼两天晒网式的"三脚猫"功夫，到了关键时刻，也能发挥出作用。播些歌曲，放些音乐，适当地点评一下，对着话筒娓娓道来，我很有点"专业票友"的感觉。简陋的广播站，似乎也发出了金色音乐大厅般璀璨的光芒。

是的，这就是音乐！像是从心灵里流淌出来的一条发光的河流，又像是扑扇着翅膀在空中盘旋的神奇的天使。交响乐、歌剧、布鲁斯、爵士、乡村、摇滚、说唱、流行歌曲……每一种音乐都能让我兴奋起来，我感到自己的血液在呼呼地燃烧着。

在这些风格不同的歌曲和音乐中，我有了一个很有趣的发现。我发现，几乎所有的乐曲都包含了旋律或节奏的重复和再现！也就是说，重复和再现，是音乐创作中一个简单有效又必不可少的手法。

拿贝多芬的钢琴小品《献给艾丽丝》来说，这是一首家喻户晓的钢琴曲，之所以流行，除了乐曲中那独特超凡的动机外，作曲家把"再现"也用到了极致，从而形成了回旋曲的曲式。

再比如，在流行歌曲中的创作中，一个好的和声的重复进行，会让人百听不厌，这是非常广泛的音乐处理手段。除了普通再现外，歌曲创作中应用较多的还有变化再现，最典型的就是移调再现。例如，电影《泰坦尼克号》主题曲《我心永恒》，在最后部分通过一段间奏的引入，使高潮移高了一个大三度再现后结束全曲，令人为之一震，把影片女主人公的内心世界表现得淋漓尽致。

　　为了探究这一现象，我思索了很久。我认为，人类有意识地创造音乐，除了因为创作者想通过音乐的方式，记录或抒发自己在思想、艺术和情感诸多方面的生命体验之外，一个重要的目的，就是希望以此得到更多人的回应和共鸣。也就是说，让个体在音乐中所呈现的美，成为能够唤醒大众情感和心灵的公认之美，进而演化为人类永恒的审美记忆。

　　因此，音乐创作虽然是个体的主观活动，但由于它的目的，是为了引起最大程度的他人的共鸣，并有流行、风靡、传承、永恒的目标期待，所以，它也必定包涵着普遍性的艺术标准，以及一些容易被大多数人认可的美感规律。对于一首乐曲，如果绝大多数人都认为它旋律优美、动听，能触动人的心灵，激发人的情感，给人带来愉悦的享受，那么我们就可以说，这是一部好作品了。

　　我以为，重复和再现，就是产生共鸣的一个有效的手段。重复的旋律，一般都是乐曲的精华和主题所在，最能打动人心。在合适的地方，如果能够再现，实际上，是对欣赏者心灵又一次熟悉的触摸，可以让人产生亲切、温暖的联想，就像让人们翻看生命里最有纪念价值的一些老照片，从而在情感的最深处，唤醒人们美好的回忆，加深人们对其的印象，使情感一步步酝酿、叠加、升华，直至推向高潮，引发聆听者最大程度的共鸣。

　　另外，在人的心理活动中，有这样一种自然倾向：当长时间保持一种状态时，人们就有一种希望变化的欲望，这种需要变化的心理活动，我们称之为心理的"求异性"，在旋律写作中则体现为变化与对比，如果没有这些变化与对比，欣赏者就会产生平淡与厌烦的情绪。反之，当经过一段时间的动荡后，人们又有希望回归到动荡之前的状态的要求，这是心理上的一种"回归需求"，因此，也就有了旋律的重复和再现。

　　音乐是一种时间模式，是大脑接收的一个瞬间影像。而转瞬即逝的时间艺术这一特点，决定了在旋律写作中，我们需要运用重复和再现的手段，将音乐中情感延续、强调、深化。只有这样，音乐才能给欣赏者留下深刻印象，才能具有强烈的艺术感染力。当然，这里要延续、强调、深化的旋律，应是音乐的核心或主题，体现了作品最根本的构思与情感，并且带有作曲家鲜明的个性与特色。

不过,虽说重复就是力量,但重复也要恰到好处。重复多了,会让人感到音乐在"原地踏步";重复少了,再现的时候就会没有了"从前的影子",这种再现就达不到预期的效果。因此,一部优秀的音乐作品,其重复的次数和再现的时机必须是恰如其分的。

随着时间的推移,人们能够记忆和传唱的,不大可能是那些好音乐的全部旋律,绝大多数还是其中的精彩片段,而这些片段往往都是重复和再现的部分。可以说,重复和再现,就好像是音乐殿堂中那些螺旋形上升的台阶,引领着我们一步步地进入到一个永恒的艺术世界。

哎呀,煞有介事地谈了这么多关于音乐的理性思考,突然有点不耐烦了。音乐嘛,就是拿来听的、唱的,而不是拿来想的、分析的。所以,还是让音乐响起来吧,让旋律动起来吧,然后,然后就让我 High 起来吧!

猜猜看,我现在听的是什么?反正不会是《忐忑》,不会是《江南 Style》,不会是《最炫民族风》,我听的是很小众的——肯定是你没听过的,告诉你也没用,保密!

妈妈的信——

首先祝贺你能顺利当上音乐 DJ,我非常欣赏你这种"什么事都敢尝试一下"的勇气,还有广泛的兴趣爱好。不久前,你和同学们表演的带摇滚味道的"韵律舞",在全校的啦啦队舞蹈比赛中勇夺冠军;你还参加了校运会女子 3000 米长跑比赛和学校组织的诗歌朗诵会……多么丰富多彩的大学生活啊,我感到,你像个活泼快乐的小精灵,长袖善舞,百变神通。羡慕啊,佩服啊,掌声鼓不完啊。

说到音乐的话题,我忍不住有点心虚。对音乐,我不算"门外汉",却也很不专业。

小时候,我是个有点文艺细胞的孩子,参加了学校的文娱班,半天上课,半天学琴。那时,我的扬琴、舞蹈、唱歌、话剧、主持,样样都能在学校里"挑大梁"。可惜的是,升入中学后,学校的风气日渐重视学习,文娱活动日渐稀少,除了一周一节音乐课外,再没有什么文艺方面的训练了。

为了弥补自己在音乐专业知识方面的缺失，记得上大学时，我还曾从图书馆借过很多有关音乐的书籍，并且一笔一画地做了不少读书笔记。从巴赫、海顿、莫扎特、贝多芬，到舒伯特、门德尔松、舒曼、瓦格纳、德彪西，从复调、主调、第一主题、第二主题到回旋曲、奏鸣曲、交响乐的曲式，从古典派、浪漫派到印象派、现代派等等，许多音乐名词和概念倒是半通不通地理解了，但我依旧感到，自己面对音乐之峰时，那一种避免不了的距离和胆怯。

我想，音乐作为一门高度抽象和玄妙的艺术，它的专业门槛还是非常高的，它的殿堂是不容随便踏入的。除了天赋之外，那种必须从小开始的专业训练和素养熏陶，那种一步一个脚印的漫长学习和积累，对一个专业音乐人来说，是无法省略的。

然而从另一方面来说，作为一名欣赏者或爱好者，音乐的大门，又对天下所有爱美、善感的心灵敞开着。所以，你对音乐的见地，不必有多么专业，作为一个"业余票友"来说，你只要做到对音乐有领悟、有心得就可以了。

我很赞同你对音乐创作中重复和再现手法的认识，现在的音乐基本上都是主调音乐，旋律的进行都是以"对比"、"变奏"、"展开"为基础的。因此，乐曲创作中的重复和再现手法，是对主题的回归和升华，是乐曲创作的基本手法之一。

随着科技的发展，计算机、电子技术在音乐中得到了普遍运用，现代音乐的面貌可谓日新月异。今天这个时髦，明天那个走红。面对芜杂纷繁的潮流，不知道你会不会有无所适从、茫然若失的感觉？

我不是一个保守的人，对流行音乐也很能欣赏，但我不喜欢那些没有把自己的灵魂放进去的音乐，那些哗众取宠或者人云亦云的音乐。我觉得，不管怎样变化，音乐作为一种艺术，它的根基永远都是美，它的功效永远都是共鸣，它的目的永远都是感动。打动心灵，唤醒想象，触动美感，这是音乐的真谛，也是艺术的真谛。

是的，没有音乐，没有艺术，我们不会死亡，但我们定会枯萎。

我很庆幸，从你小时候起，我就让你接触了很多音乐，学琴、听碟、参加各种音乐会。你的心灵与音乐一直那么亲近、和谐。我对美向来无比

成长是一生的功课

推崇，我以为，美里面所蕴含的理想和品格、秩序和自由，可以润物无声地滋养我们的心灵，提升我们的境界，并让我们的生活保持一种生动、新鲜的趣味和情调，让人更有尊严、更优美、更有意义地生活着。

我还特别认同你的那个观点：音乐不是用来分析的，而是拿来听，拿来唱的。这正如花是用来闻的，风景是用来看的，恋爱是用来谈的。美只需要用心感受，无须多少理论和诠释。

哈哈，我不需要猜想，你在听什么音乐，反正我知道，那一定是一场有趣而沉醉的"寻美游戏"呗。

附录：一个高考状元的"育女心经"

盛琼对话《羊城晚报》记者

"高考状元"的"前车之鉴"

《羊城晚报》：你曾经是高考状元，今年，对于高考的"状元"、"排名"，各个媒体都在淡化这样的宣传，你怎么看？

盛琼：我赞同媒体淡化这样的排名宣传。高考只是一次考试，虽然它对国家公平性选拔人才有重要的作用，虽然它对基础教育有一定的促进，但它毕竟带有不少的偶然性和片面性。这些年来，我们的教育变得有些功利和短视了，社会、学校和家长的心态也变得有些浮躁和焦虑了，在这种情况下，对"高考状元"和"名校"进行过度宣传，会对老师、家长和学生产生一种不利的诱导，它也会对狭隘的应试教育进一步推波助澜，把对孩子的全面培养更功利地局限在对分数的片面追求上。所以，对于这种不恰当的"火"，必须泼泼水。

我是状元时的热度远不如现在，学校没有任何奖励。有几家当地的媒体对我进行了采访，从女生如何成才、如何迎接高考等方面做了报道。我觉得，"高考状元"并不是不能报道，而是如何报道的问题。毕竟这是学校、家庭关心的话题。如果我们能从一个学生的成长角度，从总结科学合理的学习方法，从"状元"的时间安排、特长爱好、课外阅读、家庭培养等等方面入手，总结"状元"的成长经验和心得体会，特别是倡导一种先进的教育理念和成才观，给别的孩子和父母提供参考和借鉴，以理性平和的心态，促使全社会反思和改进我们的教育，这本可以成为一个冷静思考的好契机。

《羊城晚报》：这些经历对于你在对孩子的教育中，起了些什么作用？

成长是一生的功课

因为高考是每一代人相同的路,你的经验对于孩子是否起到决定性的作用?

盛琼:我的《孩子,我要你快乐》这本书的第一章题目就是"状元并不意味着快乐"。我真诚勇敢地反思自身成长,从自己的成长经历中,总结了很多宝贵的经验和教训,然后在孩子的教育和培养中,结合自己的心得,指导孩子如何扬长避短,少走弯路,从而选择一条正确的成长之路。我把这条道路概括起来,就是:不过分强调书本学习和分数,而是注重综合素质和各种能力的培养,让孩子成为一个心智健全、性格阳光、素质全面、健康快乐的人。我的"前车之鉴",可以成为孩子的"后事之师"。

甜爸+甜妈=阳光孩子

《羊城晚报》:你的这本书里,一个很明显的主题是:甜爸+甜妈=阳光孩子,明显与当下流行的"虎妈""狼爸"是相对抗的,你怎么看虎爸和狼妈?

盛琼:我是坚决反对"虎妈""狼爸"的。他们把孩子当成了"木偶",随自己支配和摆布,没有对孩子给予充分的尊重和理解。他们抹杀了孩子的天性,以爱的名义,对孩子进行了可怕的强制和侵犯。本来,"虎妈"和"狼爸",都只是极个别的特殊案例,由于他们的孩子心理、智力、性格等条件特别好,他们采取了这种极端冒险的教育方式,让孩子在高压下得到强化训练。但这种方式是绝不能推广和借鉴的。对于绝大多数的普通孩子,智力一般或较差,自尊心很强,性格倔强或者脆弱,不肯向家长妥协,那么他们的教育方式,极大可能会给这个孩子带来严重的心理问题,引起激烈的家庭冲突,甚至会酿成一个大悲剧。这些孩子长大后,可能不仅成不了才,甚至都做不好人,一生都摆脱不了沉重的阴影和伤痕。再说,就算多考了几次高分,多掌握了一些特长,这点可怜的成绩怎么能跟一个孩子童年的幸福和成长的快乐相比呢?

《羊城晚报》:怎么看待"打孩子"?

盛琼:我把一切"打孩子"的行为,视为家庭教育的"高压线",触碰不得。打孩子的父母之所以可怕,不仅在于暴力,更在于他们自己对这种暴力的合理、合情、合法化。他们打着一切为孩子好的幌子,不把打孩

附录：一个高考状元的"育女心经"盛琼对话《羊城晚报》记者

子看成暴力。现在的社会为什么充满了一种暴戾的氛围呢？我觉得暴戾之气，就是从这些崇尚暴力的家长身上发端的。按照一般情况而言，在这样的环境里长大的孩子，他们的心理都会有不同程度的压抑和扭曲，他们与人相处时，也会将这种压抑和扭曲，以种种方式，有意或无意地投射到他人身上，而且很可能会遗传给下一代。所以，我们要大声对"打孩子"的家长说"不"！对一切暴力行为给予蔑视和谴责！严重的，就要将他们绳之以法！

《羊城晚报》：甜，等于溺爱吗？

盛琼：我在书里强调的"甜"，是指一种尊重、鼓励、轻松、快乐的教育方式，是一种充满了无私真爱、和谐温暖的家庭氛围。这当然不是溺爱，因为溺爱并不是真爱。对孩子的爱，并不意味着对孩子无休止的迁就、无条件的满足、无界限的纵容。溺爱的本质，实际上是父母对自己的一种补偿心理，是滋长孩子自私、娇纵的放任行为，是把自己的孩子看成"世界之王"的浅薄自私之心。它让孩子不知道是非、对错、规则、界限，因此溺爱不是爱，而只是害。

用平等的爱代替不平等的孝

《羊城晚报》：你有个观点，"没有父母不爱自己的孩子，这是这个世界上无数谎言中的 No.1"，这似乎跟人们普遍接受的观点很不一样，可以详细展开说说吗？

盛琼：这不是我的说法，这是豆瓣网上一个名为"父母皆祸害"的小组所发的热门帖子。这个小组有几万人之众，都是自小受到父母伤害的人，他们有些一生都走不出父母给他们带来的创伤性记忆。这些父母对孩子或是随意打骂，人格侮辱；或是期望过高，求全责备；或是霸道强迫，剥夺自由，有些甚至还有虐待的行为。虽然这些父母口口声声称自己所做的一切，都是为了孩子好，但实际上却给孩子带来了严重的伤害。我希望，做父母的人，有空都能去网上关注一下这个小组，倾听一下孩子的心声，引以为戒。

我认为，绝大多数的父母还是爱孩子的，可是有一些父母却不懂得如何去爱。他们把孩子当成了自己的私有财产，把爱变成了一种自私之爱，

成长是一生的功课

占有之爱，干涉之爱。他们不能理解孩子，尊重孩子，让孩子在一种无私、开阔、平等、温暖的爱里，幸福、健康、自由地成长。当然，也不排除极少数的父母有严重的人格缺陷，对自己的孩子实施了严重的侵犯和虐待，他们应该受到法律的严惩。我觉得，中国人把"敬老"向来看得很重，弘扬得也很多，而把"爱幼"看成了一种本能，缺乏社会和法律层面的重视和强调。今后应该大力宣传和落实《未成年人保护法》，让全社会都来关心和保护孩子们，而不要把父母对孩子的侵犯和虐待，只当成一种"家事"，大事化小，小事化了。

《羊城晚报》：当下，出现很多空巢老人，儿女成才了满世界跑，你怎么看这种社会现象？你对"孝顺"是怎么看的？

盛琼：现代社会流动性强，这恐怕是一种无奈的趋势。我觉得，儿女不在老人身边，并不就意味着老人"空巢"，现在资讯这么发达，如果孩子与父母感情好，能经常通个电话，问声好，发发短信什么的，也是一种不错的交流方式。空不空的，关键还看双方的感情。父母和孩子，可以天涯咫尺，也可以咫尺天涯。如果感情不好，就算陪在身边，又有什么意思呢？另外，我强调，每个人都应该对自己的生命负责，都应该挑起自己的人生重担，父母不管在经济上能否自立，在情感上都要保持独立性，不要以"孝"的名义，对孩子进行自私的"绑架"。拿我自己来说，我就不希望女儿因为我的缘故，而影响了她的人生选择，她离我多远都没关系，只要她过得开心就好。

我一直强调用平等的爱，代替不平等的孝。有人可能担心，如果不提倡"孝道"，那么父母年龄大了，丧失了劳动能力，而在社会保障尚不健全的时候，不是无法生存了吗？这涉及一个法律问题。当父母年老、无生活来源时，成年子女有赡养的义务。这是用法律条文明确规定的义务，如果违反，就必须受到法律的惩处。但我们不能把法律和情感混为一谈，而应该将法律的交给法律，将情感的让给情感。真正的情感沟通，是从内心自然生发的，不应该带着"你应该如此""你不如此就如何如何"的强迫。也就是说，你可以规定让孩子赡养你，但不可规定让孩子爱你。爱，是需要以心换心，是需要平等的尊重和理解的。我希望父母和孩子，都能以爱换爱，将心比心，设身处地地为对方着想，建立起一种最亲密最牢靠最

附录：一个高考状元的"育女心经"盛琼对话《羊城晚报》记者

长久的亲情纽带。

两剂治疗"不甜"的药方

《羊城晚报》：实际上，要做到"甜"并不是特别容易，孩子成长过程中的淘气、叛逆加上大人来自自身的生活压力、情绪，都会产生一些"不甜"的情绪，你是怎么做到的？

盛琼：我觉得，这里有两个基本认知，对做父母的人非常重要。第一，做父母决不意味对孩子的"恩德"，而只意味着对孩子的"责任"。把孩子带到世上来，是父母双方从自己的理性与情感出发的结果，并不是孩子的自由意志。所以，新生命一旦降临，父母就对这个新生命负有不可推卸的责任，并且需要承担一辈子。第二，虽然是父母的精血孕育了孩子，但从孩子降临的那一刻起，他就是一个独立的人。孩子不属于父母，只属于自己。他是暂时寄养在父母身边的未来社会的公民，他有和父母一样的人格尊严和自由意志。父母只有抚养、教育孩子的义务，没有剥夺、强迫孩子的权利。

我认为以上两个基本认知，就是治疗"不甜"情绪的根本药方。首先，在任何情况下，我想的都是，女儿是我带到这个世界上来的，我有责任和义务让她幸福。如果她过得不好，那么我就有一份不可推卸的罪过。其次，孩子有任何问题，我都从自身找原因，是不是我对孩子有过高的期望了？是不是我没有了解孩子的心理？是不是我的教育方式引起了孩子的反感，造成了孩子的叛逆？是不是我事先没有考虑周全，没有对孩子交代清楚？是不是我急于求成，缺乏耐心？我觉得抱这种心态的父母，他们对孩子永远都是尽心尽力，全力以赴的，永远都是"怎么爱你都不够的"，不会有什么抱怨、计较和失衡。

《羊城晚报》：我了解，你是个专业作家，相比起很多职业会轻松一些，那么，对于生活忙碌无暇顾及孩子教育的无奈的家长，有什么忠告？

盛琼：对的，我现在的职业，是有利于孩子的教育。但从前，我也是一个比较忙碌的新闻工作者。以我的体会，如果家长没有过多的时间和精力顾及孩子，我希望父母至少有一方，能在孩子幼年时，适当牺牲一点自己的时间安排和事业发展，以孩子的培养为重，尽量找一份不加班、少出

成长是一生的功课

差、相对清闲的工作，在晋升、加薪的时候，适当妥协一下，不要那么"拼命"。孩子小的时候，可能牺牲的时间、放弃的机会多一些，事业上耽误一些，但孩子大了，实际上，只要与孩子从小培养起了良好的沟通习惯和亲密无间的感情，那么，父母的职业与孩子的教育，并没有太大的冲突。说实话，我很反感那些只会生、不会教的家长，我觉得他们对孩子太不负责，太不公平了。我希望，做父母的都能意识到，孩子的成长是一个家庭的重中之重，是刻不容缓的大事。淡漠了与孩子的感情，这是父母最大的损失。错过了孩子的成长期，那就是永远地错过了。

成人比成材更重要

《羊城晚报》：不少人认为，一个孩子是否成材，教育固然重要，但还有天分和命运的不可控因素，你怎么看这个观点？

盛琼：一个人成材，需要"天时地利人和"，教育就像土壤，而孩子自己就像种子，从一粒种子长成栋梁之材，必须要有内因和外缘共同作用，因缘契合，才能结果。比起成材，我更提倡成人，成人比成材更重要。一个人，就算成了材，他也不一定快乐，不一定人格健全，不一定能对社会做出什么贡献。所以，我们要把孩子培养成一个健全快乐的人，一个身心和谐的人，一个善良宽容的人。这样的人，无论走到哪儿，都能吸收和散发出持久的"正能量"，不仅使自己的人生幸福，也能给周围带来快乐。

《羊城晚报》：你对你女儿将来的希望是什么？

盛琼：当然是健康、平安最重要了。除此之外，我希望她精神独立，经济独立，能从事一份她自己喜欢的工作，过一种她喜欢的生活，每天都能过得充实快乐。至于婚姻，我希望她能遇到一个爱她、懂她的人，拥有一个温馨长久的家庭，但这个要随缘。另外，我还希望她一生多做善事，把关爱和温暖送给他人，送给社会。